日本の文化
岡山の文化

2004年公開講座講演集

山陽学園大学・山陽学園短期大学社会サービスセンター編

吉備人出版

講演するホリ・ヒロシ氏（2004年7月3日、山陽学園大学）

衣装2（22頁参照）

衣装1（21頁参照）

衣装4（23頁参照）

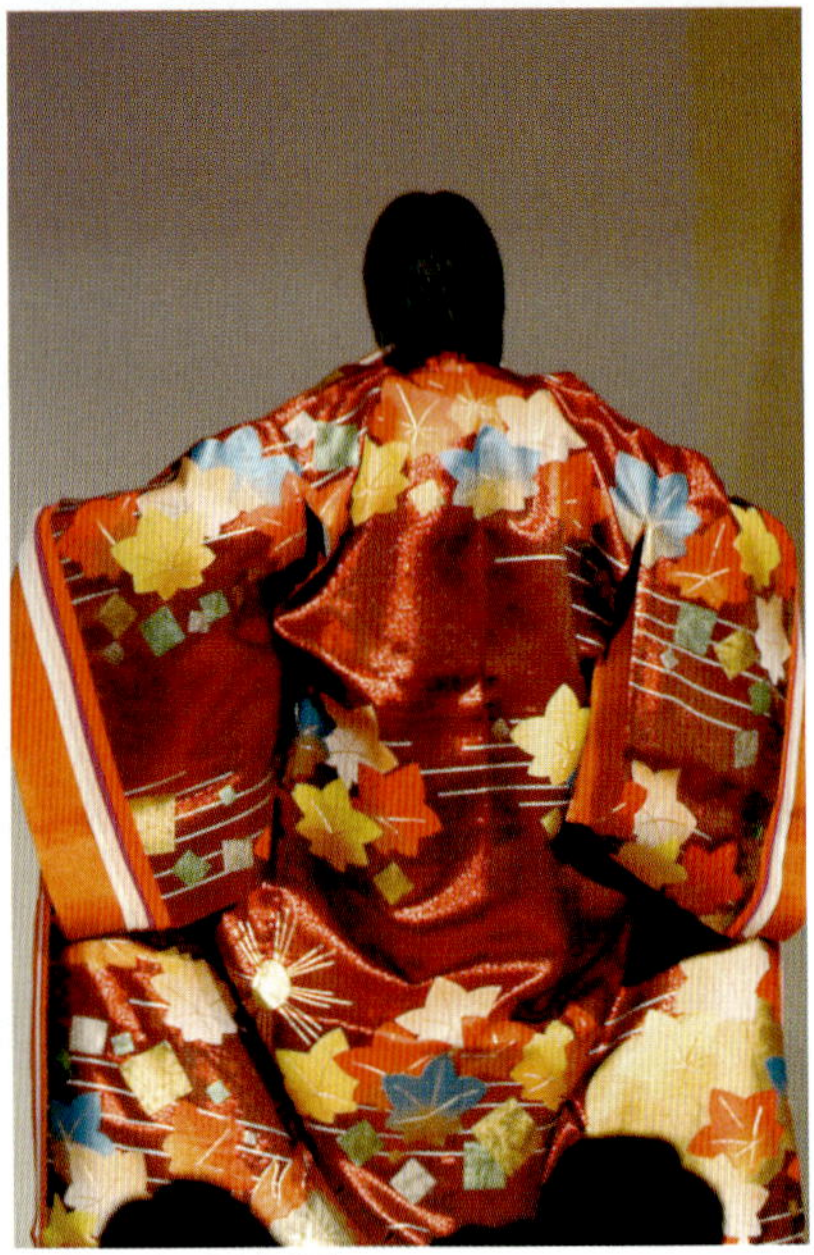

衣装3（22頁参照）

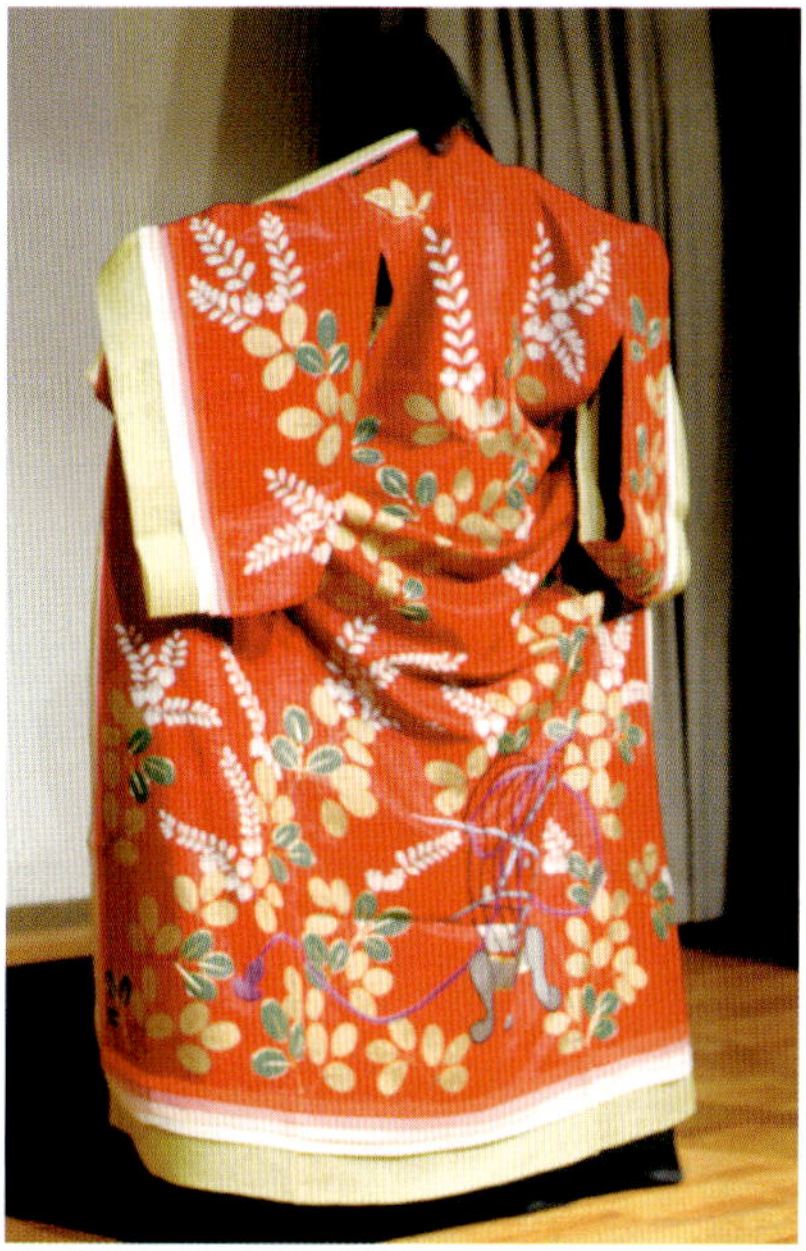
衣装6（24頁参照）

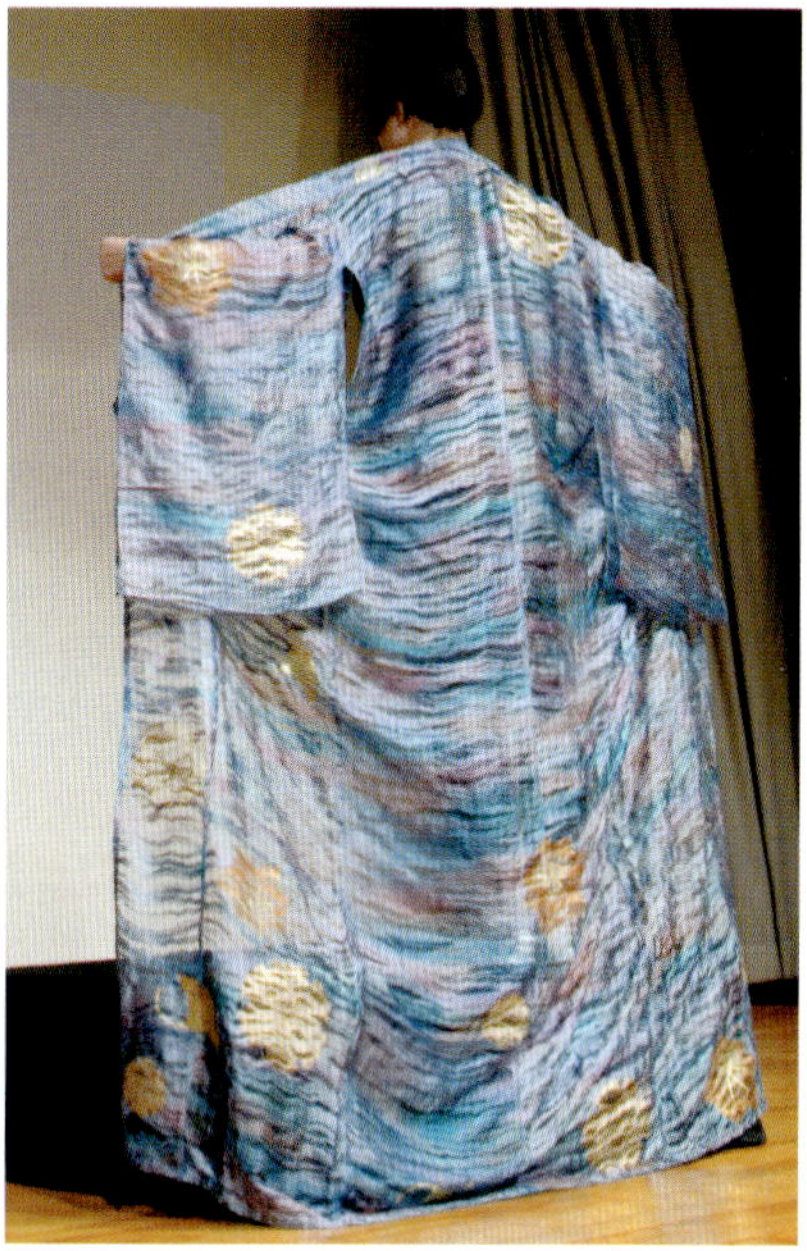
衣装5（24頁参照）

衣装8（26頁参照）

衣装7（25頁参照）

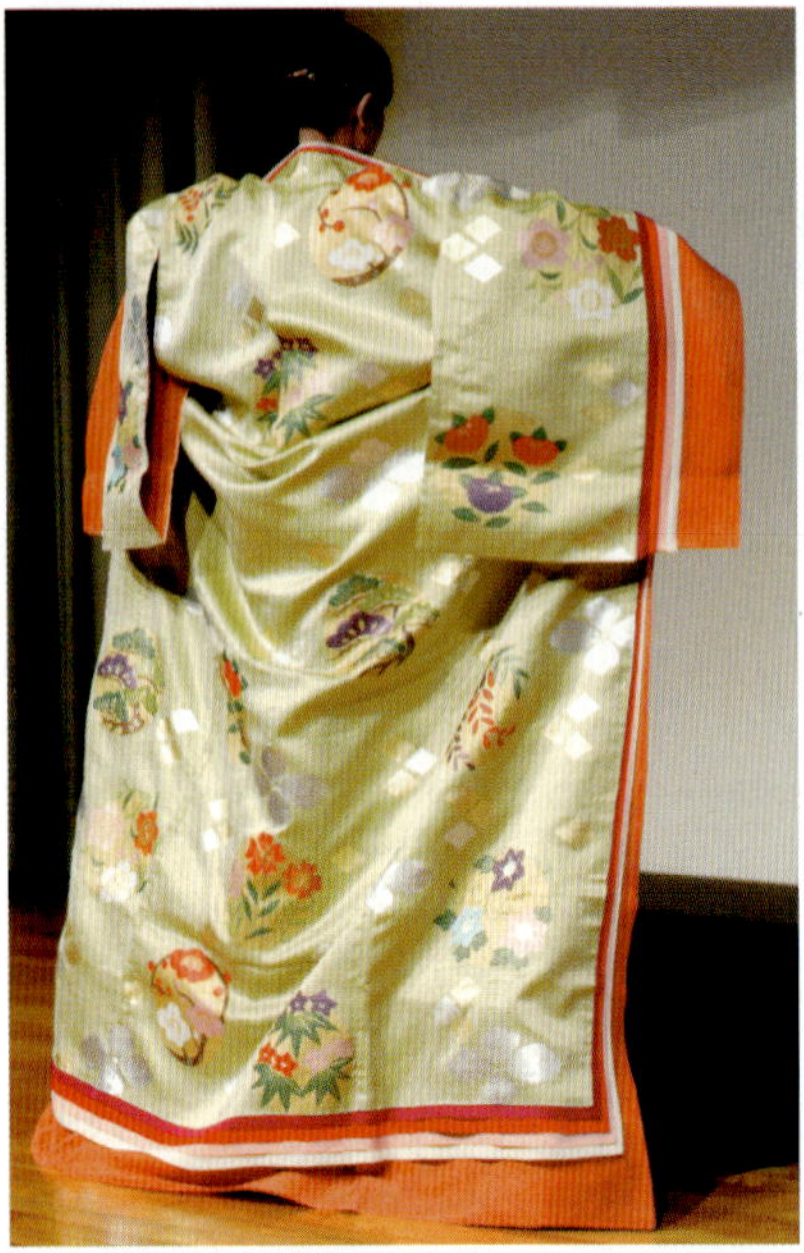
衣装10（27頁参照）

衣装9（26頁参照）

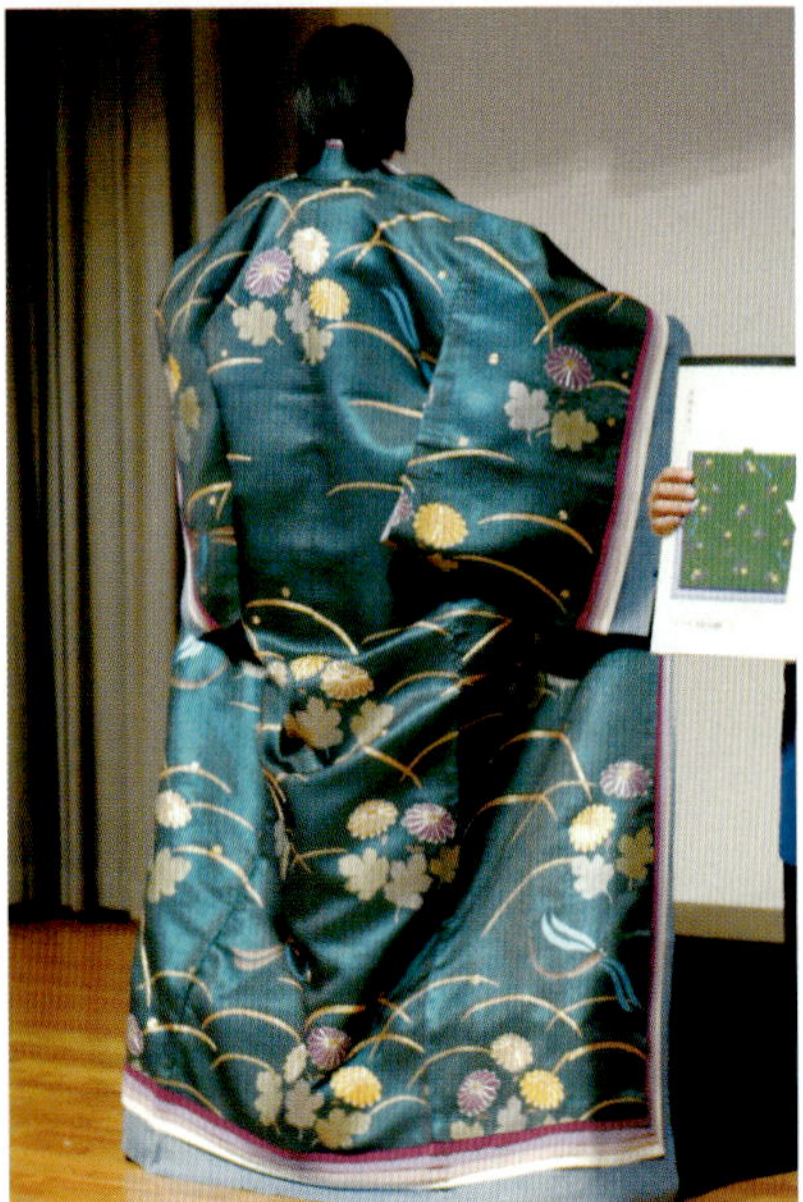
衣装12（27頁参照）

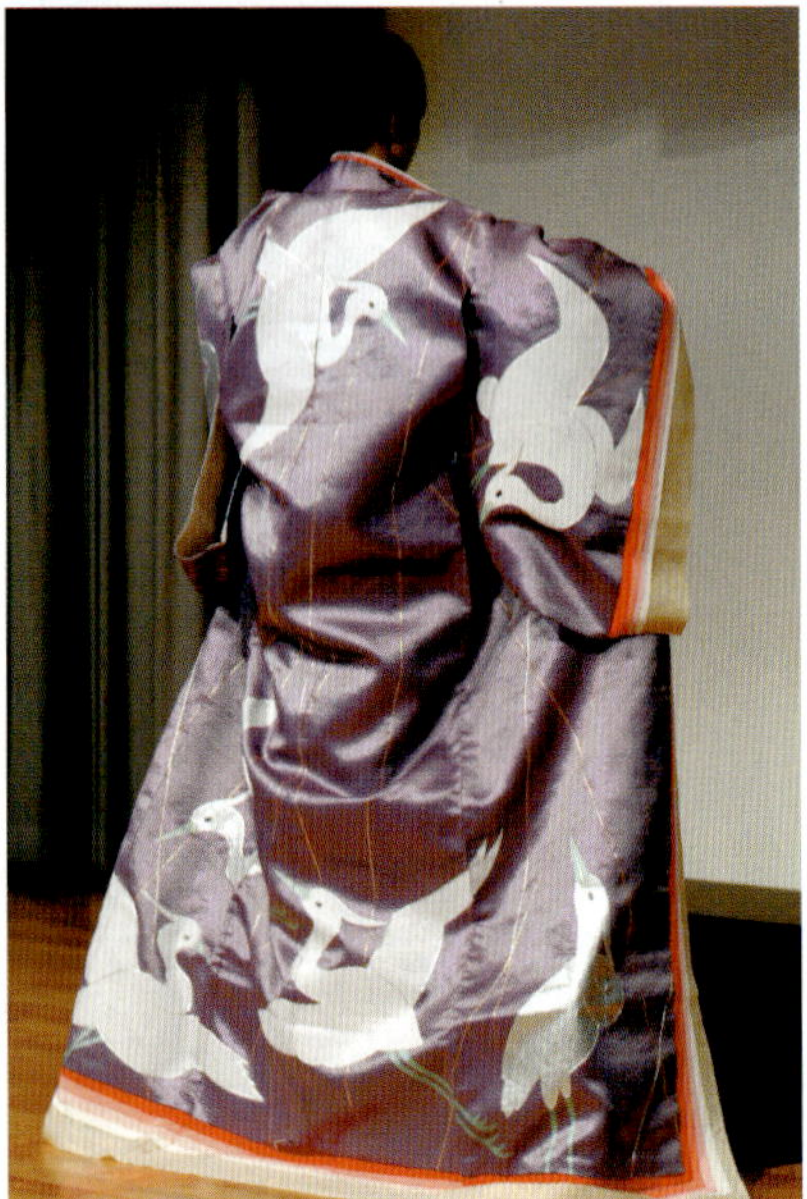
衣装11（27頁参照）

衣装14（28頁参照）

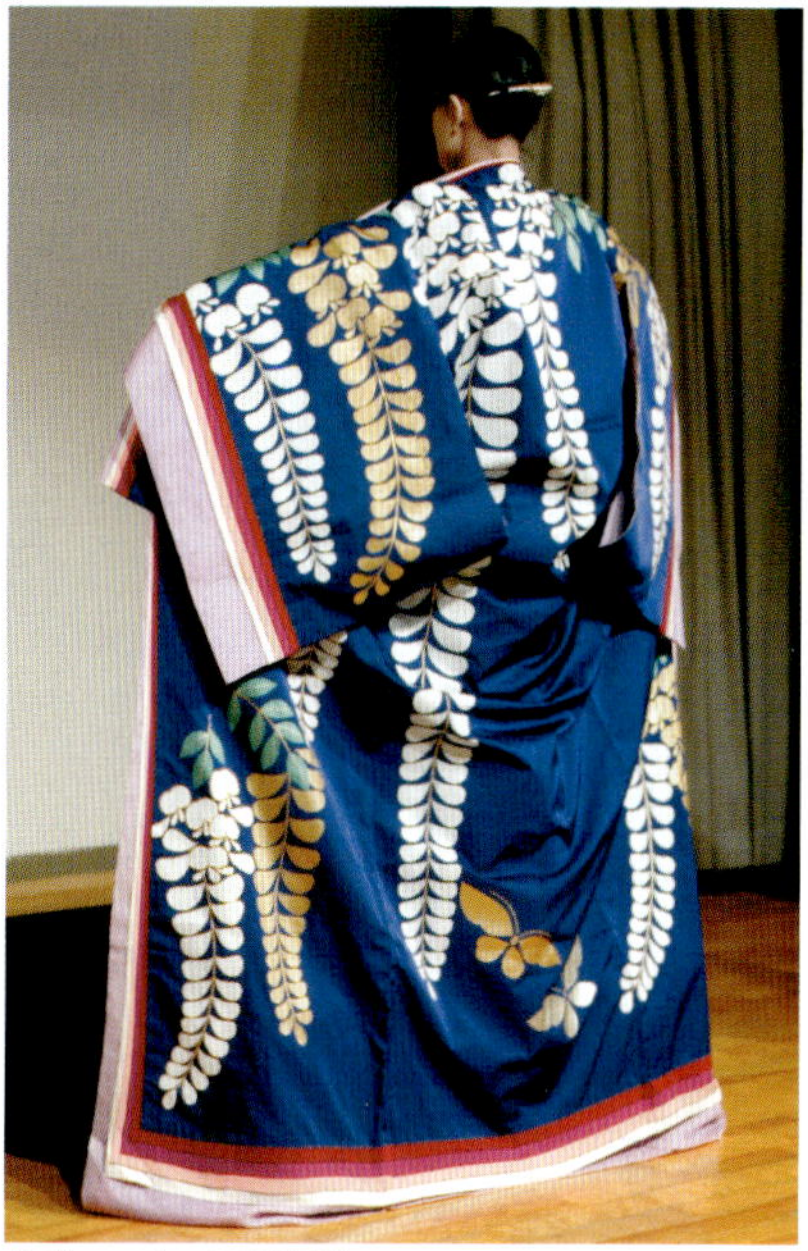

衣装13（28頁参照）

衣装15（29頁参照）

衣装16（30頁参照）

衣装18（31頁参照）

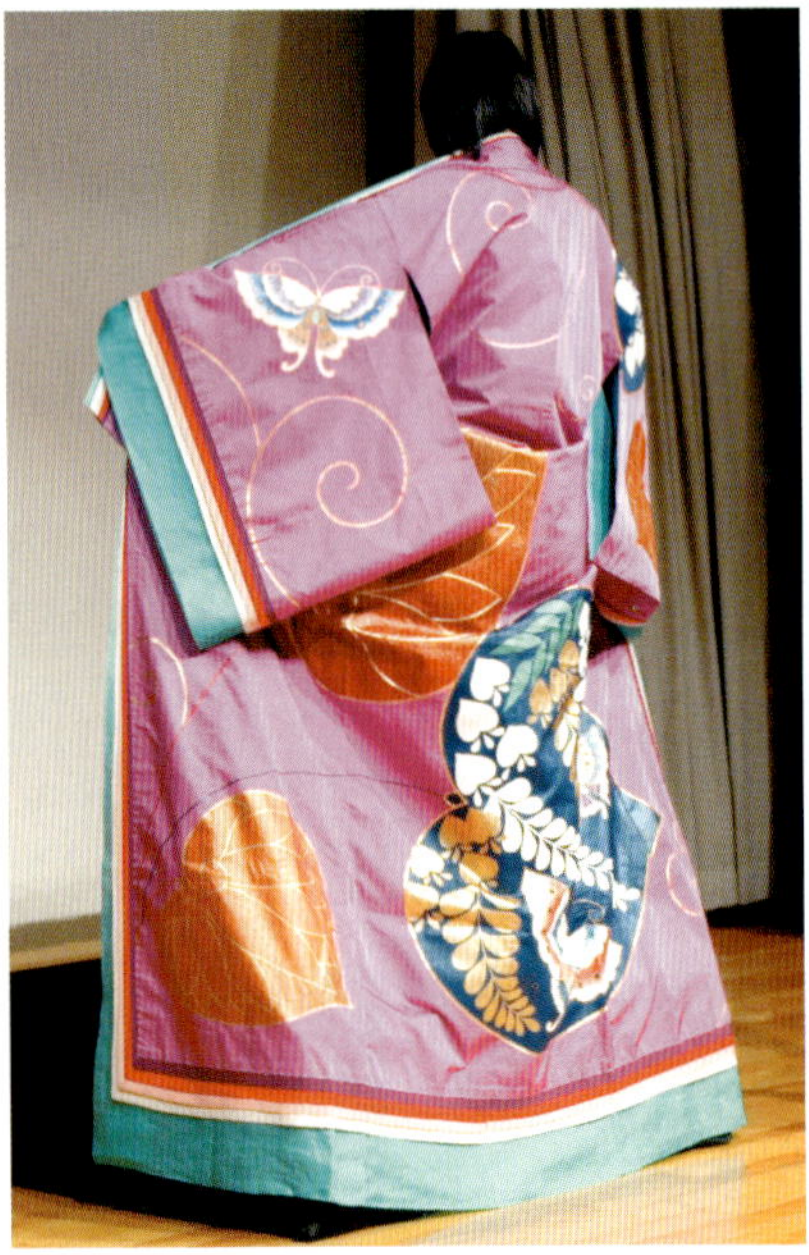

衣装17（31頁参照）

発刊にあたって

この度、6月5日〜7月17日の土曜日毎に開催しました本学の平成16年度公開講座の講演内容を集録し、社会サービスセンターの貴重な資料として活用することに致しました。蒸し暑い時期の講座にもかかわらず熱心にご講演頂いた講師の方々、および最後まで熱心に聴講された受講生の方々には頭が下がる思いでした。

「愛と奉仕」を建学の精神として設立されて１１８年に及ぶ山陽学園から大学が生まれて既に10年、短大は35年になりますが、年々生涯学習への社会的関心が高まります中で、本学では教員の研究成果をより広く市民の方々にお伝えするために、毎年「公開講座」を学内および学外で積極的に開催して参りました。そして、開かれた大学として学問内容を地域に広げながら、より豊かな社会、より充実した生活を市民の方々と共に創造していきたいと考えております。

本学の公開講座は各学科から講師を立て、さらに外部からも講師をお迎えして全学体制で実施してきました。今年度は6月5日にスタートしましたが、そのメインテーマは「日本文化の再発見・再評価」でした。その後、土曜日毎に6回にわたりまして第1週6月5日の「歴史研究の再評価」から始まり、第2週6月12日は「弱者の人権と社会参加」であり、第3週6月19日には学外へ出掛け「直島文化村」を訪ねました。さらに第4週の7月3日には「源氏物語の世界」、第5週の7月10日には「戦争と文化運動」、そして最終日の7月17日には「日本人の生活文化」というテーマで、それぞれ各2人の個性豊かな講師による講座を開催致しました。

どの講演も本学内外の講師陣による大変幅広い講座内容で、大勢の社会人が参加され、最終回まで受講された方々がほとんどでした。そして受講生はこの講座を通して日本文化を見直し、新たな発見をされ、それぞれ個性ある視点から豊かな知識を吸収されたことでしょう。大勢の講師の先生方にはそれぞれ大変豊富な資料と豊かな内容のご講演を頂き、心から感謝申し上げます。

なお、この講座には岡山県、岡山市、倉敷市各教育委員会及びＮＨＫ、倉敷ケーブルテレビ、山陽・毎日・読売・朝日各新聞社岡山支局、岡山リビング新聞、吉備人出版が後援して下さって開催できましたことを記し、後援者の方々に厚くお礼を申し上げます。また社会サービスセンター長はじめ種々お世話頂いた関係諸氏のご尽力、及び協力していただいた学生の方々に心から謝意を表し、この講演集が今後の公開講座内容の発展に資することを願って、発刊のごあいさつとする次第です。

平成16年11月30日

山陽学園大学・山陽学園短期大学　学長　大黒　トシ子

日本の文化・岡山の文化／目　次

発刊にあたって……山陽学園大学・山陽学園短期大学　学長　大黒　トシ子　1
人形師として生きて……人形師　ホリ・ヒロシ　5
光源氏をめぐる女性たち……山陽学園大学助教授　佐藤　雅代　33
ファシズムと抵抗文学―松本学と槇村浩・里村欣三―……関西高校教諭　難波　俊成　63
弥生時代の始まり―新年代でどこが変わるか―……国立歴史民俗博物館教授　春成　秀爾　85
新しいこどもの福祉と子育て……山陽学園短期大学講師　畑岡　隆　111
『女の新聞』を創った岡山の女性たち―祖母・母・私へ繋がるいのち―……女性史研究家　藤田えり子　129
岡山とエスペラント運動―ガントレットとエロシェンコを中心に―……山陽学園大学教授　濱田　栄夫　151
アメリカ・イラク・日本―「文明の衝突?」―……山陽学園大学教授　名古　忠行　179
日本の町並み・岡山の町並み……山陽学園短期大学教授　渋谷　俊彦　199
日本の食を考える―学校給食を中心に―……山陽学園短期大学助教授　向井　潤子　217
あとがき……240

装丁・稲岡　健吾
口絵写真撮影・林田　悟

人形師として生きて

人形師 ホリ・ヒロシ

今日は、私なりの解釈で創り上げた『源氏物語』の世界、「一人の目から見るとこういうふうな切り口で源氏を見てるんだな」ということを、皆さまにお伝えできればと思っております。

　私なりにいろいろと勉強したこと、あるいは人形におこすにはこういうふうに考えたらいいんじゃないかと思ったことを、私の視点やインスピレーションから、源氏物語の世界を創り上げてゆく――。私の人形作りはそういうところから始まっております。

　実は、去年の五月に、岡山の天満屋さんで「ホリ・ヒロシ人形絵巻展」というのを大きく開催していただきました。ご覧になられた方はいらっしゃいますでしょうか。その人形展では、源氏物語の世界を中心としてたくさん展示いたしましたけれども、最新作「谷崎潤一郎の世界」も展示いたしました。ご存じのように、谷崎潤一郎先生は『細雪』を書く前に『源氏物語』の口語訳を完成されて、それが終わってから『細雪』を書かれたそうです。昭和の戦前の一番心豊かな、日本の情感あふれる四季の風情を、現代の源氏物語として書きたいなというふうに思われたそうで、そこから素敵な名作である『細雪』が生まれたということです。私も源氏物語の人形を何年も作りつづけてきて、、さぁ次のテーマを何にしようかと思ったときに、「ああ長年やりたかった谷崎潤一郎先生の世界を、人形で表したい」と思ったのです。それが去年、天満屋さんでの個展で実現しました。

人形師という職業

　今ご紹介いただきましたように、「人形師」という職業は、古風な職業のように思われますけれども、根本としては、人形を作るということが大きな柱となっております。その人形といいましても、ちょうど百七十センチメートルぐらいの等身大の人形、これは舞台で使うための「人形舞」用の人形でございます。

　もう一つ、工芸用の本当に手のひらに乗るような、十五センチメートルから五十センチメートルぐらいまでの「置人形」といいますけれども、工芸人形というものも作っております。片方は動いてこそ、初めてその表情が出て、お客さまに心が伝わるという人形と、それとはまた正反対に、置いてあるだけでその世界が、あるいはその人形の持っている思いが、皆さまに伝わるようにと思って作っているもので、大きさもこんなちっちゃいものから等身大までと、全く正反対のものを同時に作っております。

そのほかに、等身大の人形での舞台公演も行っております。「人形舞」と名付けたこの舞台は、人形が一つの音に合わせて一つの世界を表現して皆さまに伝えることができたらと考え、実は家内が作った造語でございます。

京都には、祇園に伝わる井上流の「京舞（きょうまい）」という独特の舞がございます。大阪には、地唄を中心とした「地唄舞（じうたまい）」、あるいは吉村流がやっていらっしゃる「上方舞（かみがたまい）」という舞がございます。それと同じように、人形だけで、人形が出て舞うだけで、その一つの物語や舞踊の世界を表現できたらというのが、私の目指すところでございますので、家内が「それじゃ『人形舞』というのはどうかしら？」と名付けたわけです。海外では人形を使ったダンスを「パペタリーダンス」と表現していますから、それを直訳しますと「人形舞」。造語ですけれども、今までなかった言葉です。それを、自分の目指す舞台芸術の一つとして確立していけたらと思い名付けた名前でございます。

私には人形師としての三つの仕事がありますけれども、最後の一つが、衣装デザインの仕事です。この衣装デザインというのは、皆さんに普通にお召しいただく創作着物―訪問着であり友禅であり、あるいは振り袖であり七五三の着物であり―そういうものをデザインしているということも、もう二十五年近くやっております。それと当時に、「私もこういう人形のような着物を着てみたい」という俳優さんからの希望で、舞台の衣装デザインもするようになりました。舞台衣装のデザインは、だいたいが商業演劇が多いのですが、一番多いのは三田佳子さんです。

六月いっぱい、東京の新橋演舞場で、ＮＨＫの番組に「お江戸でござる」というのがありましたが、今は「道中でござる」に替わってますけれども、あの「お江戸でござる」を舞台化して一カ月間公演をしておりました。その主演は竹下景子さんです。竹下景子さんと、皆さんのお顔なじみの桜金造さんとか、重田千穂子さんとか、あるいは前田吟さんとか、いつもの番組の顔触れが周りを固めて演じた、日本橋の長崎屋をテーマにした「お江戸でござる」という一ヵ月の舞台が終わったところでございます。実は竹下景子さんと私は、踊りを習っているところが同じ流儀でございまして、吾妻徳穂先生。もう亡くなって今年で七回忌になりますけれども、その一門の中に、竹下さんも自分の勉強のためということで通っていらっしゃいます。今回「お江戸でござる」の主演になるに当たって、ホリさんにデザインをしていただきたいというお声をかけていただき、ちょうど千秋楽を迎えてほっとしてこの岡山にやってまいりました。

珍しいところですと、男性では田村正和さんの舞台衣装もずっとここ七〜八年、手掛けております。田村さんはまたとてもきれいで、真っ赤な着物をデザインしても着こなされます。完璧なのです。

ほかには、若い人たちでいうと、ＳＭＡＰの稲垣吾郎さんとの舞台、私の遣う人形が相手役で、吾郎さんの衣装もデザイン致しました。来年は、新歌舞伎座で東大出身の菊川怜さんが初舞台ということで、山本周五郎先生の『五弁の椿』を主演します。その衣装のデザインも、今からしておりまして、鬼が笑うどころではなくて、来年のポスター撮りを今から——というような、舞台のそんなこともいたしております。

舞台衣装はそういうことなのですけれども、このごろは映画の衣装も手掛けるようになりました。舞台の衣装というのは、例えば千人、二千人の大きい会場で見ても、衣装の柄が見えるようにということで、裾模様に重いデザインや大きい柄を入れると、遠くからバランスよく見えるのです。それと、顔のあたりにちょっと小さい柄を持ってきた方がお客さまに顔の表情がよく見える、という鉄則がございます。それとは逆に、映画のデザインというのはアップがございますから、必ず襟をポイントにするということで全く違います。そこが、舞台と映画の衣装のデザインが全く違う点だなということを、私も勉強いたしました。

去年のゴールデンウィークに全国で公開しました東映映画「魔界転生」の衣装デザインもいたしました。窪塚洋介さんが主演で、その窪塚さんの衣装も私がデザイン致しました。そういうことを、人形師という仕事の大きな三本柱としていたしております。

人形師への道

こうして私が人形師の仕事をしておりますと、よく「大学でもそういう芸術関係の学校に入ったんですか」と聞かれますが、私の大学は青山学院大学の経済学部です。どうして経済学部なのかと言われるんですけれども。

衣装も全部絹、あるいはかんざしも全部江戸の本物を使いたい、それから帯でも、惜しみなく人形には良いものを使いたいという思いがいっぱい詰まっているために、経済的には破綻がおきておりまして、経済学部とは思えない経済感覚で仕事をしているということでございます。

本当は僕は日本画を描きたかったんです。鏑木清方さんとか、上村松園さんの、あの明治のふわふわっとした日本髪の美人画、着物をさっくりと着たような、ああいう美人画を日本画の岩絵の具で描くことができたら、というのが私の十六歳ぐらいのときの夢でした。絵は子どものころからとても好きだったんですが、そのときに親から「お願いだから、堅気の職業に就いてくれ」って言われたんです。絵描きみたいな、そういう先が見えない仕事はやめてくれ、まっとうな仕事か銀行員か海上保険の会社に入ってくれと言うのです。それもまたちょっと違うなと思いまして、悩みに悩みました。

そこで高校二年のとき、ちょうど十七歳でございましたけれども、今もあります学研という出版社ですが、そこの模擬テストがありまして、その一環に職業適正テストというのがありました。七千種類の職業の中から自分に一番適した職業を選んでくれるというもので、職業を選べば、自分が理科系に進んだらいいのか、文科系に進んだらいいのか、あるいはどの大学の何学部に進んだらいいのかということまで示唆してくれるというシステムでした。さすがに模擬試験をやっている会社だけあって、うまいところを考えてるなと思いました。テストといっても、とても簡単なもので、例えば文字で書いてある地図を左側に図面でおこせとか、あるいは四文字熟語でいくつか知っているのを書けとか、簡単な三角形の図形を逆さに書けとか…。そういう高校生版のハローワークのテストみたいなものでございました。一カ月後ぐらいにその結果が出てくるのですけれども、封筒に入って自分の職業が戻ってきました。私のクラスは、男子校でしたから男性同士、四十人ぐらいのクラスメートが「どんなんだったの？」と見せ合っておりましたら、一番最初に出てきた人が「銀行の小口貸付窓口係」、あるいは「個人輸入の代行業者」とか、今でこそ個人輸入の代行業者というのはインターネットとかで盛んですけれども、当時、何だそれは？　と思っておりました。一番笑いましたのは、友達の中で─私は神奈川県の横須賀出身ですから、そんな田舎でもないと思うんですが、封筒を開けたら「樵（きこり）」と書いてあった友達がおりました。今どき、どこの木を切るんでしょうか。もうみんなで笑い者にしておりました。ついに私の番になりまして、あいうえお順でいきますからホというのは最後の方なんです。自分のを開けましたら、私には「傘張り職人」と書いてありました。何ということだ、まだ若い十七歳の、花もつぼみの十七歳です、これから未来もある。長屋の素浪人が、端のほうでのりを張っているような、ああいう傘張り職人というイメージしかないものですから、お先真っ暗になりまして、これは困ったもんだと。じゃどうしようかと。一番つぶしの利くっていったらいいんですか、何の職業にもなれる学部は何かと、担任の先生に聞きましたら、「それは経済学部がいいんじゃないか、文科系でもあるし、職種もたくさん選べる可能性もあるから」と言ってくださって、たまたま青山学院の経済学部へ進むことになったわけでございます。

そんな学生時代を送っている中、「本当にやりたいことは何だろう。大学では時間がある。余裕があるときに、もう一度日本画をやってみよう」と思いました。で、日本画の先生について勉強いたしました。たとえ趣味でも、日本画は一生描いていきたいな、人物を描いていきたいなと思いました。

日本画というのは一本の線、墨絵で表現いたしますから、女性をデッサンしましてそれを墨絵でおこすわけなんです。そうしますと、日本の着物っていうのは、服と違いまして皺（しわ）ができるんです。帯とかもそうですし、裾でもそうです。それから髪の毛でも、後ろの頭の結い方で前の髪の毛の流れが変わってくるわけです。そういうことを考えて一本の墨の線を描きなさいと先生は教えてくださいました。そうしますと、人物を見ても、この人の帯はどういうふうな結び方をしているんだろう、あ、だからここに皺があって一本の筋がきているんだなとか。あるいは、きっとこの人は足を後ろにぐっと引いているから、前の上身ごろの皺がこういうふうにきているんだなと。あるいは、髷（まげ）が丸髷になっているからちょっと低めの根だからこう、横の鬢（びん）が後ろに下がっているんだなと思うようになって研究しました。そうしますと、今まで見ていた上村松園先生の絵、あるいは鏑木清方先生の絵も、この絵の後ろはどうなっているんだろうと想像するようになったんです。この人の後ろは、きっとこういう髷を結っているから、こういう流れの洋髪になっているんだなとか、帯はきっとこれは文庫（ぶんこ）に結んでいるから、ちょっとここに見えている羽根はそれの形の延長だなとか、そういうふうに思うようになりました。

いろいろ考えているうちに、何も平面でやることはなくて、いろんな角度から見える絵を作ったらいいと思うようになり、「あ、これは人形なんじゃないかな」と考えるようになったのです。

そこで、十八歳のときに、「明治の女たち」、一番好きな世界だった鏑木清方の「築地明石町」という絵や、与謝野晶子の若いころの写真をそのまま人形化したり、あるいは女優松井須磨子を作ったりという、そういう明治に生きる女性たちの三十センチぐらいの人形を作って、展覧会をいたしました。それが私のデビューでございます。

また、「福助猿」といいまして、お店の看板に置くとお客さまがたくさん集まり福が寄ってくるという、その福助を擬人化した、猿に見立てて作りました。ちょうど二十四年前の中年でした。その猿を「創作人形公募展」というところに応募しましたら、おかげさまで優秀賞という賞を頂戴して、自己流でやっていたのが賞を取れたということで、これで何かをつかんでやっていけるのだなという自信につながりました。そこから私のこの人形師生活がスタートしております。

もうすぐ、あと二年とちょっとで、この人形師の生活も三十周年を迎えます。大きい人形は、先ほど言いましたように、百七十センチメートルの等身大ですから、重さが男性の人形で二十五キロ、女性の人形で十八キロあります。それを十分、あるいは長い舞台ですと一時間半持って演じるというのは、相当体力的にもきついものがあって、このごろ四十肩かなと思うようになりましたし、この間も初めて膝が痛くなりました。膝が痛くて痛くてしょうがない。薬を塗っても駄目だし、針をやっても駄目だし、これはもう行かなきゃいけないと思って、近所の整形外科に行きました。どんな職業をなさっているんですかって聞かれて「人形を作っているんです。ちょっと先生にお分かりづらいと思いますが…」と、私の人形の写真集をお見せして「こういうふうに人形を遣っているんです」って言ったら、先生が「きれいですね」なんてペラペラ見て「あ、テレビで見たことありますよ」っておっしゃるんです。ずっと見ているうちに「カレイ（華麗）ですねー」っておっしゃるんで「そんな、ありがとうございます」って言ったら、「いえいえ、ホリさん。年齢も年齢ですから、違う方のカレイ（加齢）です」って。もう四十六歳にもなると、加える齢の加齢などで、膝も痛んでくるので、それなりに注意しないといけないと、先生から言われました。もう診察室中かけずり回りたくなるくらい恥ずかしくなりましたが——。

そんなことで、舞台そして衣装デザイン、そして人形展と繰り広げている中に、今日の本題に入りますけれども、私のライフワークになる『源氏物語』というものもございます。

紫式部が放つ、時代を超えた魅力

今からちょうど千年も昔の平安時代、本当にはるかな昔、紫式部はたぐいまれなる才能を持った、日本で初の女流作家です。世界でも千年も前の女流作家というのは珍しいことだと思います。シェークスピアよりもはるか昔に、この平安朝にいた紫式部が書いたとされる『源氏物語』。

この千年変わらず人を引き付けてやまない魅力というのはどこにあるのだろう。私がこれほどまでに人形に作り上げたいと思う理由は、どこにあるのだろうと、ずっと探りながら作ってまいりました。光源氏を中心とした前の四十四帖の章と、それから浮舟を中心とした「宇治十帖」という、全部で五十四帖の章から成り立っている物語でございます。この作品は、後々いろいろな演劇、絵画でも表現されていて、やはりアーティストの心を動かしたのだと思いますが、能でいえば、「葵上」「野宮」等の演目も多く、とても優れた能がございます。六条御息所と葵上との確執をつづった作品ですけれども、葵上—光源氏の正妻が病と産褥で伏せているところへ、嫐打ちというか、愛人である六条御息所が生き霊となって出てくるという、とても壮絶な、いってみればこれはSFですよね。千年も前に紫式部が、自分の体から幽体離脱してトランスポートしていくというSFをお書きになった。まあ何という面白いって言ったらいいんですか、素晴らしい才能だと改めて思いました。そういうのがございます。

この六条御息所を主人公にした「野宮」という、光源氏と別れて精進潔斎して娘の斎宮と共に伊勢へ下向するという、しっとりとした素敵な物語の能もございます。そのほか、夕顔をテーマとした「夕顔」という能や、やはりこの夕顔が中心となった「半蔀」という能もあります。また明石上が出てくる「住吉詣」、そして「源氏供養」という、源氏自身が「後シテ」として自分のことを語る能もあります。最近では皆さんもご存じのように、瀬戸内寂聴先生が梅若六郎先生と共に作りました新作能「浮舟」というのがございまして、全国各地で演能されています。現代にもこうして作家を動かして新しい能を作ろうとするエネルギーを、千年も昔の女流作家が与え続けてくれているんだなと、本当に驚嘆するばかりでございます。

「浮舟—源氏物語より」制作にあたって

今からちょうど七年前の一九九七年、映画監督の篠田正浩監督から私の元へ電話がございました。「ホリさんでぜひ映画を一本撮りたいんですけれど」とおっしゃるんです。「はっ?」となったんですけれど、実は当時、京都の宇治市が「源氏物語ミュージアム」というものを造ることになりまして、ご存じのように『源氏物語』というのは架空の小説ですから、現存するものはないんですね。ただ、残っているとすれば、国宝となっている『源氏物語絵巻』が数点残ってはいます。これは名古屋の徳川美術館と、東京の五島美術館に分かれて収蔵されて今も展示されておりますが、それ以外に、それの写しのようなものはありますけれど、国宝と認定されるものはない。ではそこの美術館の中心となるものを、逆に映像展示物で作りたいという発案だったそうでございます。

そこで、宇治にちなんで、紫式部が最後に書いたこの「宇治十帖」をテーマに二十五分の映画を作ることになって「それをホリさんの人形でぜひやりたい」ということでございました。『源氏物語絵巻』という完成されたものがある。みんなの頭の中にも物語が結晶化されてしまっているものを、どうしても俳優という生きている人間で表現はしない方がいいと監督は思ったそうです。あの引目鉤鼻（ひきめかぎはな）、そして丈なす黒髪のあの世界を表現するには、表情のない、表情の変わらない、能面や直面（ひため）のような感じで動く人形だけで表現したら、その『源氏物語絵巻』が動いているような、そういう映像が撮れるのではないかと思われて、ありがたいことにお声をかけていただいて実現したことなのです。

監督とお目にかかりましたとき、「私の唯一の希望を聞いてください」と、監督にお願いしました。舞台は、源氏物語の演目もたくさんあるのですが、舞台なんかですと、私が六条御息所の人形を使います。そうすると同じように、同じ顔の六条御息所の生き霊が抜け出るようにもう一体別に作るわけですよね。それが空中を飛んで葵上の元にいるというのは、僕が六条御息所の生き霊を遣（つか）い、葵上は他の者が遣うわけです。

この六条御息所の作品の舞台公演の場合では、歌舞伎の歴代の俳優さんに相手役、光源氏になっていただきました。六条御息所は二十六歳。光源氏が十七歳のときに出会った話ですから、十七歳の若さが必要だと初演のときに思いました。ちょうどそのとき私が二十六歳だったんです。ですから、二十六歳の気持ちで六条御息所を使い、十七歳の若い歌舞伎俳優を探したのです。そうしたら、ちょうど中村橋之助さんがまだ出る前で空いていらして、高校生の橋之助さんにその光源氏になっていただいて、「夢がたみ」という私の家内の堀舞位子が書きました作品が、今から十七年前に初演をいたしましたものでございます。これは何度も何度も再演を重ねておりまして、一九九八年にも中村勘九郎さんの長男の勘太郎さんに、十七歳のときに光源氏をやっていただきました。でも、六条御息所を使う私はもう四十歳にもなっているのに、光源氏だけはいつも十七歳にしていたいなと、そんなことも思ったりしておりました。

話がちょっと脱線しましたが、私が六条御息所を使うときに、後ろを飛んでいく生き霊をほかの人物が使うわけなんです。私はこの六条御息所本人もやりたいんだけれども、そっちの生き霊も使いたいなと思ったわけです。「監督、映画というのはカットカットだから、全部の人形を使うことができますかねえ」って言ったら、うーんと五分くらい考えられて「あ、一つだけできます」っておっしゃるんです。それは、クロマキーのシステムを使えばできると。クロマキーというのは、例えばバックの白いホリゾントを全部ブルーのホリゾントにして、その前に人物が立つと、そこだけが切り抜かれて重ね合わせて合成ができる「ＶＦＸ」という手法なのだそうです。ですから、何重に重ねても画質は衰えないという、そういう映画のシステムなのです。それで、皆さんご存じのように「タイタニック」とか「ジュラシックパーク」が合成の合成、すごく合成しているのに、どこを合成したのか分からないという、今の映画技術の進歩でそういうことができるのだそうです。ですから、その方法でやればいいと。ホリさんは黒衣じゃなくて、青衣を着て動かしてくれれば、ホリさん自身も消えちゃうから、人形だけが動いているように見えるということでした。それはもう願ってもないことだということで、私が全部の人形を使うことになりました。

台本も監督がお書きになったんですけれども、「浮舟」というタイトルで「源氏物語より」という副題が付いておりました。

浮舟、お姉さんの大君、次のお姉さんの中君、浮舟の弟の小君、浮舟のお母さんの常陸殿、そして二人の公達、匂宮と薫、そういう人物たちを数え上げますと、ちょうど十三人ぐらい登場人物の役柄が台本に書いてあるんです。「実は秋からクランクインしたいんですけれども、間に合いますか」とおっしゃるので、「うーん、あと十カ月でちょうど一月、一体を二十日ぐらいで仕上げていけば何とか間に合います」とお答えしました。その本を、「あ、こういうことが、こういうことが…」と読んでいきました。そして第二項。よーく読んでいると、「浮舟と薫の後ろを通り過ぎる大勢の人物」と書いてあるのです。これは何だと。「監督すみません。この大勢の人物って、どういうことですか」って言ったら「もちろん人形で作ってください」と。それは聞いてなかった。ああ、これは困ったものだと思ったんですけれども、監督がぜひにと言うならやるしかないと。クランクインの日にちも決まっているので、やるしかないということで、一生懸命作り始めて、結局四十七体作り上げました。これから見ていただく映画の中には、その四十七体の人形が出て、もう本当に四十七士の討ち入りかというくらいに一生懸命作ったんですから、そういうところも見ていただけたらいいと思いますし、また衣装も一点ずつ織ったものを作ってございます。それも後でご紹介しますが、今日は全部の衣装を持ってまいりましたので、実際にここでご覧いただいてご説明したいと思っております。

　この作品はたった二十五分の作品です。『源氏物語絵巻』という絵巻を皆さん頭にパッと思い浮かべられると思いますけれども、「吹き抜け屋台」という描き方になっております。つまりは、天井が描かれてないんですね。すべて人物は俯瞰（ふかん）で、天井の上から見ている形で描かれているのですが、静態でちゃんと表現している。とてもアンバランスなんですけれども、一つの物語をその一枚で表現している。当時の『源氏物語絵巻』を描いた平安以降の人たちは、その一枚の絵を見るだけで、きっと想像で思わず動いているように思ったんだろうと監督はおっしゃいました。つまりは、二十五分の中で一分ずつ絵巻物を見せていけば、二十五のシーンができるじゃないかと監督はお考えになりました。ですから、ある意味膨大な「宇治十帖」のものを二十五分に凝縮して、一枚ずつ一分ずつを一つの絵巻物として表現していくという手法を取りました。この「宇治十帖」の絵巻物で、今残っているものは東屋というところの絵巻物です。薫が軒先から扇で雨の滴を受けていて、部屋の奥では御簾（みす）の内から浮舟が薫のことをうかがっているという表情。そして後ろ向きにはお母さんがたしなめているような形。そういう絵が一枚残っております。「これをやりましょうよ、ホリさん。これで動いたら現代の絵巻物になるじゃないですか」と監督がおっしゃるんで、それは面白いと思いまして、進んだものでございます。

本当に二十五分というのは一瞬のようなんですけれども、浮舟にとっては一生の物語を、この二十五分に凝縮してございます。源氏をいろいろ研究している方も、今はとても多うございますけれども、研究に研究し尽くした方が見ても堪えうる作品、あるいは、初めて宇治に修学旅行でやってきた高校生がこの作品を見ても『源氏物語』の最後ってこんなものだったのかと分かるような、そういう作品。どちらにも適応するような作品を作りたいというのが監督の願い、あるいは宇治市の願いでもございました。今から五年前に、一九九九年の秋にオープンいたしまして、名誉館長は今でも瀬戸内寂聴先生がなさっておいでございます。映画の語りは、自分の最後の物語を紫式部自身が「最後はこうでございました」と語るという手法になっています。この紫式部の声には、監督の奥さまでもある、岩下志麻さんがとても素敵なナレーションをしてくださっております。

実は去年の二月、三月と、アメリカ、カナダの主要都市、ワシントン、オタワ、ロサンゼルス、アトランタ、ニューオリンズ、キャスパー、七カ所ばかりアメリカを回ってまいりました。この映画を持ち、そして今日ご覧いただくように衣装も見ていただき、さらに人形舞もあるという、そういう大掛かりな公演でした。あちらの皆さんがとても『源氏物語』に詳しくて。なぜかというと、英語の訳が大変分かりやすいものなのだそうです。そして今、皆さんが源氏に興味があって、引き付けられてやまないというのは、やはり瀬戸内先生のとても分かりやすい現代口語訳があったからこそだなと思っております。先生自身が「このブームの火付け役は私よ」とおっしゃるぐらい自負していらっしゃるし、本当にそうだなと思っております。

これから皆さまに宇治の源氏物語ミュージアムで上映されているその作品を、特別にお借りしてきましてご上映いたします。宇治のミュージアムへは、ぜひ機会がおありでしたらお訪ね下さい。宇治川のほとりに立つ、とても瀟洒（しょうしゃ）な美術館です。そしてその美術館の中に、もう一つ部屋があります。霧が流れる宇治川のようなところに、宇治橋のような銀の橋がかかっています。そこを渡ってその映像展示室に入っていきます。

映像展示室には五十四席しかありません。つまりは五十四帖にちなんでおりまして、ここが胡蝶の席、ここは橋姫の席、ここは紅梅の席と全部名前が書いてあります。その下に小さい、電気仕掛けですが、ろうそくの炎がちろちろと燃えております。いすにお座りになると、そのろうそくがふっと消えるというシステムです。それで、五十四人がお座りになると、霧の中から映像が始まるという、素敵な構成になっております。また映像展示室ではハイビジョンで映像を展示しております。今日はビデオなので、ディテールまで詳しく見えないかもしれません。普通のビデオやテレビっていうのは五百の画素ですね。ですからテレビをよく見ると、テンテンテンってすき間が空いていると思います。ハイビジョンは二万画素というんですから、四十倍以上の精密さがあるということで、構成もきちっとできるそうでございます。ですから、機会がありましたら今日見たからとおっしゃらずに、宇治のミュージアムへもぜひ足を運んでいただきたいと思っております。

話が長くなりました。それではまずその「浮舟」の映画をご覧いただいて、その後また話を続けたいと思います。二十五分の映画でございます。この浮舟にとっての二十五分は一生を凝縮した二十五分でございますが、皆さまにはこの二十五分、どんなふうに映るのでしょうか。

（ビデオ鑑賞）

映像技術を駆使した現代と古典との融合

これが二十五分かというぐらいに思われたかと思いますが、本当に篠田監督ならではの、現代のいろいろな技術を注ぎ込んだ作品になっております。篠田監督は、去年の暮れに公開しました「スパイ・ゾルゲ」を最後に引退をなさいまして、現在は早稲田大学の大学院で、映像の学科の教授をなさっております。「スパイ・ゾルゲ」も戦前の東京の銀座の、あの街角を全部CGでお作りになっています。今日のこの作品のバックも、全部CGです。それから実際の八分の一の模型の八宮邸という桧造りの寝殿を作りました。八分の一というと、畳でいうと、ちょうど八畳ぐらいの大きさでございます。天満屋さんで去年の五月、その寝殿も展示いたしました。その八分の一のセットを一台のカメラで撮って、僕はクロマキーという技術によって、こういう（ブルーの）色の前で人形を使いそれを合成しますと、いかにもその中に住んでいて、セットの中で生活感があるように見えるということになっております。本当に、現代の技術を駆使した作品となっております。

この寝殿造の八宮邸も広島県福山市の宮大工さん、水本訓治さんという方が、釘一本使わず桧でお作りになりました。東宝の撮影所で一カ月半ほどかけて撮っていたんですが、終わるとこれを廃棄処分してしまうと言うのです。廃棄処分て何ですかと聞いたら、これを壊しちゃうと言うのです。どうしてこれだけの物を壊してしまうのだろうと僕は思ったので、欲しいんですけどと言いました。でも、これを家に持って行ったら、この上に布団を敷いて寝るしかないとも考えたんですけど、とても家の中に入るようなものではございませんで…。そうしたら何と三分の一に切って、うまく分解してくれるということになり、それを私が譲り受けまして、それに合わせた、今度は宇治十帖の小さい置人形を作って入れてみました。天満屋ではそれを展示して、皆さんにご覧いただいているようなわけでございます。

撮影中の秘話というのはいろいろありますけれども、やはり舞台とは違いまして。「ホリさん、浮舟を左へ一ミリ動かしてください」って監督が言うんです。手が震えるだけでも一ミリなんですから、どういう意味なのかなと思って、まあ一ミリ動かしてみようと思いました。カメラに向かって一ミリ動いたつもり。それをラッシュといって、三日毎に隣の試写室で、今まで撮ったフィルムを、NGも含めて見せてくれるわけです。そうすると、それがどういうふうに映っているのか分かるんです。それを見ると、一ミリ動いたときに、ここにあった髪の毛が、はらっと、ここに落ちただけのシーン。でもそれはつまりは、浮舟の心情がその髪の毛一本で、「あ、違うことをこの女性は感じているな」と表現できる。たった一ミリの動きで。これは映像ならではの面白さだなと思います。二千人、千五百人という舞台では、そこまではお届けできませんから、映像の魅力というのはそういうところにあるのだと思いました。

舞台では、先ほども言いましたように、光源氏はだいたい俳優の方にやっていただいて、私がどうしても相手役の女性に回ることが多くございましたから、男性を遣うのは珍しいんです。今回匂宮、薫大将、二人の公達が出てきましたが、「さあ、男性はどういうふうに使おう。男性はあまり動かないから、どのようにすれば…」と思っているときに、向こうから監督が、撮影の直前にツカツカと僕のところに寄ってきてくださって、耳元で、「これさ、この薫大将っていうのは武術にも通じる文武両道の天才の貴公子。だから、これはもうぜひ、若きハムレットの気持ちでやってください」って言うんです。ああ、なるほど、ハムレットかと。生きるか死ぬかと悩んでいる、あのハムレットの調子でいったらいいんだと。つまりは武術にも通じるので、直線で動きを全部表現してくださいと。例えば物を取るときには、パッと取る。何かを指すときに、パッと指す、と。これを全部直線の動きで、男性の動きを、貴公子の顔も表現してくださいと言われました。匂宮のときにも、監督が何か言ってくれるかと期待していましたら、やはり来てくださいまして、この人物は色を好み、人からも好かれ、かつ憎まれないという、とてもラッキーな人物だと。つまりは、「これはホリさん、モーツァルトのオペラ、『ドン・ジョバンニ』でいきましょう」と言うんです。どういうことかな。あのドンファン、憎めないドンファンの気持ちを込めて、動きもすべて曲線で表現してくださいと言うんです。ですから、男性でも、物を取るときには、こういうふうに物を取る。月を指すときにもこういうふうに円を描いて指してくださいとおっしゃいました。なるほど、広角的に教えてくださる監督っていうのは珍しいので、演技上とても助かったおぼえがあります。

中で一カ所、浮舟の寝所に、匂いを薫にまねて、匂宮が忍び込んでくるシーンがあります。初めて少女浮舟が女性に変わってしまうという、重大なシークエンスがありますけれども、そのときにも監督が寄ってきて下さり、どう教えていただけるのだろうと、耳をダンボにしておりましたら、プラトニックな愛とフィジカルな愛と両方を欲しいという女性の気持ちをどうぞ表現してくださいと。どうやって表現するのかなと、監督教えてくださいよと言うと、僕もその女性の気持ちは分かりませんということだったので、まあ、自分なりに考えて、編み出したものがこれでございます。

映画衣装の世界

これから皆さまに見ていただきますのは、この登場した人物全部が着た十二単衣を、横田さん、細川さん、岩本さんという三人の現代の美女に着こなして登場していただきます。人形は百七十センチの身長ですので、人間が着るとぴったり同じサイズになっております。これからひとつずつ見ていただきたいのですが、このように、実は一つずつ私がデザイン画を描いて、そこから京都で織り出し、染め出して作ってもらったものです。それを作るということに、半年の時間がかかりました。デザインをして、発注をして、一回出来上がってくるのですが、そこにもう少し刺繍を入れてほしいとか、金箔（ぱく）を入れてほしいとか、そういうイメージを込めて作り上げた、今日は十八点の衣装をこれからご覧いただきたいと思います。それではどうぞお願いいたします。

最初の衣装は、浮舟の衣装でございます（口絵写真1）。

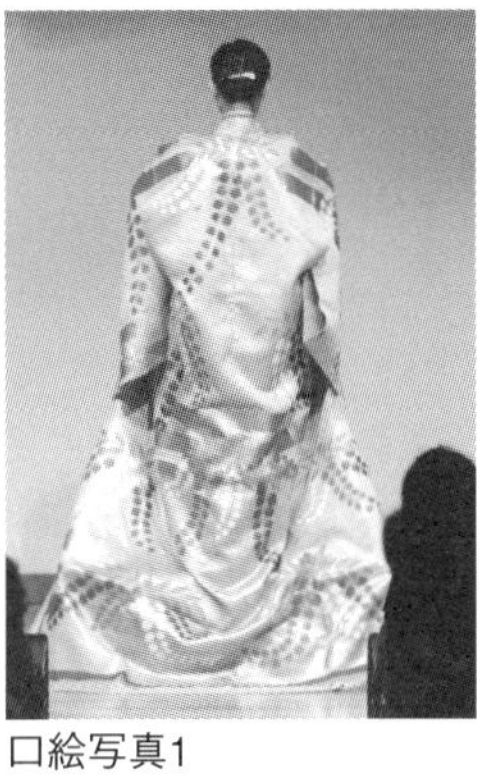
口絵写真1

蕾紅梅（つぼみこうばい）という薄いピンク色でございます。まさにつぼみの紅梅の色。真っ赤に咲き、つぼみは薄い表皮にくるまれていてピンクに見える、薄紅色に見えるという色、つまり少女のイメージの色をここに表現いたしました。柄は暴れ藤という柄でございます。藤の花というのは風に同じ方向でなびくのが普通ですが、これはいろんな方向にゆれております。こっちに向いていたり、こっちにはねていたり。つまりは、いろんな方向にはねている、野性味のある少女を表現してほしいという監督の意向から、暴れ藤というデザインをいたしました。東北、今でいう東京方面から京都へ戻ってきた山出しのお姫様、野性味のある少女をこの暴れ藤というデザインで表現した最初の衣装です。ファーストカットでポンと牛車から飛び出てくる少女の、浮舟の衣装です。これからだんだん浮舟は赤が濃くなるという衣装設定にしてございます。赤をこの浮舟のテーマカラーといたしました。

次は、これが先ほども言いましたように、寝所で、今でいう寝巻き代わりに羽織る寝所の着物でございます（口絵写真2）。すそからぼかしている曙染（あけぼのぞめ）、空が曙に染まるといいますけれども、曙染という足の長いぼかし染めをしております。紋紗（もんしゃ）という紋の入った紗でございます。五つの蝶が散り散りに飛んでいるデザインになっておりますが、本来は、この向かい合わせの紋で一つの紋の有職紋（ゆうそくもん）であって、源氏蝶（げんじちょう）という型物です。この本当の紋は、普通は繰り返し織られてできる紋ですが、私はあえてそれをばらばらにしまして、逃げ惑う蝶、つまりは男性に侵入されてきて逃げ惑う浮舟の気持ちを、散り散りに散っている五匹の蝶で表現しました。そしてこの赤の象徴的な色は、少女浮舟の、女性に変わるという象徴を、緋（ひ）の色で表現しております。これは、映画では下に白い着物を着ておりますから、もっと透けた紗の感覚になっております。

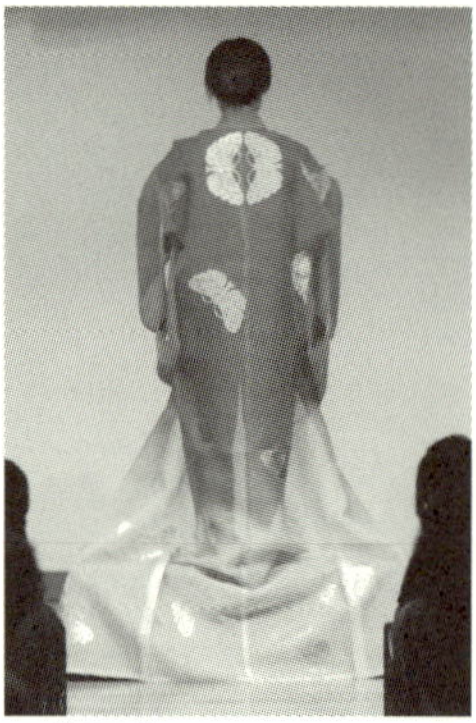
口絵写真2

次のこの衣装は浮舟が高揚していく、だんだん赤が濃くなっていく、血赤のワインレッドの衣装でございます（口絵写真3）。
先ほど見ていただきました映画の中で、薫と浮舟が肩を寄り添っているシーンがありましたけれども、そこで恋が燃え盛るという、そういうシーンを、この燃えいずる真っ赤に染め上げたもみじで表現いたしました。二人の公達に挟まれて、どうすることもできない、この恋をなくすことができないと思う、このドキドキした浮舟の心臓の音と、ここにあります雅楽の火炎太鼓というデザインですが、この火炎太鼓のドーンドーンと響く音とが共鳴し合うという、音をテーマにデザインいたしました。
普通有職（ゆうそく）のものは、当時は同じ柄の繰り返しでしかないものですが、こういう絵羽（えば）の模様で、あえて一枚の衣装の中に

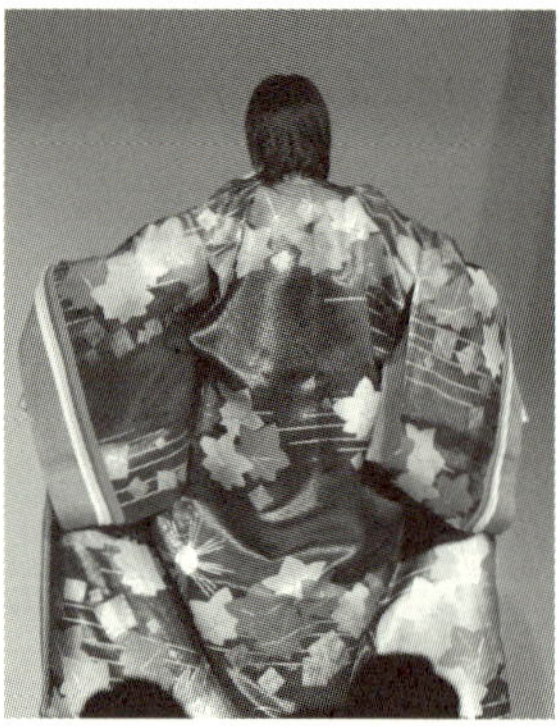
口絵写真3

も、物語性を込めたいなと思い、私のイメージを音をテーマに作りました。でもせっかく作ったのに、ここから上（胸から上）しか映らなかったんです。だから全然こんなところ（下の柄）関係無かったのですけれども。今日は皆さんに見ていただいて、本当に作り手としてほっといたしております。

次は二人の公達の愛を断ち切って、宇治川へ身を投げようと決心をする浮舟でございます（口絵写真4）。ご覧のように、だんだん赤が濃くなってきた衣装の構成が、突然ここで白に変わります。すべて赤を洗い清め、純白な気持ちで、この川に身を投げ、極楽浄土へ行きたいという浮舟の願いを込めました。この衣装は羅という生地で織っております。羅というのは羅生門の羅という字ですけれども、今では夏帯などにしか残っていない、本当に数少ない、京都でも一軒しかやっていないという機屋（はたや）さんが織ったものでございます。この羅を使いまして、銀通しという、銀の糸を中に織りこんだもので、桐と唐草模様をデザインいたしました。このシーンは雪が降ってくるシーンですから、ちょうど、衣装に雪が載って、その雪の結晶がキラキラッと見えるようなイメージで銀を織り込んだ衣装になっております。

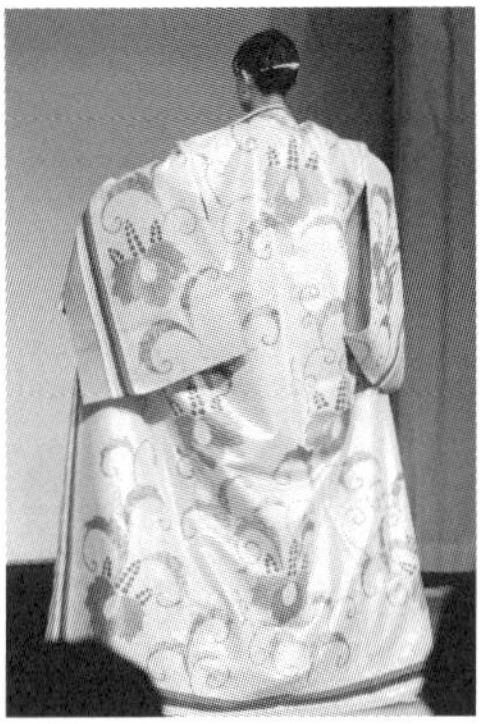
口絵写真4

この衣装が早く出来上がったんですね。撮影の半年ぐらい前だったのですが、「この衣装ができました」と、監督にご覧にいれたところ、「これホリさん、一九世紀末のオーストリアの画家クリムトの絵の雰囲気があるね」とおっしゃるんです。確かにクリムトっていうのは日本の金箔、あるいは市松模様とか、うろこ模様とか唐草とか、そういう模様をたくさん取り入れて、ちょっと世紀末の退廃的な人物を平面的に描いて、今でもとてもデザインティックな作家でもありますが、それを監督はこの衣装から想像されたそうです。つまりはジャポニズムの帰化ということをしてみたいと。今見ていただきました映画の中に出てまいります屏風や襖といった背景は、実はクリムトの絵の部分を拡大して、作っているのです。よく見るとオーストリアのクリムトの絵の一部が屏風になっていたり、襖絵になっているという、そういう面白い西洋と東洋の融合を、外から見たジャポニズムを、そこに取り入れたという面白さを持ちます。

　次は浮舟の最後の衣装、宇治川を流れて行く浮舟が着る衣装でございます（口絵写真5）。せみの羽のような薄い衣装ですけれども、絹で織りました櫛寄せ衣という衣装でございます。これは絹で二回織ったものを、くしの歯で寄せていくそうでございます。ですから、ちょっとよれよれっとした感じが出ますけれども、これは今では能装束で残っている、唯一の織物です。例えば能ではワキの役者とか、鵜飼いの役や漁師の役などの演者が着る衣装の一つでもございます。最近、これが何か面白いということで、夏物のショールにする方もいらっしゃるそうです。私はこれをあえて、一色に染めませんで、水色、紫、紺色と、川面の色をここに染めました。この生地自体が本当に宇治川のような雰囲気になればいいと思いまして。見えますでしょうか。ここに紅葉があったり、雪輪があったり、銀杏の葉っぱがあったり、それを金箔で全部型押しをしております。こういう透けている素材ですから、柄が向こうへ抜けてしまうので、なかなか技術的には大変だったんですが、浮舟自身、木の葉のような人生だったんじゃないかなと、僕は思ったのです。川の流れに、浮いたり沈んだり、浮舟の人生を木の葉に例えて、そのいろんな木の葉を金箔でデザインした衣装の一つでございます。

口絵写真5

　ここまでが浮舟の衣装ですけれども、次は浮舟のお姉さん、大君の衣装です。これはワインレッドの衣装ですけれども（口絵写真6）、お姉さんのテーマカラーは金色にいたしました。金を基調に、ポイントにデザインしております。

　壊れかけたような、朽ち果てたようなこの八宮邸に絶世の美女二人が琴と琵琶を奏でていると、それを垣間見た薫が

口絵写真6

思わずそこに惹かれていくという物語の発端となりますから、とても印象的な衣装を作ってほしいと、監督の意向がございました。これには金でいこうと。でも周りが暗い色だから、そこから燃えいずるようなこの、ワインレッドで表現していきたいと思いました。秋ですから咲き乱れる萩の花に戯れる蝶をテーマにデザインしたものですが、下に大きな虫かごがございます。一羽の蝶がこの中に捕らわれておりまして、そして左肩にも蝶が花と戯れているところがございます。この虫かごの中にいる蝶は、この旧家、八宮邸を守っていかなければいけない、自分が跡を継がなければいけない、この家をしっかり受け継いでいかなければいけない長女の大君が、この旧家に捕らわれているというイメージでここに入れました。

そして次女の中君、匂宮と結婚しますこの中君はとても楽しげに花と戯れているという、二羽の蝶（大君と中君）の違いをここで表現してみたつもりでございます。でも、これもここ（胸）から上しか映画では映らなくて、せっかくここ（裾）にあるのに、何でと思ったのですけれども、またこれも今日見ていただいて、私は満足でございます。

次の衣装でございます。大君の二番目の衣装で、春をテーマに作りました金の衣装でございます（口絵写真7）。先ほど申しあげました、これは金通しの羅を使った織物でございます。ですから、光や動きによって体の線がとても出る素材です。大きく下に描いておりますのは、宇治橋です。宇治橋の下を花筏という、花を筏に乗せた古典模様がありますが、それがゆっくり静かに流れ去るさまを描いています。本来この花筏というのは筏の全紐が綴じて、全部つながっていないと筏にならないんですね。でもあえてこれを、紐がほどけて、筏がだんだん崩れていくという前触れを表現してみたつもりでございます。つまりは固い大君の心が、公達が来たことによって、糸がほぐれてこの川にぐすぐすとくずれ流れていくというイメージを、ほどけた糸と筏の崩れ方で表現してみたつもりです。満開の花の宴のもとで着る、唯一華やかな大君の衣装で

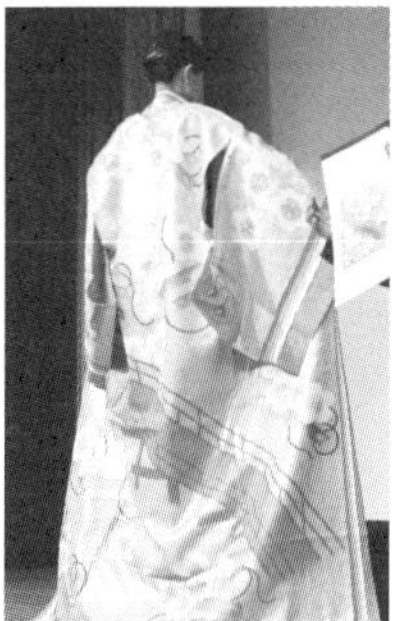
口絵写真7

ございます。

秋の景の大君、そして今、春の景の大君とありましたが、大君はあっけない死を迎えてしまいます。それをとても嘆き悲しんだ薫大将が、いつまでもその気持ちを引きずるという場面がございます。この衣装（口絵写真8）は背中に大きい二羽のつがいの鳳凰（ほうおう）がございます。鳳凰というのは、一羽で鳳凰というのではなくて、「鳳」というのが雄の鳥のことで、「凰」というのが雌の鳥のことで、つがいで鳳凰というのでございます。つまりはこのつがいの比翼に包まれて大君を極楽浄土へ連れて行ってほしいという、そういう薫の気持ちが作らせた衣装ということで、漆黒の衣装にいたしました。ちょうど、お寺の伽藍（がらん）の飾りのようなイメージとともに、中央には向かい合わせの鳳凰が描かれてございます。

口絵写真8

次の衣装。今度は、真ん中のお姉さん、中君の衣装です（口絵写真9）。最初に出た衣装ですが、これはメロウな柔らかい基調で描いた羅の着物でございます。夏の着物ですから、撫子（なでしこ）を中心に描きました。草のところに点々と見えるのは草の朝露が散っているというデザインでございます。大君、中君、そして浮舟という、この三人の姉妹は、京から宇治という山里に追いやられた姫君ということで、三つの花籠が置き去りにされているというデザインです。ですから、花籠がこっちに転がり、あっちに転がり、置き去りにされた、忘れ去られた花籠がここに置いてあるというようなイメージを込めました。これもファーストカットで、琴を弾いている中君の衣装でございます。

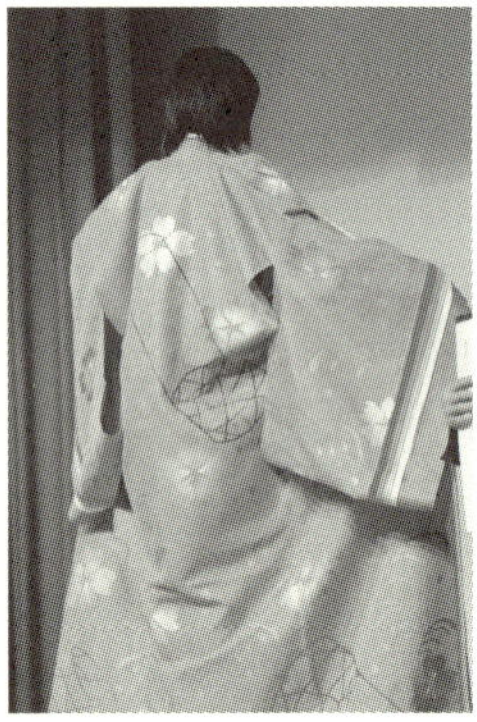
口絵写真9

次の衣装は中君の一番華やかなシーン、花の丸（はなのまる）という衣装です（口絵写真10）。古典柄ですけれども、こういうものが本来の当時の丸紋続きで同じ柄の繰り返しということで、できたものです。柄としてもそれぞれの衣装として作りました季節の花々が全部入っておりまして、それぞれの春、夏、秋、冬という全部の季節に対応できるということで花の丸、そして丸ということで円満をというイメージもあるのでしょう、今でも使われているこの丸物、というデザインを使っていきました。

口絵写真10

　次は、中君の最後の衣装でございます（口絵写真11）。今でも宇治川にはたくさんの白鷺（さぎ）が、えさをついばんでいる姿が見受けられます。この白鷺の柄を、ぜひ一枚作りたいなと思って作ったものでございます。ご覧のように線に見えますのは強い雨を表現しております。急な強い雨が降ってきたことによって、宇治川の岸辺でえさをついばんでいたこの白鷺たちが、一斉に驚いて空に飛び立つという、あわてふためいた羽音の聞こえるような

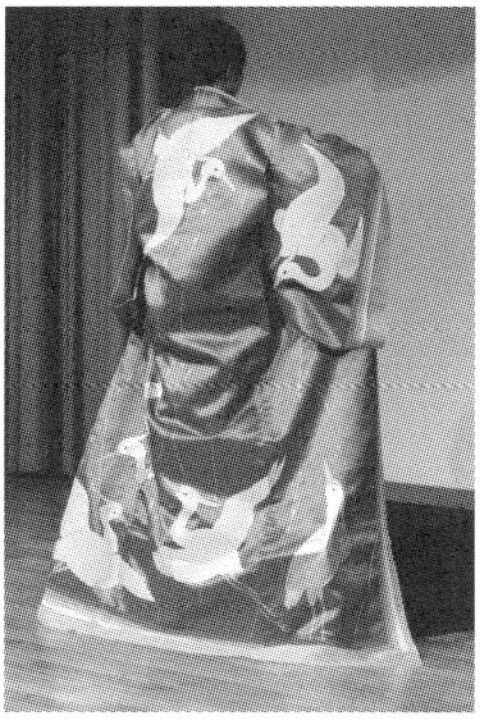

口絵写真11

イメージを込めてデザインいたしました。ここでは突然、殿方、公達が八宮邸にやって来るので、取り繕ってごあいさつをする中君の少しあわてた心情そのものが、この羽音のはっという気持ちとリンクするようにと思ってデザインした衣装の一つです。

　次は、浮舟では最後の衣装になりますけれども、お母さんの衣装です（口絵写真12）。お母さんはちょっとしか出ておりませんが、この衣装、イメージとしてはしっかり者のお母さんですし、娘をより良いところに嫁がせたいという、今でいえばポジティブなお母さんですけれども、ここから見えますでしょうか、トンボがおりおりに飛んでおります。トンボというのは「勝虫（かちむし）」といわれて、前にしか進まないというとても縁起の良い昆虫とされ、例えば武士のよろいとかあるいは印伝（いんでん）とかにも使われた、古来からあるトンボという柄でございます。それと同じに、前にしか飛ばないということで、ポジティブなお母さんをこの虫で表現し

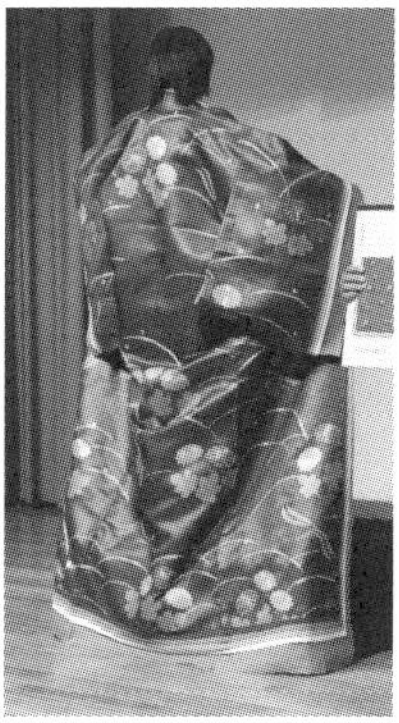

口絵写真12

たつもりでございます。露芝と菊という古典柄を使って、この深い緑でお母さんの心情を表現してございます。

舞台衣装の世界

ここまでが映画の衣装の数々です。ここからは舞台衣装になりますので、柄がちょっと大柄になってまいります。舞台の衣装は先ほども言いましたように、全体像というのがとても重要になっておりますから、肩からすそにかけての線を意識して作っております。

これは誰の衣装だとお思いになりますか（口絵写真13）。光源氏が愛してやまない面影を求めて、恋の遍歴をするそのきっかけとなった人物、自分の養いの母でもある藤壺の衣裳でございます。この色は帝王紫という帝王しか着られないという特殊な染料で、紫を染めにしまして、白い藤、金の藤でこの藤壺自身を表現いたしました。人形もそうなんですけども、ここに（衣裳のまん中の上から下まで）本来髪の毛が六尺余りっていいますから、百八十センチ以上くるわけです。床に届くわけですね。そうするとここの柄（二羽の蝶）は見えないんですが、その見えないすそのところに金と銀の蝶を描いております。着ると髪の毛の中に隠れてしまうのですが、この金と銀の蝶は、銀が藤壺自身を、金は光君をここで暗示して髪の毛の中に隠しているという、そういうデザインで、本当に、人形に着せてしまうと、この部分は見えない構成になっております。

口絵写真13

次の人物は、これはお分かりでしょうか（口絵写真14）。ちょうど今の季節ですね、七月の半ばごろ、東の京あたりの家に光源氏は乳母のお見舞いのために惟光とともに牛車を走らせます。夕方近く、通りかかった家の垣根に白い花が咲いております。この花は何という花だろうと、光源氏が尋ねると、中から少女が扇の上に花を持って出

口絵写真14

てまいりまして、夕顔という花だと伝えました。よく見るとそこには一首の歌が書かれております。「こころあてに　それかとぞみる　しらつゆの　ひかりそへたる　ゆふがほのはな」―もしかしたら、当て推量に言いますけれども、あなたは光君様ではないでしょうか。まるで露を含んだ夕顔の花のようにお美しいこと―という歌が書いてあります。その扇には香が焚きしめられていて、なんとゆかしい女性かと、そこからまた、光源氏の恋の遍歴が始まるということなんですけれども、この女性はそれほど身分の高い女性ではなかった。ですから生地もこれは平絽（ひらろ）、いってみれば安い生地を使って、高貴な色ではない色をあえて使っています。全体に鎌のような細い糸月の三日月というのが出ております。これは大きい細い月なんですね。もう、本当に爪を切ったような、爪が空に出ているような月を表現しております。この月にこの蔓（つる）が絡んでいるという表現になっています。この夕顔という花自身も七月の始めごろ咲いて、八月の十五日過ぎには立ち枯れてしまうというはかない花ですけれども、実はかんぴょうの花で、図太く根太くしっかりしている花ということもあるそうでございます。そういう意味で、夕顔自身は茎を持たないので、何かに沿って巻きついて育っていくという、ですから頼り無げでありながら、実は強く、しっかりしているというところを、夕顔という一見はかなげなひびきの名の女性像の中に紫式部はうまく、この「時分」の花を当て描いたなと感心する、本当に驚嘆するところの一つでもございます。

次は私が一番好きな人物でございます（口絵写真15）。『源氏物語』の中では、名前の出ている女性は百五十人登場するそうでございますけれども、その中で、ナンバーワンの私の好きな人物、誰だと思われますでしょうか。六条御息所です。これはその六条御息所の着る衣装でございます。私は、六条の嫉妬というイメージを想像すると、グリーンという感じがするんですね。緑色、「紺碧」の「碧」っていう方ですけれども。この

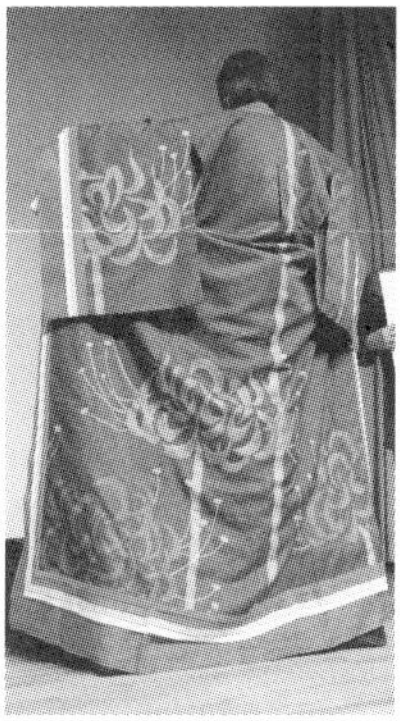
口絵写真15

碧の色を表現するには、ただ全部を碧にするのではなくて、一部だけで碧を表現しております。これ

はその心情そのもの、葉っぱもなく、球根には毒を持つとされる彼岸花をテーマに、この人物自身をこの花に、燃えるような愛情をこの花に例えてデザインいたしました。生地は金通しというものです。金を細かく織り込んでチラチラっとこう動くと、分かりますでしょうか、光っているところが。曼珠沙華の、彼岸花の雌しべから飛んだ花粉が、空中いっぱいに飛んでいる、それを六条御息所の愛情のイメージとし、その愛情の強さゆえ、若い光源氏にはちょっとうっとうしい女性だなと、好きだけれども、ちょっとうっとうしくなってきたと、そういう衣装を作りたいなと。金通しで宙に舞い散る花粉を表現し、息をするのもいやだなというような空気のイメージをここに込めた衣装でございます。

次のこの衣装は、二点出てまいりました。六条御息所自身が生き霊と本体と二人に分かれるというシーンで使いました、二枚の衣装でございます（口絵写真16）。この衣装、片方が全部金、もう片方が全部銀で表現しております。すそのところでは、「なげきわび　空に乱るる　わが魂を　むすびとどめよ　したがひのつま」

口絵写真16

とあるように、「つま」って着物の先のところをいいますけれども、どうかこの離れて行ってしまう自分の魂を、この着物の、つまの先ででも、とどめてほしいという、もう本当に切ないばかりの女性の心情を紫式部はこの歌にしています。その文字をこの衣装に文字ちらしとして入れました。そしてつまりは体から抜け出てくるその生き霊が、後（あと）で葵上を取り殺してしまうのですが、自分自身がいつの間にか、蜘蛛のような存在になっているということで、蜘蛛の巣を形にデザインして、そこに引っかかって止まってしまっている蝶は、殺された葵上を表現しております。人形の場合は同じ顔の人形二体が出来ますから、本当に体が重なっているところから、離れて出てくると映像表現ではなく、生の舞台で人物が二つになっていくという面白さが出る、そういう作品にしたものでございます。

次の衣装です。これはその正妻、葵上の衣装でござ

口絵写真17

います（口絵写真17）。私は葵上のイメージは何色かなと思ったとき、ピンクっていう感じがしたんですね。ピンクといってもこういう、ちょっと青みがかったピンク、まあ正妻でもあり、家柄も良く、そしてある意味で気位の高い、でも、光源氏にとっては面白みのない妻だったわけです。ですからそういう人物を描きたいなと思うときに、この人物をピンクでいこうと思いまして、体には大きな三枚の葵の葉をちりばめて、この中に葵祭の飾り物の藤の花と、源氏蝶という古典柄のデザイン、源氏の蝶のデザインを入れて葵上自身を表現いたしました。

最後の衣装でございます。これは若き光源氏が最初の失脚のきっかけとなる重要な人物です。朧月夜（おぼろづきよ）の君でございます（口絵写真18）。とても現代的なさばさばした女性でもありますけれども、この恋が帝（みかど）に発覚して、光源氏は須磨へ流されてしまいます。第一のターニングポイントといいますか、『源氏物語』でも大きな、変換する山場の一つとなった女性でございます。春の朧月夜にはんなりとした、しだれ桜が咲いているデザインです。当時、女性が立っている姿を殿方に見られるということは裸を見られるにも等しいほど、規律違反、恥ずかしいこととされたそうです。この女性は、思わず、あまりにも素晴らしい朧月夜と花に誘われて、鼻唄を歌いながら廊下へ出て立っているところを、光源氏に見初められて恋が始まるという、そこで扇を取り交わしたことから発覚してしまう、という物語になっておりますが、若き光源氏の、とても重要なポイントになる女性かなと思って、最後にこの衣装をご覧いただきました。

以上全部で十八点の衣装をご覧いただきました。

口絵写真18

人形師として世界を舞台に

今日は皆さんのご協力で、こうして衣装も見ていただいて、私なりの考察の『源氏物語』の切り口というのをご覧いただきました。二〇〇〇年の六月には、パリの演劇祭で、「雲隠れ」という明石の上をテーマにした作品を持って、公演してまいりました。

そして二〇〇一年の春、とても嬉しいことがございまして、さっきの映画、最後に浮舟が横川(よかわ)の僧都に助けられて、そこで出家をするというところがありましたが、横川の僧都というのは比叡山延暦寺の横川の僧なのです。その比叡山延暦寺で、公演をすることができました。

世界文化遺産でもあり、国宝の根本中堂を使って、不滅の火がある前で、シンセサイザーの巨匠、冨田勲さんの「源氏物語幻想交響絵巻」というシンフォニーに合わせて上演いたしました。春は斎王、夏は若き若紫と祖母の北山の尼を、夏から秋にかけては葵上と六条の葛藤から葵上を殺してしまうシーンを、さらに冬には冷たい凍てつく宇治川の、二人の公達の間に挟まれる浮舟の姿を、そしてまた巡り来る春という最終章でまた最初に戻るのですが、そこでは光源氏と胡蝶たちが登場するという舞台でした。

おかげさまで好評を得て、去年の秋に東京国際映画祭のオープニングでも上演させていただきましたし、実は今年の秋、ソウルにて冨田先生の曲と私の人形の源氏絵巻を上演する予定でございます。また、岡山でも、ぜひそういう機会を持てたら、この大学でやっていただいて、また皆さんにも人形舞も見ていただきたいと思います。今日は本当に、楽しいひと時を皆さまと過ごさせていただきました。

(山陽学園大学・山陽学園短期大学社会サービスセンターの都合により、ホリ・ヒロシ先生の最終校正はできておりませんので、ご了承下さい)

光源氏をめぐる女性たち

山陽学園大学助教授
佐藤雅代

今日は、なぜ『源氏物語』を現代に読む意味があるのかということを交えながらお話ししたいと思います。

『源氏物語』は、第一部・第二部・第三部と三部構成の作品になっています（資料1）。今回は第一部の「桐壺」「末摘花」「葵」「薄雲」、そして第二部の「御法」巻を中心にお話しさせていただきます。

現代に生きる源氏物語

『源氏物語』という作品は、名前はもちろん聞いたこともあるし、お読みになったこともあると思うんですが、何しろ登場人物は四〇〇人以上、四代の帝の七〇年にわたる時代のことを書いたものでございます。四〇〇字詰め原稿用紙にして、何と二五〇〇枚という大作でした。この大作は、成立当初から難解なものと受け止められていた節もあるようで、紫式部が書いた、今からちょうど千年前、西暦一〇〇〇年のころには、女房たちによって読まれた作品であったにもかかわらず、それから百年後、私が専門としております院政期、あるいはもう百年たった一二〇〇年に『新古今和歌集』が成立したころには、既に『源氏物語』は注釈書なくしては読めない時代になっておりました。ですから、そういうことも手伝って、『源氏物語』というのは、現代語訳あるいはダイジェスト版というのが頻繁に出版されているわけです。

谷崎潤一郎さんが現代語訳をなさっていますけれども、その前に、明星派の歌人である与謝野晶子さんが、大正二年に『新訳源氏物語』、そして昭和一四年に『新々訳源氏物語』を刊行なさいました。"与謝野源氏"と

『源氏物語』の巻名と構成

第一部　光源氏の青春と栄華〈誕生～三十九歳〉　三十三帖

1 桐壺	2 帚木	3 空蝉	4 夕顔	5 若紫
6 末摘花	7 紅葉賀	8 花宴	9 葵	10 賢木
11 花散里	12 須磨	13 明石	14 澪標	15 蓬生
16 関屋	17 絵合	18 松風	19 薄雲	20 朝顔
21 少女	22 玉鬘	23 初音	24 胡蝶	25 蛍
26 常夏	27 篝火	28 野分	29 行幸	30 藤袴
31 真木柱	32 梅枝	33 藤裏葉		

第二部　光源氏の晩年と悲劇〈三十九歳～五十二歳〉　八帖

34 若菜(上)	35 若菜(下)	36 柏木	37 横笛	38 鈴虫
39 夕霧	40 御法	41 幻	(雲隠)＝巻名のみ	

第三部　薫君の青春と愛の悲劇〈薫君　十一歳～二十八歳〉　十三帖
（「橋姫」以下の十帖を「宇治十帖」という）

42 匂宮	43 紅梅	44 竹河	45 橋姫	46 椎本
47 総角	48 早蕨	49 宿木	50 東屋	51 浮舟
52 蜻蛉	53 手習	54 夢浮橋		

資料1　『源氏物語』の巻名と構成『源氏物語を知る事典』西沢正史編（東京堂出版）

呼ばれて、現在でも現代語訳の一つとして読まれているものです。谷崎潤一郎さんも三度にわたって『源氏物語』を訳しておられます。昭和一三年に最初の『源氏物語』の訳を完成されるんですが、このときはまさに戦争真っただ中、軍国主義の色が大変濃い時代でした。藤壺(ふじつぼ)と光源氏の密通事件というのは、いわゆる皇室のスキャンダルであるということで、時代の風潮を反映して、物語の中には存在しているのに、あえて現代語訳からは削除して出版しています。昭和二九年に刊行したものは、原文に忠実に、ただ女房言葉風の「ございます調」に統一し、そして、三回目を昭和三九年に、現代仮名遣いに変更したものとして刊行しています。谷崎潤一郎さんでさえ、三回も『源氏物語』に対する訳を繰り返しているわけです。これは、その時代時代がどんな『源氏物語』を必要としているかということに深くかかわっているんだろうと思います。

そして、円地文子さんも『源氏物語』の現代語訳をしております。ただ、円地さんの『源氏物語』というのは、部分的な記事の取捨選択がかなりありまして、実際には物語の中に存在する事件などを省く代わりに、ご自分が『源氏物語』の中身を、必要と思うところで加筆したりという部分もございます。

最近では、瀬戸内寂聴さんの『源氏物語』、これが大変人気のようでございます。瀬戸内さんの『源氏物語』の一つの特徴は、和歌を五行詩で表した点にあるのではないかと思います。〝与謝野源氏〟も和歌の部分は原文です。晶子は歌人でもありましたから、和歌を現代語訳することも可能であったと思うんですが、和歌そのものの持つ原文の味わいというのを生かしたいということからそのままにしており、地の文だけを現代語訳しております。谷崎潤一郎は、『源氏物語』の和歌の部分を、自分には才能がないから、できれば誰か歌人に頼んで現代風な短歌に詠み換えてもらう、こういう一つのパロディーのようなことをやってみたらどうかと考えたのですが、地の文と和歌の融合という点からいくとそれは問題があるということから断念したようです。そこで、瀬戸内さんが、和歌の部分を五行の詩で訳すという試みをされているわけです。

一九八〇年代に『サラダ記念日』という歌集で一世を風靡(ふうび)しました俵万智さんは、与謝野晶子の『みだれ髪』を俵万智風に詠み換える、訳すのではなくて、『みだれ髪』という作品を俵万智風の短歌に仕立てるということをしています。その試みから、彼女は『源氏物語』の和歌を俵万智風に詠み換えるということにも挑戦しておられます。和歌を現代風の短歌に詠み換えることは、現代の私たちの感覚に近いところで意訳が行われるわけですから、大変よく分かるものになるというメリットはあるんですが、一方でデメリットもございます。それは原文が持つ雰囲気ですとか、原文が持つ、現代語には直せないような言葉をどう処理するかという問題です。どうしてもこの言葉は別の言葉で置き換えるのは難しいというようなものを、半ば強引に別の言葉に詠み換えるわけですから、そこに若干の無理があるような気がいたします。

『源氏物語』の中に、和歌はいったい何首登場してくるかというと、これが七九五首といわれております。約八〇〇首に近い和歌があります。この和歌というのは、お互いがやりとりするいわゆる「贈答歌」が中心です。男性から女性に、またその返事を女性が男性にという「贈答歌」と呼ばれるものが多くを占めております。一方「独詠歌」といって独り言のようにつぶやく和歌もあります。それから、一人が詠んで、周りにいる人が二人、三人と、なんとなくみんなが共鳴して歌を次々に詠み合っていくという「唱和歌」もございます。今回は、『源氏物語』という作品をできるだけ和歌を中心に取り上げながら、原文が持つ和歌の味わいというものを感じていただけたらと思います。

ここに、『源氏物語』に登場する主要人物の系図を示しておきました（資料2）。適宜こちらをご覧になりながら、私の話を聞いていただけたらと思います。

「もののけ」――特異な性質を持つ六条御息所

今日私が、最初にお話しさせていただく女性は、六条御息所（ろくじょうのみやすどころ）です。六条御息所の非常に特異な体質、これをどういうふうに考えるべきなのか。源氏の正妻である葵上が妊娠をしているのですが、とても体調が悪い。どうして体調が悪いかというと、それはいわゆる「物の怪（もののけ）」の仕業だと。資料3に物の怪の詠んだ歌があります。「なげきわび空に乱るるわが魂を結びとどめよしたがひのつま」という歌です。この場面で、この和

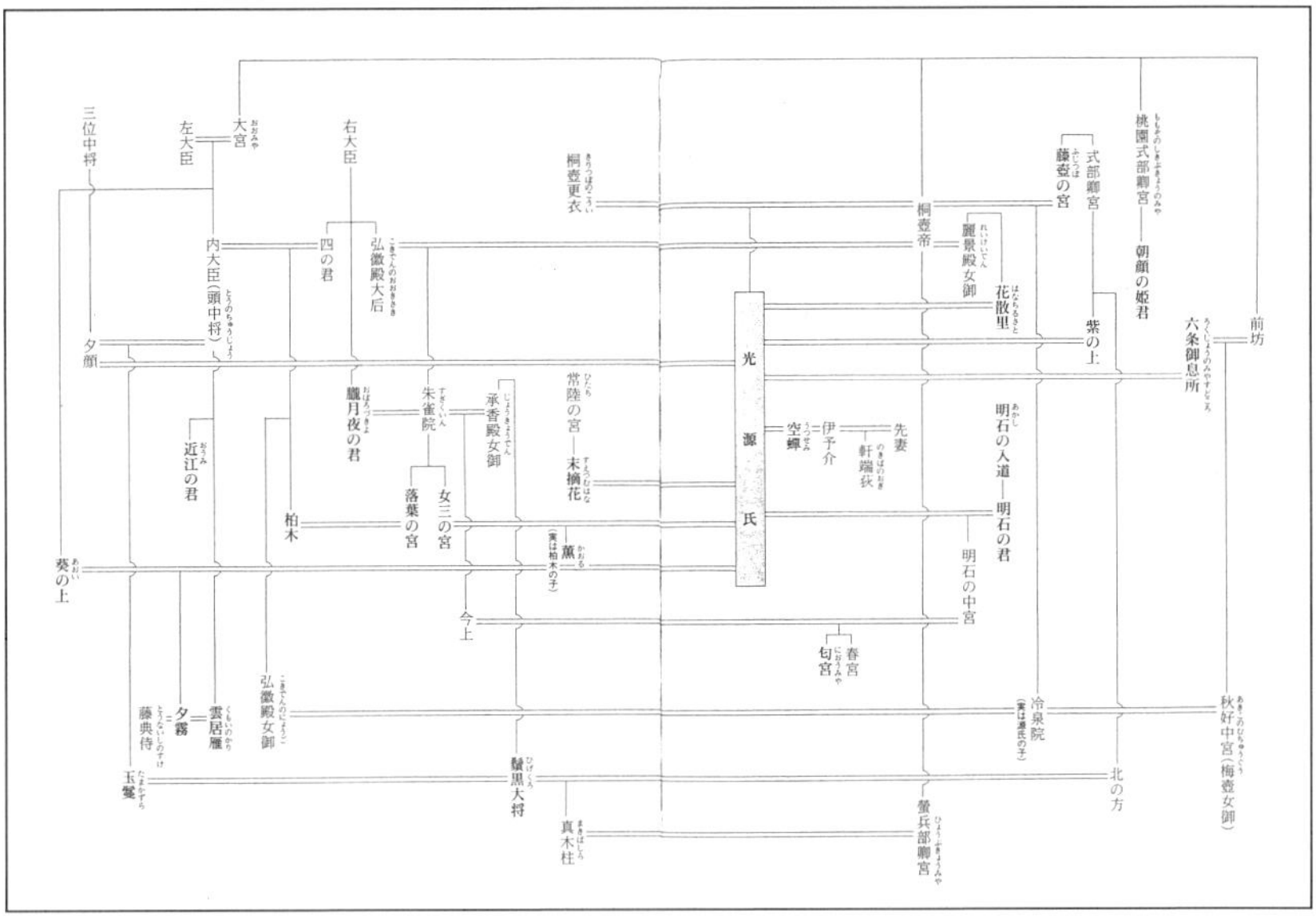

資料2　源氏物語主要人物系図
『源氏物語ハンドブック』秋山虔・渡辺保・松岡心平編（新書館）

歌の前に、「『いで、あらずや。身の上のいと苦しきを、しばしやすめたまへと聞こえむとてなむ。かく参り来るるものになむありける』となつかしげに言ひて」とあり、そして先ほどの歌を詠むわけです。この場面で、実際にしゃべっている身体は、光源氏の正妻である葵上なのですが、その声や言っている内容というのは、葵上の言葉ではなくて六条御息所の言葉であるわけです。葵上に健康を回復してほしいという願いから、様々な加持祈禱が行われているんですが、それは葵上に取りついている六条御息所にとっては、非常に苦しい、つらい、苦痛なことなんですね。だから、「私自身が苦しいものですから、しばらく加持をやめていただきたいと申しあげようと存じまして」というふうに言うわけです。「『こんなふうに参上するつもりはさらにありませぬのに、もの思いをする者の魂は、たしかに身を離れてさまよい出るものでした』と、なつかしそうに言って」と。これは、光源氏に対して、六条御息所が物の怪となって言っているということです。「嘆きに嘆いてわが身を離れて宙に迷っている私の魂を、下

「[二八]いで、あらずや。身の上の[二九]いと苦しきを、しばしやすめたまへと聞こえむとてなむ。[三〇]かく参り来むともさらに思はぬを、[三一]もの思ふ人の魂はげにあくがるるものになむありける」となつかしげに言ひて、

物の怪　なげきわび空に乱るるわが魂を結びとどめよした[三二]がひのつま

とのたまふ声、けはひ、[一]その人にもあらず変りたまへり。いとあやしと思しめぐらすに、ただかの[二]御息所なりけり。あさましう、[三]人のとかく言ふを、[四]よからぬ者どもの言ひ出づることと聞きにくく思して[五]のたまひ消つを、[六]目に見す見す、世にはかかることこそはありけれと、うとましうなりぬ。「あな[七]心憂」と思されて、源氏「かくのたまへど誰とここそ知らね。たしかにのたまへ」とのたまへば、[八]ただそれなる御ありさまに、あさましとは[九]世の常なり。人々近う参るも[一〇]かたはらいたう思さる。

資料3　葵巻より『日本古典文学全集』（小学館）

前の褄を結んでつなぎとめてください」。

　平安時代の人たちというのは、自分の肉体は身と魂からできていると考えていました。自分が亡くなって、亡くなった肉体から魂が出ていくということはもちろんのこと、別に意識がないわけではなく、意識があっても自分自身の魂が出ていっているんではないかと思う。それで、目の前にふうっと飛び交った蛍を見て、ああ、今私の魂が蛍となって出て行ってると感じたことを、歌に詠んだりしております。ですから、蛍というものに、自分自身の肉体から抜け出した魂を重ねてみているということもあったようです。

　そして、物の怪というのはいったい何かと申しますと、人間に取りついて悩まし、病気にさせたり、場合によっては死に至らしめる死霊、あるいは生き霊と呼ばれるものでした。光源氏自身は物の怪をどういうふうに思っていたかというと、物の怪の詠んだ歌の次を見ると、「その人にもあらず変りたまへり」とあります。この、その人というのは、葵上です。葵上ではないと思えるほどにすっかり変わっていたと源氏は感じるのです。「いとあやしと思しめぐらすに、ただかの御息所

なりけり」と。自分の妻だと思っていたがその正体は葵上ではなくて、あの御息所ではないかと、光源氏は気が付きます。その次に「目に見す見す、世にはかかることこそはありけれと、うとましうなりぬ」とあります。「現に目の前に見て、世の中にはこういうことがあったのかと、君は無気味なお気持ちになられる」ということなんですね。これは、光源氏は物の怪というものを、世の中の人がいろいろに言うけれども、自分は今眼前に見るまで特に信じていなかったということだろうと思います。

　光源氏が目の前に見るまで物の怪の存在を信用してなかったと言った背景には、実は、紫式部その人の「物の怪」観というものがあったと考えられます。『紫式部集』と呼ばれる紫式部の歌を集めた歌集の中に、「亡き人にかごとはかけてわづらふもおのが心の鬼にやはあらぬ」という和歌があります。これは、「亡くなった先妻が、新しい妻に物の怪となってとり憑いたのを、男が法師に調伏させている絵を見て詠んだ歌」なんですね。そういう絵が描かれていて、その絵を見て紫式部が詠んだ歌なのです。絵にはもちろん何も文字は書いてないですから、紫式部がその絵から何を感じたのかということが歌になっているわけです。紫式部は「男が先妻の仕業とするのは、実は男の『心の鬼』、すなわち気の咎め、良心の呵責のなせるわざだ」と解釈します。これは非常に合理的な解釈であると思います。こういった紫式部の、物の怪というものを信じてないわけではないけれども、それは人間の心の闇に巣くうものだというような認識、それが、先ほどの光源氏の言葉に出ているのではないかと思われます。

　しかし、そうはいっても紫式部という人は、道長の娘、中宮彰子のところに宮仕えしておりました。彰子が出産をするときに、道長家の女房として立ちあって、やはり物の怪を退治するために加持祈禱してもらう場面に遭遇するわけですけれども、「こんなくだらないことをしてしようがない」とは思っていなくて、自分が宮仕えする主家の大事なイベントとして非常に積極的に立ち働いている様子が、『紫式部日記』の中に紹介されております。つまり紫式部は、人間の計り知れないような超常現象というものも、どこかではあるんではないかと全面的に否定はしない。でも一方で、そういったものに対して人間の心がいかに弱くもろいものであるかということも分かっている。だから、当時の習俗として物の怪の存在を全否定はしないけれども、むしろそれにとらわれる人間の弱い心の方に、彼女の関心が強くあったのではないかという気がいたします。

ここに「葵巻」があります（資料4）。先ほどよりも少し後の場面なんですが、「あやしう、我にもあらぬ御心地を思しつづくるに、御衣などもただ芥子の香にしみかへりたる、あやしさに、御泔（ゆする）参り、御衣着かへなどしたまひて試みたまへど、なほ同じやうにのみあれば、わが身ながらだにうとましう思さるるに」とあります。「自分でもよく分からない不思議なことなんだけれども、一体自分自身がどうなったのか、その気持ちをたどっていくと、どうも自分の着ている着物、お召物に、芥子の香りがしみこんでいる。どうしてなんだろう。それが分からない。どうしても不審なので、髪を洗ったり着物を着替えてもにおいが消えない」。実はこれは、六条御息所が物の怪となって葵上に取りついているという現実を、自分自身では把握してないということになるのです。

では、なぜ六条御息所は葵上に取りつくことになったのか。六条御息所というのは、若い光源氏の年上の恋人でした。もちろん、葵上も源氏よりは年上だったのですが、六条御息所と葵上が、葵祭のときに車争いをします。光源氏の正妻として今をときめく葵上に対し、六条御息所はちょっと貧しく仕立てて、目立たないつもりで出掛けた、その牛車がけ散らされるんですね。そこで、非常な屈辱を受けた。それは、自分の人生の中で耐え難い屈辱だったと六条御息所は感じているようです。この事件については、光源氏もあれは御息所が気の毒だったと、同情はしているんですね。しかし、御息所の中ではその出来事というのが、自分の理性では、コントロールできないほどに悔しくいたたまれなかった。そのことから、懐妊した葵上に取りついてしまっているという結果を生んでいるわけです。

これは、もちろん、葵上に対する女としての嫉妬というのが根底にはあるんですけれども、問題は、『源氏物語』の作者紫式部が、どのように六条御息所がそのことに気付き得たかを書いたのかということではないかと思います。つまり、資料4で、六条御息所は「自分ではよく分からない、気が付かないんだけれども」というふうに言っています。ところが先ほどの資料3のように、光源氏は自分の恋人の異様な様というのを目の当たりにするわけです。六条御息所自身が気が付いていないことを、御息所は、自分の恋人である光源氏の心を通じて知らされてしまうということになります。「これがまさに六条御息所の仕業だったんだ」というふうに光源氏が気付いてしまうというのは、六条御息所が光源氏の視線の中で自己を認識する、そういう方向性が描かれていたのではないか。つまり、紫式部という作家は、「人間は他人の視線の中にしか生きられない」ということを、この場面で描こうとしていたのではないかと思います。他人の視線の中にしか生きられない、あるいは、他人の視線によって初めて自分を認識する。ある意味では、他人の視線こそ自己認識のための鏡であり、その事実によって、人間は自分と他人の境界を失わずに生きることができる。もしそれがなければ、例えば、精神錯乱状態に陥るようなこともないわけではないということです。そういう意味で、六条御息所は恋人である光源氏の視線の中に、自分を

かの御息所は、かかる御ありさまを聞きたまひても、ただならず。かねてはいとあやふく聞こえしを、たひらかにもはた、とうち思しけり。あやしう、我にもあらぬ御心地を思しつづくるに、御衣などもただ芥子の香にしみかへりたる、あやしさに、御泔参り、御衣着かへなどしたまひて試みたまへど、なほ同じやうにのみあれば、わが身ながらだにうとましう思さるるに、まして人の言ひ思はむことなど、人にのたまふべきことならねば、心ひとつに思し嘆くに、いとど御心変りもまさりゆく。大将殿は、心地すこしのどめたまひて、あさましかりしほどの問はず語りも心うく思し出でられつつ、いとほど経にけるも心苦しう、またけ近う見たてまつらむには、いかにぞや、うたておぼゆべきを、人の御ためいとほしうよろづに思して、御文ばかりぞありける。

泔坏（類聚雑要抄）

資料4　葵巻より『日本古典文学全集』（小学館）

探り当てていくというプロセスを用いて描かれている。人間誰にでもある自己認識の一つの方法がここに示されているのではないでしょうか。

ではなぜ、六条御息所が物の怪となって、結果としては夕顔も取り殺し、そして葵上も取り殺すことになってしまうのか。例えば「賢木巻」に、六条御息所が娘に従って伊勢に下向していく際に、野々宮で光源氏と再会する場面があるんですが、そういう場面でみる彼女は、光源氏が気詰まりだとは感じるものの、みやびで良識を持った非常に魅力的な女性としても描かれているわけです。まさに、六条御息所の魅力というのは、この振幅の大きさ、美しいものほど徹底的に醜くもなり得るということにあるのではないか。だから、情愛と怨念、あるいは美と醜、そういった非常に豊かな感性を持っていたからこそ、彼女が自分自身のことを認識できなくなるほどに、物の怪となって人に取りつくような行動に走ってしまう。それは自分が意識して相手をたたきのめそうとか、苦しめてやろうということではない。そういう自分自身を失ってしまうほどに、彼女の中に鋭い感性があった。そして、そういったスケールの大きさ、美しいものは一方で徹底的に醜いものにもなり得るという、美しさ故の反動、それを六条御息所の存在によって、紫式部という作家は描こうとしたのではないかという気がします。

それから、物の怪についてですが、今私たちは、もし、物の怪というものがこの世にあるとしたら、それを信用できるでしょうか。もちろん平安時代の人は信じていました。明晰な頭脳を持つ紫式部でさえ、習俗としてはそういうこともある、また当時の人々がそれを信頼しているのもやむを得ないと認識していたわけです。では、現代的な視点でこの物の怪騒動を読み解いていくと、どういうことが見えるのか。これも一つ、私が最近思っていることなのですが、ダニエル・キイスという人が、『二十四人のビリー・ミリガン』という本の中で、アメリカに起こった精神分析の病例の事件を記録し、全世界でベストセラーになったことがございます。キイスによれば、ビリー・ミリガンの中には、国籍・年齢・言語・性別のまったく違う人格が二十四人住んでいる。この驚くべき事実は、一つの人格の中にたった一つの自己しかないと信じて疑わなかった私たちにとって、それが近代の作った認識に過ぎないということを思わせたといわれています。

私たちは、自分自身の中に、「我思う」一人と、「故に我あり」と思う、もう一人の我と、少なくとも二つの自己を持ち合わせているのではないでしょうか。つまり、自分がどれほどの深さでもう一人の自分を見ているのか。そして、もう一人の自分をきちんと認識しないままに、別れて行動することがあるのではないか。だから、気が付くと、とんでもない犯罪に手を染めてしまっているというような事件があるのではないでしょうか。まさかあの人がと思うようなことをしでかしてしまう人間の心の闇には、結局自分の中にある複数の人格、もう一人の自分というものが確かに存在するのではないか。それを自分自身がどこまで距離をおいて行動していくかということで、私たちはもう一人の自分とあまり乖離しないところで付き合いながら、生きているのではないか。こうして話している私も、実は皆さんにお見せしている顔とはまったく別の顔を持って生きている人間なのかもしれません。

そう思うと、この物の怪事件というのも一人の人格の中に複数の人格が存在するという、非常に近代的な解釈も可能ではないのかという気がします。千年前に生きた紫式部という作家、彼女は物の怪に対して、非常に合理的な感覚を持ち合わせていました。当時の物の怪事件というものを、一人の人格の中にある多重人格性というものに注目し、それを六条御息所という造形を作っていく中で利用したのではないかという気もいたします。先ほど紹介した『紫式部集』の「亡き人に…」の和歌ですが、この和歌は紫式部の晩年の作だろうといわれています。『紫式部集』の成立は一〇一三年の冬ごろといわれていますので、それからほどなくして紫式部は亡くなっただろうとされています。ただ、正確な生没年は分かっていないのですが、晩年に彼女が物の怪についてこういう認識を持っていたということは、注目されて良いのではないでしょうか。まさにその点に、私が先ほどから申し上げている、六条御息所の物の怪事件を解く鍵もあったのではないかと思います。

末摘花が登場する意味

六条御息所という人は、たぐいまれな美質も備えているけれど、一方で美しいが故の醜さというのも私たちに露呈してくれました。ところがほとんど美女が登場する『源氏物語』の中で、唯一、徹底的にブスに描かれる女性がいます。「末摘花（すえつむはな）巻」の中で紹介される末摘花という人です。この方はなかなか高貴な身分で、常陸（ひたち）の宮のお嬢さんなのですが、非常に容姿がよろしくないわけです。この人と出会ったときの光源氏の年齢は、一八歳から一九歳でした。同じ時期に光源氏は夕顔という女性とも出会い、この女性に非常にのめり込んでいくんですけど、彼女は六条御息所と思われる物の怪によって取り殺されてしまいます。夕顔を失った光源氏は、夕顔に代わる女性を求めようとするわけです。そのときに出会ったのが、末摘花という女性だったのです。

　では『源氏物語』は、美女だけが女主人公となる中に、なぜこの美しくない女性を書かなければならなかったのでしょうか。資料5のところに挙げているのですが、末摘花という人の描写が非常に克明なんです。男性が女性を見る目と、同性として女性が女性を見る目というのは違います。紫式部という人は、同性を見る目とともに、異性を見る目、男として女を見る目も持っていたのではないかという気がします。末摘花の描写というのは、「まづ、居丈の高く、を背長に見えたまふに、さればよと、胸つぶれぬ。うちつぎて、あなかたはと見ゆるものは鼻なりけり。ふと目ぞとまる。普賢菩薩の乗物とおぼゆ。あさましう高うのびらかに、先の方すこし垂りて色づきたること、ことのほかにうたてあり」とあります。「座高が高く、胴長にお見えになるので、予想どおり、と胸のつぶれるような思い」。これは、光源氏が末摘花と関係を持って、雪明かりの中でこの人を見てしまう。あまりに醜いということで「こんな人が世の中にいるのか」というくらいの衝撃を受けます。でも『源氏物語』の中で、非常に美しい女性を書くときに、克明には描かないのです。どんなところがどんなふうに美しいかという表現があまりない中で、醜さにかけてはここまで克明に描けるかというくらいに描きます。これは徹底した描写だと思います。

とにかく胴長だと。その次に目がいったのは、見苦しく思えた鼻だと。そこに目が止まってしまう。「普賢菩薩の乗物」というのは、これは象ですね。だから、象の鼻のように長い。「あきれるばかり高く長くのびていて、先の方が少したれて赤く色づいている」。「末摘花巻」でこの人が末摘花と呼ばれるゆえんでもあるわけですが、鼻の先が少し赤くなっているというんです。

資料5に挙げたところは、すべて末摘花という人の描写です。胴長で、鼻が長く、鼻の先が赤い、「色は雪はづかしく白うて」で、色白はいいじゃないと思うかもしれないのですが、この人の場合は「雪も顔負けするほど白くて」と、さらに青みがかってるというんです。顔色が悪いということです。「額つきこよなうはれたるに」というのは「額の様子はこのうえもなく広い」と。だから、額が広いということでしょうね。顔の下半分も長い。すべてが長い、顔も、全体も、鼻も長いと言われてます。「痩せていらっしゃることは、おいたわしいほど骨ばっていて、肩の辺などは、衣の上からでも、痛々しいほどに見える」。当時はきれいだといわれる女性は、ちょっとふっくらしてないといけないの

> まづ、居丈(ゐだけ)の高く、を背長(へせなが)に見えたまふに、[九]さればよと、胸つぶれぬ。うちつぎて、[一〇]あなかたはと見ゆるものは鼻[一一]なりけり。ふと目ぞとまる。[一二]普賢菩薩(ふげんぼさつ)の乗物(のりもの)とおぼゆ。あさましう高うのびらかに、先の方(かた)すこし垂(た)りて色づきたること、ことのほかにうたてあり。色は雪はづかしく白うて、さ青(を)に、額(ひたひ)つきこよなう[一三]はれたるに、なほ下(しも)[一四]がちなる面(おも)やうは、[一五]おほかたおどろおどろしう長きなるべし。痩(や)せたまへること、いとほしげに[一六]さらぼひて、肩のほどなどは、[一七]いたげなるまで衣(きぬ)の上まで見ゆ。[一八]何に残りなう見あらはしつらむと思ふものから、めづらしきさまのしたれば、さすがにうち見やられたまふ。頭(かしら)つき、[一九]髪のかかりはしも、うつくしげにめでたしと思ひきこゆる人々にも、をさをさ劣るまじう、袿(うちき)の裾(すそ)にたまりて、ひかれたるほど、一尺(しゃく)ばかり余りたらむと見ゆ。

資料5　末摘花巻より『日本古典文学全集』（小学館）

です。ところが、やせているというのはどうしようもない、女の人としての魅力に最も欠けるといわれるぐらいなことなのですが、それをこの末摘花という人物に当てはめています。ずっと描いていくんですが、どこかで褒めなくてはいけないと思ったんでしょうね。一点だけ褒めています。それが、「頭つき、髪のかかりはしも、うつくしげにめでたしと思ひきこゆる人々にも、をさをさ劣るまじう」とあります。これは「頭の形と髪のかかりぐあいだけは見るからに美しく、すばらしいなと思い申しあげている方々に比べてもほとんど劣らないほどで、髪は袿（うちぎ）の裾（すそ）にふさふさとたまって、その先に引きずって余っている部分は、一尺ばかりもあるように見える」と。当時は黒く長い髪が女性の美的な要素とされていましたから、この点だけは美人の要素を与えられているわけです。ですが、これだけ頭の形と髪の掛かり方が美しいと言っても、この前の部分で五倍くらいこき下ろされているわけですから、末摘花としては立つ瀬がない。

それでは、なぜ『源氏物語』の中で、末摘花は女主人公として登場する意味があったのでしょうか。なぜこの人を紫式部という作家は書く必然があったのか。『源氏物語』というのは確かに長いお話で、トータルでは非常に緻密（ちみつ）な構成をもとに書かれていたのだろうと思わせるところがあります。まして、なんとなく美人ばかりでは飽きるからブスも入れてみたんだよと、決してこの程度で末摘花は登場してきたわけではないと考えます。では、末摘花という人物を造形した意図はどこにあったのでしょうか。そのヒントは、『古事記』の中にあるようです。

『古事記』の中のいったいどういう話かというと、大山津見神（おおやまつみのかみ）とその娘の石長比売（いわながひめ）と木花之佐久夜毘売（このはなのさくやびめ）の姉妹にまつわる記紀神話なんです。天孫降臨した邇々芸能命（ににぎのみこと）は、この姉妹のうち、美しい妹だけと結婚し、非常に醜い姉、石長比売とは結婚しなかった。大山津見神は自分の娘を二人、妻として与えようと言うんですね。それを、不細工な方はいらない、妹だけくださいと言ったわけです。

ではなぜ大山津見神は、自分の二人の娘のうち非常に美しい妹と醜い姉をセットで邇々芸能命に嫁にやると言ったのでしょうか。実は大山津見神には思惑があったのです。石長比売と命名されているお姉さんの方は、名前にも表れているように、石のような盤石さをもって永遠の生命をあなたに保証したのにと大山津見神は言います。一方、木花之佐久夜毘売は華やかで美しいので、そういう美貌を与える。つまり木花之佐久夜毘売に象徴される美しさ、栄華といわれるものと、石長比売に象徴される永遠の生命、あなたは二人の娘を得ることによって、この両方を手に入れることができたのにということを言っています。結局人間は、永遠の命を持つことができなかったんだという話になっていくのです。

実は、『古事記』の木花之佐久夜毘売と石長比売に象徴される話の中の石長比売が、末摘花の役割だったということです。光源氏は、末摘花の醜さに非常に驚き、衝撃を受け、自分は大変な人と関係を持ってしまったと思うのですが、一方で、この人を不細工だからといってうち捨ててしまおうとは思わないんです。依然としてこの末摘花とのかかわりを持ち続けるわけです。須磨に源氏が流されて、都に戻ってから末摘花のことも忘れかけていたんだけど、あるときふと思い出して訪ねると、ほとんど崩れそうな屋敷の中で、一人かたくなに光源氏を待ってくれていた末摘花に再会するという場面が「蓬生(よもぎう)巻」にあります。その場面に象徴されるように、この末摘花という女性を思い出したときには、ちゃんと手厚く彼女をかまってあげる。お世話をしてあげる。もちろん須磨に行っている間に光源氏は明石の君なんかとも関係を持ちますから、光源氏の中では絶えずこの人だけということはなく、いろんな人と関係を持ちながら彼の人生というのが進んでいくわけです。光源氏は生涯にわたって、末摘花を守って、庇護してあげる。彼女はお父さんも亡くしていますから身寄りがなかったんです。光源氏は女性として末摘花を愛してあげるということと、もう一方で、何か放っておけない、自分がこの人を守ってあげなければならないのではないかというふうに思ってしまう。『古事記』の中の大山津見神が、末摘花のお父さんの常陸宮と重ね合わされているというところまで、紫式部は計算していたわけで、光源氏の栄華を縁の下で支える存在として、末摘花という人をどうしても登場させておく必要があった。つまり、醜い女、決して美しくない女というのも、男に幸せをもたらすのだということを、紫式部という人は『古事記』の中から学んで、それを平安時代の物語の中に取り入れている。醜い女というのが、男の人に幸せをもたらす。そして永遠の命を保証するものとなるんだという古代神話が、末摘花の造形の中には隠されていたのではないかということになるのです。

当時の女性の教養としては、和歌を素晴らしく詠むことが求められました。男の人から手紙で歌がきます。それに対して、適切な歌が返せるかどうかというのが、女性として試される教養だったのです。しかし、末摘花という人は、美しくないだけではなく、これも苦手でした。何かしら歌を詠もうとすると、「唐衣（からころも）」という枕詞（まくらことば）がついて、すべて唐衣…なので、光源氏からもあきれられるというような存在だったのです。絶えず、光源氏周辺に笑いをもたらす存在。醜いし、何かすることがコミカルでおかしいという彼女の存在が、実は光源氏が中心になって物語の世界を形成していくときに、物語の中に登場してくる人物や出来事を言祝（ことほ）いでいる。末摘花が笑いものになっているということは、これは決して彼女を蔑視しているというのではなく、笑いをもたらす、本当にコミカルで憎めない存在として描かれているのです。『源氏物語』の中では、深刻でシリアスな場面が多いのですが、どこか笑いを誘うような場面には、末摘花が登場していることは注意されて良いでしょう。

末摘花は、永遠の生命を男に与える存在として造形されている。だからこそ光源氏はいったん須磨に流されるものの、都に帰って来ることができた。末摘花は、光源氏のことを信じて、都の朽ち果てそうな家でずっと待っていた。これは、末摘花が光源氏を陰で支えていたということになるだろうと思います。実は「若菜（上）」あたりで、末摘花は病気で床に伏せっているという場面が出てきます。その「若菜（上）」のあたり以降、特に具体的に末摘花のことが語られることはなくなっていくのです。そうすると光源氏の物語世界というものが、これから崩壊の一途をたどっていく。末摘花の神話的な力が弱まっていった時、物語は暗雲立ち込めるような情況を呈するということになります。何気なく登場している末摘花の存在が、実は光源氏の物語世界の中でも、彼を支える栄華の全体的な構造の一つを担っていたということができるのではないか。末摘花という人は、どうして書かれる必要があったのだろうかと考えたときに、『古事記』の話に当てはめてこの人を読み解いていくと、大変よく分かるのではないかという気がしております。

桐壺更衣、藤壺、紫上――三人の比較

『源氏物語』の中で、女主人公として登場していながら、それぞれの関係をいろいろな形で比較されている三人の女性がいると思います。光源氏が北山で見初めて以来、生涯最も光源氏に愛されただろうといわれている紫上。その紫上というのは実は藤壺に生き写しだった。藤壺の姪だから似ていたのだというプロットになっているわけです。そして、光源氏が藤壺を求めたのは、自分の母親である桐壺更衣に似ていたからなんです。桐壺更衣の亡き後、光源氏のお父さんの桐壺帝が落胆しているときに、非常に桐壺更衣に似ている人がいるといって連れて来られるのが藤壺だったのです。光源氏の恋人だった藤壺と紫上、そして、光源氏のお母さんである桐壺更衣、この三人を比べたときに一体どういうことが見えてくるのかということを、考えてみたいと思います。

桐壺更衣の真っすぐな帝への愛

資料6に示しましたのが「桐壺巻」の冒頭部分です。ここで桐壺更衣という人が紹介され、物語もここから始まるのです。もっとも、『源氏物語』は五四帖ありますが、桐壺からではなくてほかの巻から書かれたのではないか、後で並べ替えられただけだという人もいるのですが、とりあえず今は「桐壺巻」を巻の一として読むということが定着しています。

この「桐壺巻」の中で、桐壺更衣のいわゆる死の場面を資料7のところに挙げておきました。ここに描かれた桐壺更衣とその和歌、それから桐壺帝と桐壺更衣の男と女の向き合い方、死にそうな女を前にして男がどういうことを感じ、女はそれをどう受け止めているのかというのが、赤裸々に語られている場面だと思います。こういう場面というのは、『源氏物語』を読み返していくと、他にほとんどないのではないかという気

がしてくるんです。桐壺更衣という人は、身分が低かったものですから、桐壺帝から寵愛を受ければ受けるほど、他の女房たちからいじめられて嫌がらせをされて、それでもそれを帝に言いつけたりもしないで自分の心の内にため込んで我慢してしまうような人でした。非常にか弱い存在というイメージがあるんですけど、実は桐壺帝に対しては、はっきりと女としての意志を示しているんではないかと思われます。

資料7は、まさに桐壺更衣が今死ぬんじゃないか、もう死ぬんじゃないかという場面なのです。でも、天皇がいる宮中で亡くなるということは許されないから、退出させなければならない。宮中から退出させると、桐壺帝はもう更衣と会うことができない。ここで別れたら最後、二度と会えないという瀬戸際の状況です。結局ここで永遠の別れをすることになってしまうのですが、二人の間に交わされたドラマというのが、どういう点に見どころがあるのかというのを、お話ししたいと思います。

「限りあれば、さのみもえ止めさせたまはず、御覧じだに送らぬおぼつかなさを、言ふ方なく思ほさる。いとにほひやかに、うつくしげなる人の、いたう面痩せて、いとあはれとものを思ひしみながら、言に出でても聞こえやらず、あるかなきかに消え入りつつ、ものしたまふを、御覧ずるに、来し方行く末思しめされず、よろづのことを、泣く泣く契りのたまはすれど、御答へもえ聞こえたまはず」という部分です。「掟(おきて)のあることだから、帝はそうそうもお引きとめになれず」。

（一）桐壺(きりつぼ)更衣(のこうい)に帝の御おぼえまばゆし

いづれの御時にか、女御(にょうご)更衣(かうい)あまたさぶらひたまひける中(なか)に、いとやむごとなき際(きは)にはあらぬが、すぐれて時めきたまふありけり。はじめより我はと思ひあがりたまへる御方々(かたがた)、めざましきものにおとしめそねみたまふ。同じほど、それより下臈(げらふ)の更衣たちは、ましてやすからず。朝夕(あさゆふ)の宮仕(みやづかへ)につけても、人の心をのみ動かし、恨みを負ふつもりにやありけん、いとあつしくなりゆき、もの心細げに里(さと)がちなるを、いよいよあかずあはれなるものに思(おも)ほして、人のそしりをもえ憚(はばか)らせたまはず、世の例(ためし)にもなりぬべき御もてなしなり。

資料6　桐壺巻より『日本古典文学全集』（小学館）

いわゆる宮中なのでそこで汚れがあってはいけないわけです。だから、桐壺更衣が宮中で亡くなることは絶対に避けなければならないことで、桐壺帝の周りにいる人たちは一日も早く更衣を宮中の外に出したいわけです。でも、帝は一日でも長く自分のそばに彼女を置いておきたいという葛藤が語られている部分なのです。

桐壺更衣の様子はというと、今までは「じつにつやつやと美しくてかわいらしく見える方が、すっかり面やつれして、まことにしみじみと世の悲しみを感じていながら、言葉に表してそれを申しあげることもせず、人心地もなくうつらうつらしていらっしゃるのを御覧になると」というのですから、もう死が迫っていて、今までは非常につやつやして美しくてかわいかったのに、それが見る影もない。桐壺更衣にまちがいなく死期が迫っているということは、桐壺帝にもよく分かっています。といっても、帝は後先の分別も自分の中でできなくなっている。何とかして更衣を自分のところに少しでも長くいさせたいと思う。でもそれはかなわない。それが分刻みに追い立てられているような状況を想像していただければいいと思います。桐壺更衣の様子というのは、正体もない有様で横たわっており、

限りあれば、さのみもえ止めさせたまはず、御覧じだに送らぬおぼつかなさを、言ふ方なく思ほさる。いとにほひやかに、うつくしげなる人の、いたう面瘦せて、いとあはれとものを思ひしみながら、言に出でても聞こえやらず、あるかなきかに消え入りつつ、ものしたまふを、御覧ずるに、来し方行く末思しめされず、よろづのことを、泣く泣く契りのたまはすれど、御答へもえ聞こえたまはず。まみなどもいとたゆげにて、いとどなよなよと、われかの気色にて臥したれば、いかさまにと思しめしまどはる。輦車の宣旨などのたまはせても、また入らせたまひて、さらにえゆるさせたまはず。

帝「限りあらむ道にも、後れ先立たじと、契らせたまひけるを。さりともうち棄てては、え行きやらじ」とのたまはするを、女もいといみじと見たてまつりて、

更衣「かぎりとて別るる道の悲しきにいかまほしきは命なりけり

いとかく思ひたまへましかば」と息も絶えつつ、聞こえまほしげなることはありげなれど、いと苦しげにたゆげなれば、かくながら、ともかくもならむを御覧じはてむ、と思しめすに、「今日はじむべき祈禱ども、さるべき人々うけたまはれる、今宵より」と、聞こえ急がせば、わりなく思ほしながら、まかでさせたまふ。

資料7　桐壺巻より『日本古典文学全集』（小学館）

す。

帝はどうしたものかと途方に暮れておいでになる。ほんとにここで退出させなければいけないという状態になっているのだけれど、なかなか退出を許せない。もう少し、もう少しという気持ちが桐壺帝にはあるので

そこで帝は桐壺更衣に対してこういう言葉を掛けます。「『限りあらむ道にも、後れ先立たじと、契らせたまひけるを。さりともうち棄てては、え行きやらじ』とのたまはするを、女もいといみじと見たてまつりて」。ここで帝は更衣に対して「『決められている死出の道にも、いっしょにとお約束なされたではないか。いくらなんでも、私を残してはゆけますまいね』と仰せになるのを、女も帝のお気持ちをほんとにおいたわしいと存じあげて」。だから、もう正体ないぐらい弱って、それでも帝からその言葉を掛けられると、帝の方をじっと見て、更衣は「かぎりとて別るる道の悲しきにいかまほしきは命なりけり」という歌を詠みます。これに対する帝の返歌はないんです。更衣の歌だけでここは終わっています。でも実はこの歌というのは、非常に重い歌です。重いんだけれども、更衣の桐壺帝に対するはっきりとした愛を示している。あるいは女としての自分の意志をこの歌に託しているというふうに読むことができるのではないかと思います。「かぎりとて…」の歌の解釈は、「いまは、そうよりほかなく別れることになっている死別の道が悲しく思われますにつけて、私の行きたいのは生きる道のほうでございます」。つまり「いかまほしきは命なりけり」、私が進んでいきたいのは死の道ではなくて、生きるという道なのにと言うわけです。

死の間際にあって、今にも死にそうな意識のなくなるぐらいの状態でも、まだ生に執着している。なぜ更衣が生きたいと思うかというと、桐壺帝との愛を貫きたいわけです。自分自身が桐壺帝から愛されているということに対して、女として精いっぱいこたえる。「私は生きていたい」という思いをこの歌にぶつけていると見るべきでしょう。ここは桐壺帝と桐壺更衣の二人が、帝という立場も身分が低い更衣という立場も越えて、一人の男と女として向き合っている、互いに愛を確認し合っている珍しい場面です。特に女性がここまではっきり、息も絶え絶えになりながら、私はあなた

のために生きたいと言っているというのは、極めて特異です。

桐壺更衣に重ね合わせて描かれる藤壺の役割

紫式部は『源氏物語』の比較的最初の「桐壺巻」の中で、桐壺帝と桐壺更衣の様子を資料7で示したように描き、二人の最期を語ります。実はこの桐壺帝と桐壺更衣の二人が、死の場面でどういうふうにお互いに向き合っていたかということが、その後の巻々で語られる光源氏と他の女君たちの死の場面と、絶えず重ね合わせて読まされていたのではないか。その後に語られる女君と光源氏のやりとりというのは、決してこうではないんです。ここで桐壺更衣が詠んだ「いかまほしきは命なりけり」という歌の中で彼女が叫んでいる、「私は生きていたい」というその切なる叫びというのが、他の巻で光源氏とかかわりを持った女性たちからは決して聞こえてこないのです。

それはどうしてなのかということも考えながら、先を読んでいきたいと思います。こちらは「薄雲巻」になります（資料8）。光源氏はこの巻では三一歳から三二歳になっておりまして、ここではいろんなことが起こっているわけですが、資料8に挙げましたのは、藤壺の亡くなる場面です。桐壺更衣と桐壺帝のような形ではなく、資料8のこの場面の後、藤壺が亡くなったことが語られていくわけですが、死の場面が非常にあっさりと書かれているんです。もちろん藤壺と光源氏の関係というのは、世間の人には知られてはいけない関係です。二人で隠して生きるしかないんだとお互い確認し合って、納得し合ってという関係ですから、もちろんそのことも物語上は無視できません。いくら光源氏が藤壺に執着があり、藤壺も光源氏に対する並々ならぬ思いを残していたとしても、その二人のやりとりというものを、ここに赤裸々に男と女のやりとりとして、心と心をぶつけ合うような形で描くことはできなかったかもしれません。しかし、特に藤壺という人が、この場面の中で言っていること、あるいは描かれ方、それに対する光源氏の受け答えというのを見ていくと、自分の父である桐壺帝と母である桐壺更衣の二人のやりとりとは格段に違うものです。もちろん更衣という身分で入内（じゅだい）していた桐壺更衣と桐壺帝と、世を忍ぶ恋をしていなければいけなかった藤壺と光源氏の立場というのが圧倒的に違いますから、簡単には比べられませんが。

まず資料8のところで、藤壺は自分の死期が近いということを悟って、光源氏に「今まで私に対して良くしてくれた」と言っています。二人の間には、いわゆる禁を犯して関係を持ってしまったために、子どもがいます。その子どもというのは桐壺帝を裏切って光源氏が藤壺に生ませてしまったのですが、それを世間の人は知らないことになっています。「故院のご遺言どおりに、今上の御後見としてお仕えくださいますお志のほどは、前々からとてもありがたく存じておりますけれど」というふうに藤壺は光源氏に礼を言います。他人行儀ですよね、この場面。それを聞くと光源氏は、ただただこの人に対して自分が何ができるんだろうと思う。藤壺も、とにかく涙、涙という感じの場面なんですが、どうしてこんなにもこの人が気弱になっているのだろうと思いながら読み進めていくと、真ん中のあたりに「はかばかしからぬ身ながらも、昔より御後見仕うまつるべきことを、心のいたる限りおろかなら

藤壺「院の御遺言にかなひて、内裏の御後見仕うまつりたまふこと、年ごろ思ひ知りはべること多かれど、何につけてかはその心寄せことなるさまをも漏らしきこえむとのみ、のどかに思ひはべりけるを、いまなむあはれに口惜しく」とほのかにのたまはするも、ほのぼの聞こゆるに、御答へも聞こえやりたまはず泣きたまふさま、いといみじ。などかうしも心弱きさまに、と人目を思し返せど、いにしへよりの御ありさまを、おほかたの世につけてもあたらしく惜しき人の御さまを、心にかなふわざならねばかけとどめきこえむ方なく、言ふかひなく思さるること限りなし。源氏「はかばかしからぬ身ながらも、昔より御後見仕うまつるべきことを、心のいたる限りおろかならず思ひたまふるに、太政大臣の隠れたまひぬるをだに、世の中心あわたたしく思ひたまへらるるに、またかくおはしませば、よろづに心乱れはべりて、世にはべらむことも残りなき心地なむしはべる」と聞こえたまふほどに、燈火などの消え入るやうにてはてたまひぬれば、いふかひなく悲しきことを思し嘆く。

資料8　薄雲巻より『日本古典文学全集』（小学館）

ず思ひたまふるに、太政大臣の隠れたまひぬるをだに、世の中心あわたたしく思ひたまへらるるに、またかくおはしませば」という源氏の言葉があります。これは「ふがいない身ではございますが、昔から御後見申しあぐべきことは、気のつくかぎりおろそかならぬようにとつとめ申しておりますが、太政大臣がお亡くなりになりましたことでさえ、世間を無常迅速と感じられてなりませんのに、またこういうご容態でいらっしゃいますから、千々に心が乱れまして、私のこの世に生きておりますのも、残り少ないような気持ちがいたします」と言っているわけです。もう死期が迫っている藤壺に対して、男の光源氏のほうが、私の命も残り少ないような気がしますと言っているのは、大変興味深い発言です。そして、その次のところです。「燈火などの消え入るやうにてはてたまひぬれば」と。藤壺の宮は「燈火などが消え入ってしまうようにして、御息をおひきとりになってしまったから」というふうに、藤壺の最期というのは非常にあっさりと語られるわけです。

光源氏と交わす言葉というのも、光源氏に対して感謝の言葉は述べているのですが、自分が愛した男の人に対する、一人の女としての赤裸々な気持ちというのは、まったく告白のしようがなかった。そういう役割を藤壺は担わされていたということもできるかもしれません。光源氏のあこがれの人として描かれたこの藤壺は、光源氏と関係を持って密通をするわけですが、その場面でも決してなまめかしい様子であるとか、女性としての華やいだ部分であるとか、具体的な描写というのがあまりない人なんです。桐壺更衣に似ている、つまり光源氏の母親に生き写しなんだというそのこと一点で語られていくわけです。ですから、藤壺が個人としてどういうふうに美しかったとか、どんなところが素敵だったかというのは、いつも桐壺更衣という人を通して語られるわけです。この最期の場面にあっても、藤壺の女としての思いを吐露するというふうに描かれることはなく、光源氏と本音で向き合う場面も用意されていないということになります。

光源氏が求めたもの

次は「御法巻」です（資料9）。ここは光源氏が五一歳の三月から秋ごろまでの比較的短期間のことが描かれている巻です。紫上は病が重くなり出家を願うのですが、光源氏がそれを許さない。出家すれば自分が紫上と一緒に暮らすことができなくなるので、まあまあ待てというふうに止めています。紫上としては出家をしたいと願うのですが、できない。この「御法巻」に至って、紫上という人は自分の人生、来し方行く末を考えているわけです。私の人生は何だったのだろう、さして不幸な人生ではなかったかもしれないけれど、果たしてこれで良かったのだろうかと思いながら、もう死期が迫っているわけです。ここで挙げたのは「御法巻」の冒頭の部分です。「年ごろの御契りかけ離れ、思ひ嘆かせたてまつらむことのみぞ、人知れぬ御心の中にもものあはれに思されける」とあります。これは「長年の院との御縁をふっつり断って、院にお嘆きをおかけすることだけを、誰にもいえないお胸の中でも身にしみて悲しくお思いになるのであった」という意味です。自分がもう死にそうだ、病が大変重いという状況にあっても、出家さえなかなか思うように許してもらえない。それでも自分が亡くなってしまうと光源氏がどんなに嘆き悲しむだろうと、紫上は思っているわけです。この人は、絶えず源氏を通して自分を見ている。もちろん、自分の中で自己認識をしていないわけではなく、愛する男性とのかかわりの中で自分を相対化して見ている、そういう性質が彼女には与えられていたように思います。

　次は、紫上の臨終の場面です（資料10）。ここは原文

〔一〕紫の上病重く、出家の志も遂げえず

紫の上、いたうわづらひたまひし御心地の後、いとあつしくなりたまひて、そこはかとなく悩みわたりたまふこと久しくなりぬ。いとおどろおどろしうはあらねど、年月重なれば、頼もしげなく、いとどあえかになりまさりたまへるを、院の思ほし嘆くこと限りなし。しばしにても後れきこえたまはむことをばいみじかるべく思し、みづからの御心地には、この世に飽かぬことなく、うしろめたき絆だにまじらぬ御身なれば、あながちにかけとどめまほしき御命とも思されぬを、年ごろの御契りかけ離れ、思ひ嘆かせたてまつらむことのみぞ、人知れぬ御心の中にもものあはれに思されける。

資料9　御法巻より『日本古典文学全集』（小学館）

がなかなか素晴らしいと思います。ここで、桐壺更衣と桐壺帝の二人が死に向き合った時のやりとりといかに違うかということをぜひ比べていただきたいと思います。それから、もう一つここで注目していただきたいのは、藤壺と違って紫上は、死の場面にあって彼女が男の目から見てどう見えるかという視点で、病みやつれした姿が描写されていることです。普通病んでいる時って決して美しいと思いませんよね。でも、病が重くなってもなお美しい、そういう特別な女性として紫上は描かれていきます。それが資料10に挙げている部分なんです。「こよなう痩せ細りたまへれど、かくてこそ、あてになまめかしきことの限りなさもまさりてめでたかりけれと、来し方あまりにほひ多くあざあざとおはせしさかりは、なかなかこの世の花のかをりにもよそへられたまひしを、限りもなくらうたげにをかしげなる御さまにて、いとかりそめに世を思ひたまへる気色、似るものなく心苦しく、すずろにもの悲し」とあります。これは、もう死期が迫っている紫上の様子です。「これ以上はと

[五]こよなう痩せ細りたまへれど、[六]かくてこそ、あてになまめかしきことの限りなさもまさりてめでたかりけれと、[七]来し方あまりにほひ多く[八]あざあざとおはせしさかりは、なかなかこの世の花のかをりにもよそへられたまひしを、限りもなくらうたげにをかしげなる御さまにて、[九]いとかりそめに世を思ひたまへる気色、似るものなく心苦しく、すずろにもの悲し。

風すごく吹き出でたる夕暮に、前栽見たまふとて、脇息によりゐたまへるを、院渡りて見たてまつりたまひて、源氏「今日は、いとよく起きゐたまふめるは。この御前にては、こよなく御心もはればれしげなめりかし」と聞こえたまふ。かばかりの隙あるをもいとうれしと思ひきこえたまへる[一〇]御気色を見たまふも心苦しく、[一一]つひにいかに思し騒がんと思ふに、あはれなれば、

紫の上 [一二]おくと見るほどぞはかなきともすれば風にみだるる萩のうは露

げにぞ、[一三]折れかへりとまるべうもあらぬ、よそへられたる。[一四]をりさへ忍びがたきを、[一五]見出だしたまひても、

源氏 [一六]ややもせば消えをあらそふ露の世におくれ先だつほど経ずもがな

とて、御涙を払ひあへたまはず。宮、

明石の中宮 [一七]秋風にしばしとまらぬつゆの世をたれか草葉のうへとのみ見ん

と聞こえかはしたまふ御容貌どもあらまほしく、見るかひあるにつけても、[一八]かくて千年を過ぐすわざもがな、と思さるれど、心にかなはぬことなれば、[一九]かけとめん方なきぞ悲しかりける。

資料10　御法巻より『日本古典文学全集』（小学館）

思うほどおやつれになっていらっしゃるけれども、こうなられてかえって、限りなく気品高く優艶な感じがまさっておみごとなものだとお見受けされ、…これまであまりに色香があふれ、はなやかにお見えになった盛りのころには、むしろこの世に咲く花の美しさにもたとえられるほどでいらっしゃったが、今はあくまでもいたわしい思いをそそるような愛らしさをたたえた風情で、この世はまったく仮の宿りと思っていらっしゃるその御面持ちが、二つと比べるもののないほど痛々しく、ただわけもなくもの悲しく感ぜられる」と、これは紫式部が書いているのですが、光源氏という男性の目を通して、語られている点が重要です。紫上は、やつれているんだけれども、限りなく気品高く優艶な感じが勝っている。気品があるというだけなら分かりますけれども、やつれても優艶だと。このあたり、紫上という人が他の女君とはちょっと違う資質を与えられているわけです。『源氏物語』の中で最も光源氏の身近にいて、そして光源氏に愛された女性として終始登場してくるんですが、そんな彼女でもやはり女三の宮の降嫁の事件などで心が傷つき、女として自分の生きる道というのは本当にどこにあるんだろうということを考えたりしているんです。そういう中にあって、病んでもなお美しい女性として、死の場面が描かれている。これは、この人に対する最大限の賛辞なんだろうと思います。

このように状態の非常に悪いところに、光源氏が訪ねてきます。そして、紫上はそこで歌を詠みます。「おくと見るほどぞはかなきともすれば風にみだるる萩のうは露」。その紫上の歌に対して、源氏が返歌をします。「ややもせば消えをあらそふ露の世におくれ先だつほど経ずもがな」。ここは、光源氏にとって最愛の人の死の場面のはずなんです。もちろん宮中ですから周りにいろんな人がいるのは仕方がないのですが、「桐壺巻」の更衣と帝のように、一人の男と女が向き合う場面としては、描かれていません。なぜかここに明石の中宮という第三者を介在させています。

この明石の中宮というのは、光源氏が須磨に流された時に、明石の君に生ませた女の子です。明石の中宮は、なんと実母の明石の君ではなくて紫上の養女として育てられるんです。紫上という人は生涯光源氏の子どもを産みませんでした。もちろん、誰の子どもも産んでないんですけれども、子どもを産まない女性として『源氏物語』の中に登場しているわけです。その彼女に、夫のいわば愛人の産んだ子を養育させるという役目を、紫式部は与えているわけです。もちろん明石の中宮からすると、紫上というのは養母、自分の義理の母親で、非常に尊敬もしています。しかし、紫上最期の場面において、光源氏と二人ではなく、二人の死を見つめる傍観者として、なぜ第三者をここに置く必要があったのでしょうか。

明石の中宮を介在させなくても、光源氏と紫上だけで、この場面というのは十分語れたはずです。そこに養女である明石の中宮をなぜ登場させなければならなかったのか。その理由を考えたときに、やはり光源氏が求めた男と女の究極の愛の形というのは「桐壺巻」における更衣と帝のあの形にあったのではないか。光源氏がどんなに女性遍歴を重ねても、桐壺帝と桐壺更衣、自分の実の父と母がしたような、身分も越えた究極の恋愛というのは、決して求めようがなかった。自分が最愛の人として、教養も見かけもすべてにおいて合格点をあげられるといった紫上の最期の場面でも、光源氏は、彼女と真に向き合うことを許されていないのです。紫式部が源氏と紫上の二人だけの最期という形でこの場面を語らなかったのは、二人の孤独な魂を際立たせるためではないかと私は考えています。それは「桐壺巻」を読み返して、「かぎりとて…」の更衣の歌が、実に重い。光源氏が自分と関係のあった女性と最期の場面でどういうふうにかかわっているのかというのをみてきたときに、やはり「桐壺巻」のあの更衣の歌の呪縛から、決して解き放たれていない。それは、悲恋の愛の結晶として、この世に生を受けた光源氏の宿命だったのかもしれません。光源氏が求めたのは、桐壺更衣のように、死の間際にあっても、「私はあなたと生きる道を選びたい」という、そんな女性と出会うことではなかったのかと思われてくるのです。

例えばこの「おくと見る…」という紫上の歌は、こういう意味です。「萩の上に露が宿ったと見る間もはかないことで、どうかするとすぐ風に乱れてしまいます。私が起きているとごらんになっても、それはつかのまのことで、すぐに消えはててしまうことでしょう」。だから、今私がこうして命永らえてあなたの前で起きている姿をみせても、実はそれは本当にはかないものだから、萩の上に置いた露が消えてしまうぐらいのものなんです、だから私はいつ死んでしまうかもしれないんですよというふうに言う。自分がもっと生きたいという生に対する執着というのが紫上にはないわけです。なぜそういう執着を彼女が持ち得なかったかというと、光源氏という人に愛されて、少女のときに北山で見いだされて連れて来られて、源氏の正妻格として扱われていったのですが、女三の宮の降嫁の時点で、彼女のいわゆる光源氏の正妻としての地位が揺さぶられることになります。そんな女性としての悲しい思い、あるいは愛人の子どもを養女として育てているということがあった。紫上という人は光源氏のことをもちろん愛していますす。「自分の病が重くなっても、自分の気掛かりは自分の死後の光源氏のことなんです。私が死んだ後、いったい殿はどうなってしまうんだろう」と思っている。だから、私がいつ死んでも、それはもうそういう時がきているんだから自覚してくださいねということを、紫上は言っているのですね。ここでは光源氏との過去を振り返りながら、二人の間に様々な思い出や感懐というものがあるはずなのに、それを直接的に光源氏と向き合って語ろうとはせず、死の間際にあって自分の心が、あなたとこれからもまだ生きたいというところには決して向かわなかった。紫上という人の一つの悲劇がここにあるんだろうと思います。

女性が幸せに生きるために――心の在り方を探る

紫式部という人は、『源氏物語』という作品を通して、当時の女性たちが本当に幸せだったのかどうか、あるいは、女性がいかに生きれば幸せになれるのかということを模索したのではないかと思います。その中でやはり「桐壺巻」というのが最初の巻として置かれていることと、あの桐壺更衣の「かぎりとて…」の歌を一体どう読んだらいいんだろうということを、今回改めて考えてみたときに、やはり『源氏物語』の愛の出発点というのは、「桐壺巻」の更衣の歌、「いかまほしきは命なりけり」というあの歌にあったのではないかという気がしています。紫式部という人は、七九五首の歌を七九五人それぞれの気持ちに成り代わってその時その時で詠んでいるわけですから、大変な才能の持ち主だったと思うんです。それでもいろんな人を描くことによって、結局彼女が探していたのは、女性の幸せ、女性がいかに生きるかということに尽きるのではないか。それが、一つは愛の形であったり、六条御息所のような一人の人間として自分の中にいるもう一人の自分を見つめる目であったりした。末摘花の造形というのは六条御息所や葵上や紫上やそういった人とは多少違ったと思うんですが、いろんな要素を『源氏物語』という作品の中に取り込みながら、例えば末摘花だったら、決して美しくない女の人にも幸せになる道はあるということを教えてくれているわけです。ブスはブスなりに、男の人の権力を支える、そういう役割をきちんと担っていくんですよということを示していたんだろうと思うんです。

『源氏物語』という作品は、確かに難解で、今日原文を少しみていきましたけれど、なかなか現代語訳がないと読みにくい作品であるようにも思います。ただ一一九三年に、これは鎌倉時代に入っておりますけれども、『六百番歌合』という歌合(うたあわせ)がございました。この中で、藤原俊成という人が「源氏見ざる歌詠みは遺恨ノ事也」と歌合の判詞の中で言っております。『源氏物語』を勉強していない歌人は非常に残念だと言っているんです。これは『源氏物語』という作品が当時の歌人たちにとって必読の書であり、『源氏物語』を継承し、その美意識というものを中世という時代に推し進めていく一端を担った非常に重要な言葉だろうと思います。俊成は長命でしたから、『源氏物語』をきちんと読んで勉強してない歌人は駄目だよということを言ったときに、既に八〇歳でした。八〇歳の俊成が当時の若い歌人たちに向かって源氏を勉強しなさいよと言うということは、やはり『源氏物語』がそれだけ奥深い作品であり、読む価値のあるものだということだったのだろうと思います。

その『源氏物語』を今日読むということが、結局どういうことにつながっていくのか。最後に、現代的な意味で『源氏物語』を考えるということに話を持っていきたいと思います。私は大学という場で学生たちに古典を教えている関係上、やはり原文にも目を通してほしいといつも言っています。でも、『源氏物語』を読むときに、それと同じぐらい大事にしてほしいことは、『源氏物語』という作品を自分の問題として読むということです。自分自身の理解、自分自身の解釈、自分自身の楽しみ方というのがないところには、やはり『源氏物語』という作品を継承していくことはできないのではないかと思います。その中で紫式部が目指したように、いかにすれば女性は幸せに生きられるのか。人に理解してもらう、あるいは人を理解することの難しさ、人間関係が非常に複雑になっている今の社会の中で、私たちが古典に学ぶべきことは、「心の在り方を探る」ということではないかと思います。特に最近は、大学も学問は実学志向です。それは致し方ないことですし、就職に有利な資格が取れる、そういうゼミが人気があります。ですから残念なことに、古典を学ぶゼミは最近そんなに人気がないんですが、本当は、もっとこういう場で、私が『源氏物語』をやる意味というのを説いて、「心の在り方を探る」ことを目指しているんだということを皆さんにご理解いただけると、古典がかび臭い、文法だけやったわという高校時代の苦い思い出から解き放たれて、もっと自由に人間の心の在り方を探る一つの手段としてよみがえってくるのではないかという気がいたしております。

ファシズムと抵抗文学

―松本学と槇村浩・里村欣三―

関西高校教諭
難波俊成

今日は、大変なテーマをいただきました。「ファシズムと抵抗文学」ということで、これをご覧になった方は文学の人が来て話をするのではないかと思われたのではないでしょうか。私はもともと仏教史をやっておりましたが、高校教員になってからはいろいろな仕事をいただきまして、あれもこれもこなさなければいけないということになりました。と言いますのが、私が関西高校の教員になったときに、恩師の校長から『関西学園百年史』を編纂せよと言われたんです。専門が古代の仏教史なので「ちょっと…」と言ったのですが、「高校では何でもしなければいけない」という厳命を受けまして、それで学校の歴史をひもとき始めたのです。

関西高校は今年で117年の歴史があります。創立以来男子校で、現在県下唯一の男子校というのを誇っております。明治維新期に、岡山県第一の開明論者といわれている中川横太郎によって、最初は岡山薬学校として誕生しました。

今日お話しする3人の人物は、私が学校の歴史を編纂する中で、出会いがあったということになります。この3人は、いずれも旧制関西中学の出身で、昭和史にそれぞれの役割を果たしたと思っています。

松本学（1886〜1974）、槇村浩（1912〜1938）、里村欣三（1902〜1945）という名前は、あまり聞かれたことがない方が多いのではないでしょうか。マイナーな人かなと思われるかもしれません。何か端緒となるものとして、皆さんが、ああ、ああいうことかと分かるような映像がありますので、これから上映します。

（約12分間、ビデオ鑑賞）

松本学さんの映像は、東京だけでの放映だったので岡山では映っていません。

松本学（警保局長、貴族院議員）

槇村浩（吉田豊道）
関西中学在学中

里村欣三（前川二享）
（松本菊夫氏提供）

里村欣三さんのはＮＨＫですので、全国放映されました。槇村浩さんは20年ほど前に作った映画があり、その部分のビデオが別にあったので、そこからコピーしました。大体こういう人かなということが分かっていただけたのではないかと思います。

私がこの３人に関西高校でかかわったのは、先述のような経緯ですが、どの人にも直接会ったことはありません。ただ、松本学さんについては、関西高校においでになった方はご存じかと思いますが、校門を入ると大きな石碑が建っており、松本さんによって「敢為（かんい）」と書かれてあります。あの石碑のことで、私たちは在学中に松本学さんという話は聞いておりました。しかし、偉い人だという以上にどういう人かということは、特に説明を受けたことはありませんでした。そういう中で先ほど申しましたように、私が『関西学園百年史』を編纂する経緯でいろいろな資料が出てきて、改めてすごいなと思えてきたのです。

大国主義と社会主義へのあこがれ

日本で近代的な政治思想が現れるのは、明治に入ってからです。「大国主義」という考え方、それは後で学者の方たちがそういう言い方をしたのですが、明治新政府になってからすぐに、日本は朝鮮および中国への進出を考えてきます。西郷隆盛の「征韓論」というのがありますが、岡山あたりでもそういった考えというのは山田方谷あたりにもベースはあったと思います。まだ19世紀の話ですから武力行使というのは当然くっついてきます。日本は日清、日露戦争を戦っていくのですが、日露戦争のあたりから、どうも日本の戦争というのは帝国主義の戦争ではないかと考える人たちが出てきます。植民地を獲得するというのが帝国主義戦争であり、そういう戦争には反対するんだというものです。幸徳秋水などが代表的であったと思いますが、そういった人たちが、大国主義に対して新たに出てきたまだ実態のない政治形態＝「社会主義」というものにあこがれてくる。後にロシア革命で社会主義国家が生まれますが、その前から社会主義へのあこがれが出てきました。

全国的にいえば著名な人はたくさんいます。岡山でそういったことを話題にしはじめる人たちも、やはり何人か出てきました。岡山でどのぐらい影響力を持ったかは未知数ですが、安部磯雄がおります。教科書にも出てくるのですが、安部磯雄は九州の人で、クリスチャンです。アメリカのハートフォードという神学校で牧師の資格をとって日本に帰ってきます。

関西中学教師時代の安部磯雄

そして岡山教会に派遣されるとともに、関西中学の英語教師としてやって来て、野球部を作ります。関西高校の野球部というのは安部磯雄が作った伝統があるのですが、安部は3年ほどで東京へ出て行きます。そして早稲田大学教授になり、早慶戦を始めて野球界の大御所になっていくという面もありますが、本来は社会主義者です。

次に有名な人に片山潜がいます。片山潜は久米南町出身で、社会主義者としては世界的に有名な人物です。アメリカやソビエトへ渡って世界的な社会主義の活動家になっていきます。それから森近運平、山川均。こういうふうに数え上げたら結構いるわけですが、そういった人たちが岡山でも社会主義というものをいろいろな形で語りかけたことはあったでしょう。そういう流れがどの程度これからお話しする人たちにつながっていくかというのは、じっくり考えていかなければならないことだと思います。

ファシズム体制の支柱、松本学

実は、それとはまったく正反対の人物についてお話しするというのが、今日のメインテーマになるわけです。それが先ほどビデオを見ていただいた松本学という人であります。「ガク」か「マナブ」かということですが、ご本人は晩年、「自分はマツモトガクである」と言われておりますので「マツモトガク」でいこうと思います。

この松本学さんは、小学校のときは、神童と言われていたのですが、当時の岡山中学（現在の朝日高校）の受験になぜか落ちてしまい、担任の先生が1年待って岡山中学へ行ったらどうかと指導したのですが、自分を落とすようなところへは行かないと言って、関西中学にやって来ました。学さんは、関西中学を出た後、東京帝国大学に行き、その後内務省に入ります。当時の帝大の卒業生で優秀な人は、みな内務省に行くということになっていました。松本学さんも内務省に行き、そして彼も次第に出世をしていったのです。

彼が岡山へ最初に錦を飾ったのは大正15（1926）年です。この年は大正の末年で、大正天皇はもう相当弱られており、皇太子である後の昭和天皇が摂政の宮となっていました。その摂政の宮が5月に岡山に初行啓されることになり、岡山城なども非常にきれいにしました。またその日は県下の金婚式以上の夫婦を招待するということもあって、岡山ではどこも皇太子殿下万歳と沸き立ったものです。ちなみに、当時の皇太子はどうやって岡山に来たか。軍艦長門で来たのです。軍艦長門で横須賀を出まして、紀伊水道を入って玉野沖に停泊したのです。接岸することはできませんので、そこからランチで上陸しました。そして宇野線でこちらへやって来たのです。そこで、東京にいる岡山出身の高官たちは、お出迎えのために前もって皆帰ってくるわけです。犬養毅、宇垣一成、こういった人たちが帰ってくるのですが、そのときに松本はちょうど内務省の神社局長になっていました。神社局長といいますのは、エリートコースが最初に就任する局長ポストだそうです。岡山へ帰ってきた高官の中に、関西中学のOBは4人いました。松本の他に次田大三郎。この人も内務省です。そして佐々木志賀二（貴族院議員）と難波清人（衆議院議員）。それらの中から36人が選ばれ、皇太子に次々に賜謁（しえつ）を仰せつかるのです。松本は6番目でした。そういうことで郷里に錦を飾ったというのが、岡山でのデビューであったかもしれません。

では、松本は内務官僚として、一体何をしていくのかということになります。ただ普通の役人として仕事をしているのではなく、特に内務省に入って将来出世コースをいく人は、いろいろな政治に関与していました。彼の場合、やはり出世をするためには誰かに付くということになっていて、一番に付いたのは犬養毅です。岡山ではどうしても犬養ということになります。犬養の後継者であると自認していたようです。犬養さんが昭和7（1932）年の五・一五事件で亡くならなければ、衆議院議員の席を譲ってもらったはずなのです。それからもう1人、当時の岡山出身の有力者は、陸軍大将宇垣一成です。こういうところに出入りをしていました。ですから、後に宇垣さんが総理大臣を目指すというときには、有力ブレーンの一人になります。

資料1を見てください。「麹町区　警保局長官舎　松本学殿　直披」とあります。これは脅迫文です。つまり、松本はこの宇垣を総理大臣に擁立しようという一人であって、そして警保局長であったということで、こういう書状がきているわけです。「斬奸　貴下ハ宇垣大将ヲ擁シテ妄リニ組閣ヲ私議シ　ソノ成立ヲ促進セント謀ルト聞ク　是レ何ノ状ゾヤ　寔ニ一成ハ狡猾佞弁区々の徒輩ニシテ国家ノ重キニ任スベカラス」と言うのです。宇垣はよくないと。「若シ夫レ一成ニシテ一朝組閣ノコトアラン乎　為ニ国風地ニ墜チ世勢委靡シ人心帰趨ヲ知ラズ　而シテ貴下強テ之ヲ私議シ暗躍狂奔シテ巧ニ世ヲ欺カントスルガ如キハ　忽チ天譴ノ已ガ頭ニ及ブヲ思ハザルベカラズ　宜シク洗首シテソノ時ヲ待テ　敢テ告グ　愛国同人」。この脅迫状は今日初めて公開したものです。これを見ても分かるように、松本は、宇垣大将とも密接な関係があったのです。

皇太子のお出迎えに帰岡した関西OB
左より佐々木志賀二、次田大三郎、松本学、難波清人

そして、宇垣を中心にした岡山出身の郷党といいましょうか、そういうものを彼らは作っていました。松本の他に次田大三郎、それから今井田清徳、赤木朝治、こういった人たちが宇垣の下にいて、宇垣擁立を時期をみてやろうとしていました。その最初が松本本人ということです。次田大三郎は、警保局長、幣原内閣書記官長。幣原内閣というのは、昭和20（1945）年10月、太平洋戦争がすんで2番目の内閣。そのときに書記官長、現在の官房長官であります。今井田清徳、この人は宇垣一成の懐刀でありました。宇垣は昭和6（1931）年から同9（1934）年まで朝鮮総督で

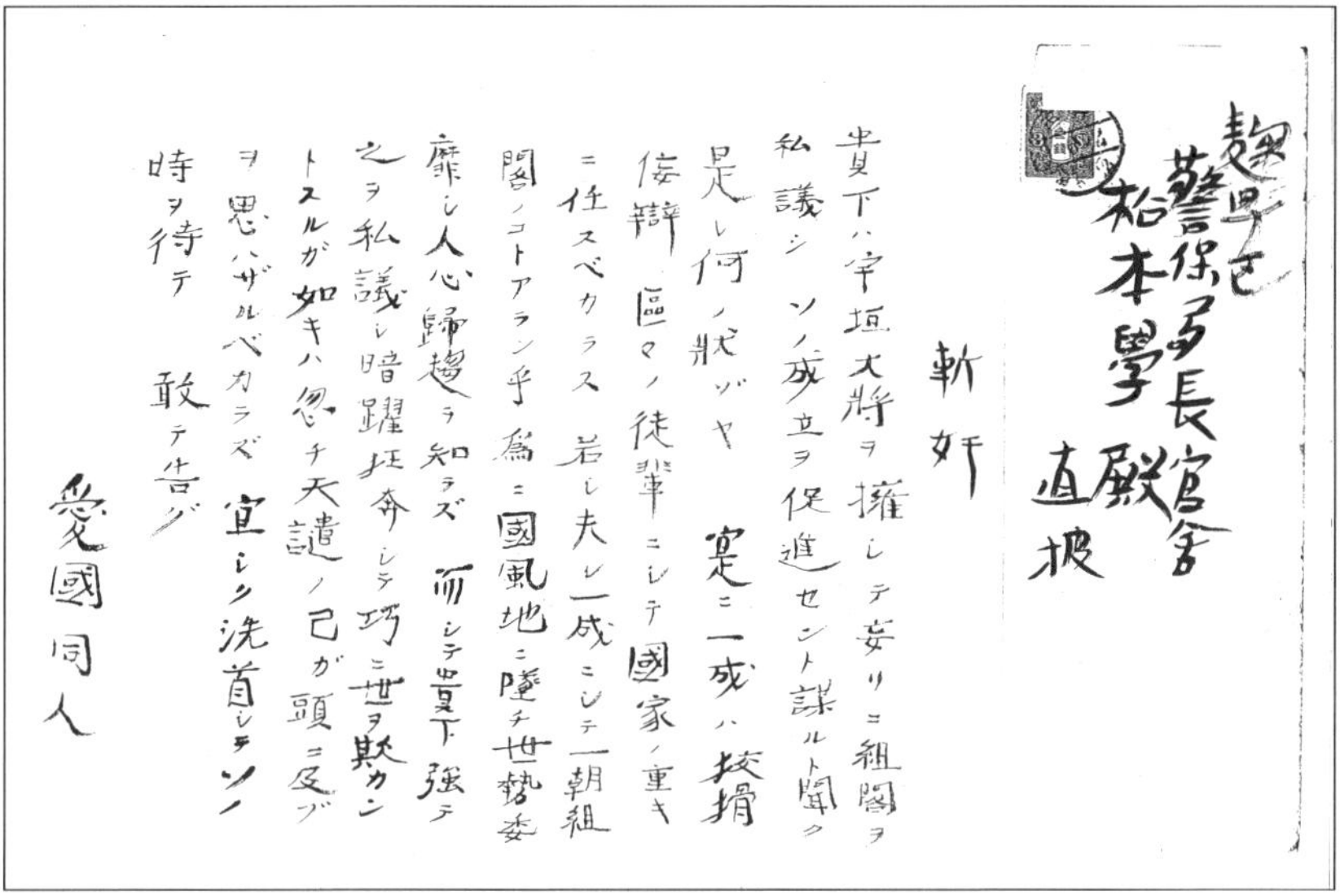
麹町区
警保局長官舎
松本學殿
直披

斬奸

貴下ハ宇垣大將ヲ擁シテ妄リニ組閣ヲ私議シ ソノ成立ヲ促進セント謀ルト聞ク 是レ何ノ状ゾヤ 寔ニ一成ハ狡猾佞辯 區々ノ徒輩ニシテ 國家ノ重キニ任スベカラス 若シ夫レ一成ニシテ一朝組閣ノコトアラン乎 爲ニ國風地ニ墜チ世勢委靡シ人心歸趨ヲ知ラズ 而シテ貴下強テ之ヲ私議シ暗躍狂奔シテ巧ニ世ヲ欺カントスルガ如キハ忽チ天譴ノ己ガ頭ニ及ブヲ思ハザルベカラズ 宜シク洗首シテソノ時ヲ待テ 敢テ告グ

愛國同人

資料１　松本学への斬奸状（関西学園所蔵）

した。そして今井田はその下で政務総監でした。赤木朝治は、内務次官、済生会理事長になった人です。いずれも関西中学の卒業生で、卒業年次もほぼ似たようなところです。こういった中で、松本が常に中心的な動きをしていたということです。

赤木朝治（内務次官、済生会理事長）

警保局長として共産主義を厳しく弾圧

松本が最も力量を発揮したのは、内務省の重要なポストに就いたことです。「松本学年譜」（資料2）、「関連年表」（資料3）があります。「関連年表」の方に、「昭和7年　松本学警保局長となる」とあります。そこから下に線を引いておりまして、「昭和9年　松本学警保局長免本官」と書いてあります。ここで警保局長が終わっています。この2年ぐらいの間が、松本学が、まさにこのファシズム、当時の日本が戦争に突き進んでいく、つまり満州事変から始まった15年にわたる戦争に突き進んでいくそのときの警保局長だったのです。

警保局長というのは今は無い職ですが、強いて言えば警察庁長官と思っていただければだいたい合っているかと思います。そしてこの警保局長が統括するのが特高警察です。「特高」とは、若い方はなかなか分からない言葉かもしれませんが、政治・思想犯を専門に取り締まる警察です。そして、先に言ってしまいますと、この松本の前に、先ほどの次田大三郎も警保局長をやっています。次田大三郎と松本と2人で、昭和初期における日本の共産主義運動はほぼ壊滅するのです。

松本が警保局長在任時にどのようなことが具体的にあったか、特徴的なことをいくつかお話ししましょう。

年表を見ますと、同じ昭和7年「警視庁に特別高等警察部設置」とあり、これを松本はやったわけです。当時、やはり共産党をどうするかというのが一番大きなテーマでした。共産党には正面切って弾圧するという方法もあれば、懐柔作戦もあり、スパイ作戦もありました。この時期に出てくるスパイ作戦で、スパイMというのが出てきます。スパイM、いまだにその実体が分からないということになっています。このスパイMを警視庁の特高は送り込んでいきます。その中で昭

松本学年譜

『戦前期日本官僚制の制度・組織・人事』など参照

明治19年(1886)12月28日〔0才〕	片岡房太の長男として生まれる。のち松本礼造の養子となる。
明治30年(1897)3月〔11才〕	岡山師範学校付属小学校尋常科卒業
明治37年(1904)3月〔18才〕	関西中学校卒業
明治44年(1911)3月〔25才〕	東京帝国大学法科大学政治学科卒業
明治44年(1911)11月〔25才〕	文官高等試験合格
明治44年(1911)11月〔25才〕	愛知県試補
大正2年(1913)6月〔27才〕	秋田県警視・警察部勤務
大正4年(1915)5月〔29才〕	静岡県警視警察部保安課長
大正5年(1916)4月〔30才〕	鹿児島県理事官
大正7年(1918)6月〔32才〕	警察講習所教授
大正13年(1924)12月〔38才〕	土木局河川課長
大正14年(1925)9月〔39才〕	内務省神社局長
大正15年(1926)9月〔40才〕	静岡県知事
昭和2年(1927)5月〔41才〕	鹿児島県知事
昭和4年(1929)7月〔43才〕	福岡県知事
昭和6年(1931)5月〔45才〕	社会局長官
昭和7年(1932)5月〔46才〕	内務省警保局長〔斉藤実内閣時〕
昭和9年(1934)7月〔48才〕	依願免本官
昭和9年(1934)11月〔48才〕∫昭和22年(1947)5月〔61才〕	貴族院議員
昭和22年(1947)1月〔61才〕∫昭和23年(1948)3月〔62才〕	中央警察学校長
昭和39年(1964)〔78才〕	世界貿易センター会長
昭和49年(1974)3月27日〔88才〕	死去：勲一等瑞宝章

資料2　松本学年譜

関連年表

大正１４年(1925)4月22日	治安維持法できる（最高刑１０年）
大正１５年（1926)6月	里村欣三「苦力頭の表情」発表
昭和６年(1931)9月18日	柳条湖(溝)事件　満州事変始まる
〃７年(1932)4月21日	反戦詩人槇村浩逮捕される（高知）
〃７年(〃　)3月1日	「満州国」 建国宣言
〃７年(〃　)5月15日	５・１５事件（犬養毅首相暗殺）
〃７年(〃　)5月27日	松本学警保局長となる
〃７年(〃　)6月29日	警視庁に特別高等警察部設置　各府県にも設置
〃７年(〃　)10月6日	大森銀行ギャング事件おきる
〃７年(〃　)11月3日	岩田義道虐殺される
〃８年(1933)2月4日	長野県下で赤化教員検挙開始（二・四事件）
〃	６５校２０８人
〃８年(1933)2月20日	小林多喜二築地署に検挙、虐殺される
〃８年(1933)2月	日本文化連盟（日文連）を結成
〃８年(1933)6月7日	ゴーストップ事件（大阪天神橋筋６丁目）
〃８年(1933)6月9日	共産党幹部佐野学・鍋山定親獄中で転向声明
〃９年(1934)7月3日	斉藤実内閣総辞職
〃９年(1934)7月10日	松本学警保局長免本官
〃１０年(1935)6月6日	反戦詩人槇村浩出獄（高知）
〃１１年(1936)2月26日	２・２６事件
〃１１年(1936)12月24日	建国体操発表会（茗渓会館）
〃１２年(1937)1月25日	宇垣一成に組閣の大命下る（陸相を得られず拝辞）
〃１２年(1937)2月3日	日独合作映画『新しき土』の試写会（帝劇）
〃１２年(1937)7月7日	盧溝橋事件、日中戦争（支那事変）はじまる
〃１２年(1937)9月	財団法人日本文化中央連盟（文中連）発足
〃１３年(1937)2月4日	林房雄原作　『牧場物語』松本の肝煎りで映画化
〃１３年(1938)9月3日	反戦詩人槇村浩病死（高知・土佐脳病院）
〃１４年(1939)	日本文化中央連盟等、日本文化万国大会を準備
〃１５年(1940)11月10日	紀元２６００年式典、皇居前で挙行
〃２０年(19452月23日	里村欣三　フィリッピンへ派遣され戦死

資料3　関連年表

和7（1932）年に「大森銀行ギャング事件」がおこります。これは共産党資金局に、資金調達をどうするかということを、スパイMは非常に巧みに誘導していくのです。実際に東京大森の川崎第百銀行大森支店を襲います。そして、次は岡山の中国銀行をやろうという予定があったようです。そういうところまでこのスパイMはずっと仕組んでいったといわれております。

　それから、正攻法で弾圧するという方法もあります。それが同じ昭和7年に、当時の共産党の幹部であった岩田義道が、路上で警察に捕まり、そして拷問の末に死んでしまいます。これにつきましては、『赤旗』に出ております（資料4）。また次頁に警視総監の報告書があります。同様な事件はほかにもおき、翌年の小林多喜二の死というのは有名で、教科書にも載っています。だから、松本学という人物は、先にビデオで見たように「世界平和を希求するにはどうしたらいいか。それは相互依存型の貿易をすることによって、お互いの理解が得られる」という持論は、おそらく彼自身が戦後大きく変わっていった結果でしょう。

　代表的なものについて、もう1つだけお話をしておきましょう。昭和8（1933）年2月4日、この日は年表によると、「長野県下で赤化教員検挙開始」とあります。山陽新報がこの事件を報じています（資料5）。昭和8年ごろの長野県は、非常に貧しかったのです。後に満蒙開拓団が出ますが、全国で長野県が一番多いのです。

　当時、長野県下の小学校の先生たちが、欠食児童、お昼に弁当を持ってこられない子どもたちがたくさんいるということで、自分たちの給料から弁当を作ったりして食べさせてやるというようなこともしたのです。そういった中で、何でこういったことがあるんだろうかと、小学校

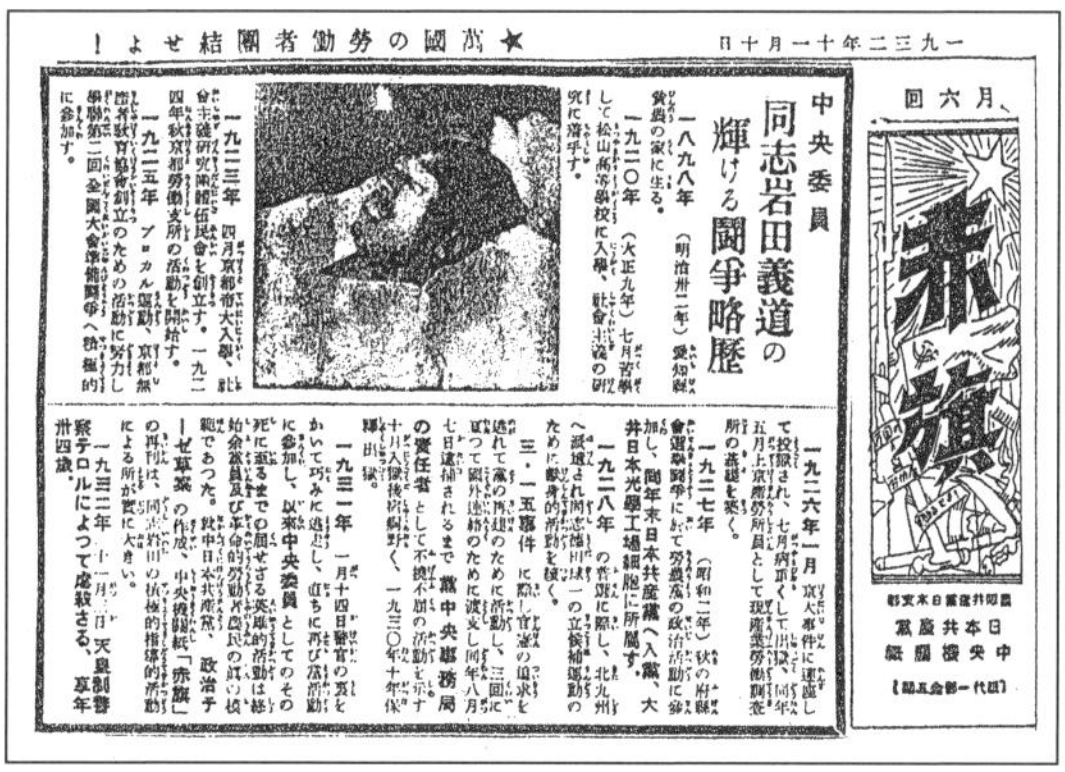
一九三二年十一月十日　★万國の勞働者團結せよ！
赤旗
中央委員
同志岩田義道の輝ける鬪爭略歴

資料4　赤旗

の先生たちはその原因を考えたのです。それが満州事変だというところへ行き着きます。日本は軍隊を満州に送っている、そしてたくさんの農民が兵隊として満州に送られている。だから、貧しい暮らしをしていかなければならない。つまり、満州事変に対する疑問というのが、長野県の小学校の先生たちに出てきたのです。

元気のいい先生たちが、満州事変は止められないだろうかと、次第に社会主義の研究をやるようになります。子どもたちに本当に満州事変が必要なんだろうかと。当時日本は中国のことを「支那」と言っておりました。支那の人はそんなに悪い人じゃないんだというようなことを小学校の先生が言っているのです。匪賊（ひぞく）と呼ばれる人たちも、同じ人間なんだと。さらに先生たちは、ソビエト連邦がやっていた子どもたちの集まりに、ピオニールというのがありましたが、ああいうのを作ろうというんです。いろいろな学校で子どもたちのお遊びのサークルを作り、今は11月だから11月会としようと言ったり、中には、赤いスカーフを巻こう

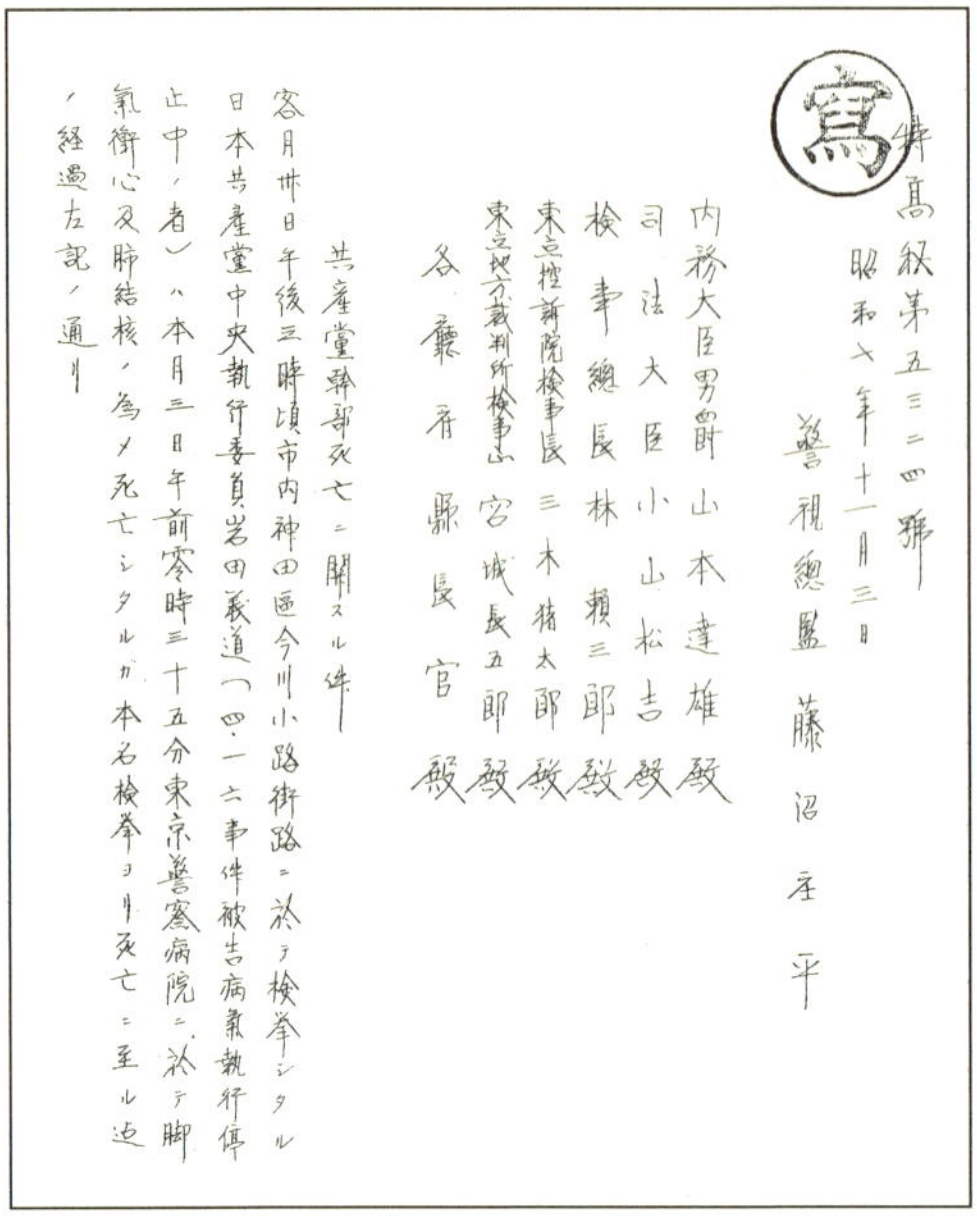
寫
特高秘第五三二四號
昭和七年十一月三日
警視總監 藤沼庄平
内務大臣 男爵 山本達雄殿
司法大臣 小山松吉殿
検事總長 林頼三郎殿
東京控訴院検事長 三木猪太郎殿
東京地方裁判所検事正 宮城長五郎殿
各廳府縣長官殿
共産黨幹部死亡ニ關スル件
客月卅日午後三時頃市内神田區今川小路街路ニ於テ検挙シタル日本共産黨中央執行委員岩田義道（四・一六事件被告病氣執行停止中ノ者）ハ本月三日午前零時三十五分東京警察病院ニ於テ脚氣衝心及肺結核ノ為メ死亡シタルガ本名検挙ヨリ死亡ニ至ル迄ノ経過左記ノ通リ

岩田義道死亡報告書（関西学園所蔵）

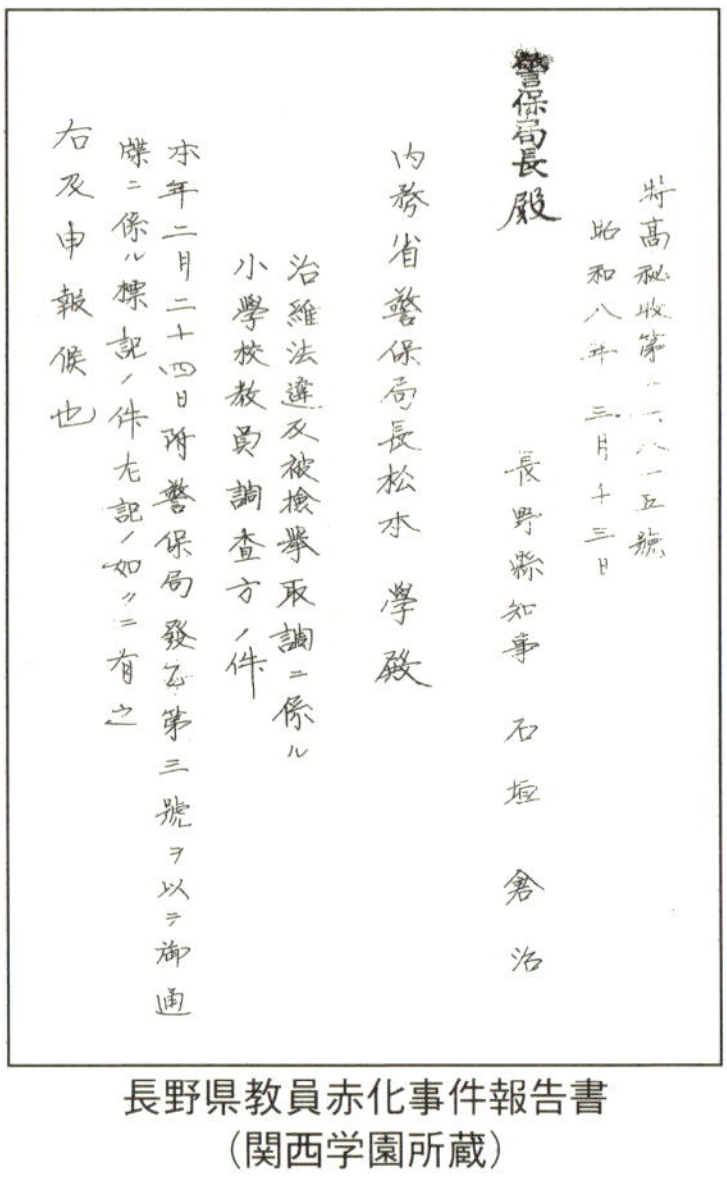
特高秘收第二六八一五號
昭和八年三月十三日
長野縣知事 石垣倉治
警保局長殿
内務省警保局長 松本學殿
治維法違反被検挙取調ニ係ル小學校教員調査方ノ件
本年二月二十四日附警保局發丞第三號ヲ以テ御照會ノ標記ノ件左記ノ如ク有之
右及申報候也

長野県教員赤化事件報告書（関西学園所蔵）

と言う先生も出てきたようです。

そういったことをしていく中で、次第にこれが特高警察に知られます。特高警察は長野県だけでは駄目ですので、当然内務省の指示を仰ぎます。内務省警保局長は松本学です。そして、2月4日に長野県の小学校の先生たちを一斉に捕まえるということで、先生やそれに加担したという人たちが約600名も捕まるんです。この号外の「山陽新報号外」と書いた下を見てください。「山陽新報号外、昭和8年9月15日」の日付になっています。事件発生から半年以上です。つまりこの事件は2月4日におきたけれども、どこにも報道させなかったのです。報道差し止めをしていたのです。そして7カ月たってから解禁したのです。山陽新報号外は、右下に面白いことが書いてあるでしょう。「本号外は本紙に再録しませぬ」。つまり普通号外を出せば、明くる日に1面トップに出すわけです。それはしない、これはこれだけで終わるんだと。当然内務省からの指示があったわけです。報道はしてもよいがこれ以上はするな

山陽新報
號外
昭和八年九月十五日
教育界空前の不祥事
長野縣教員赤化事件
戰慄すべきその全貌
起訴者七十七名―記事本日解禁
本號外は本紙に再録しませぬ
本據は諏訪郡
蒔かれた赤の種
全縣下に強力な組織
巧緻を極めた非合法的潜行運動
起訴された赤色教員
校長の子
藤原晃
兒童再教育
文部當局者談
★以下裏面へ

資料5　山陽新報号外

ということであったのです。

こうやって長野県では、たくさんの小学校の先生が引っ張られていきました。そしてその後に、子どもたちは取り調べを受けます。「どういうことを習ったんだ」と聞かれます。先生はどういうことを言っていたんだと。すると先ほど言ったように「赤いスカーフを巻いてくれました」とか「11月会をしようね」とか「ピオニール」とかいう言葉が出てくるんです。そこで先生たちには今度は厳しい取り調べがきて、多くは転向していくんです。松本学のときには、この転向者が相継ぎます。最後まで頑張った人もごくわずかにいます。この「本号外は本紙に再録しませぬ」の下に「校長の子　藤原晃」という人がいます。この人だけは頑張ったのです。この人は意志を通したので、当然教職を追われて刑に服することになりました。数年前まで生きておられて、私は電話で話をしたことはありますが、お目にかかったことはありません。生きておられたら100歳を超えておられます。実はこのときに、取り調べされた子どもたちは、いろいろとその内容を書かされました。さっきの「匪賊(ひぞく)は本当は敵ではないんだ」と先生が言ったということを書いた記録などが内務省にあるのです。内務省にあるというか、その資料も実は関西高校にあるのです。何とかしなければいけないのですが、みな名前が実名ですので苦慮しています。

これはたくさんの人に影響を与えた事件でした。ですから松本は、専門の研究者の間では大変厳しい評価をする人もいるのです。しかし私は、松本はまた別の面で、いろんな仕事をしていて、そこをみていきたいと思うのです。当時はファシズム社会ですから、誰かがこういったものをやらなければいけなかったことも事実であるかと思います。日本が大きな戦争に向かっていくのですから。そのときに国家体制として、いったん動きだしたら、どうにもならないのです。これはもういつの世の中でもそうです。

平生から思想を善導するために文化運動を広く展開

こういった話ばかりをしていくと、「松本はすごい人物だ」と思われますが、実は松本の心の中には、このあたりからだんだんと、自分の中で自分の思想を再検討するようになるのです。昭和9（1934）年の1月30日の報知新聞にこういう記事が出ています。

—「思想を弾圧、検挙することは実に簡単です。だが、その度に、私は『勝利の悲哀』といふものに胸を痛められます。これではいけない。思想を培う文化運動というものは、平生から善導しなければならない」

—（報知新聞中の松本の言葉より抜粋）

とこう言うのです。弾圧するのは簡単だ、だけど弾圧すれば恨みが残る。それよりも、弾圧するのではなくて、始めから「　」つきのいい思想というものを、「善導」という言葉で表しています。善導という言葉もおそらく松本さんあたりが使いだしたのかもしれません。弾圧には限界があり、もっと違う方向で、日本の思想を変えていこうというのですから、まさにファシズムであるわけです。ではどういうふうにして、思想を変えていくのかということですが、それは、文化運動ということになります。

　平生から文化運動を、内務省が中心になって、つまり松本学が中心になってやっていこうというのです。だからこの辺からして、彼は単なる内務官僚、事務方の人ではないんです。彼は確信を持って文化運動を推進します。ではどういう文化運動なのかということですが、昭和8（1933）年に「日本文化連盟」という組織を作ります。これによってたくさんの文化人を結集しようというのです。それは単に、日本の文化人を集めただけではなくて国際的なアカデミーにするのだというのです。

　彼がそのときに呼んだ人物には、皆さんもご存じとすれば、島崎藤村、山本有三、広津和郎、吉川英治という人たちです。戦前、戦後に、こういう人たちの作品が広く読まれました。松本はそういう人を次々に、

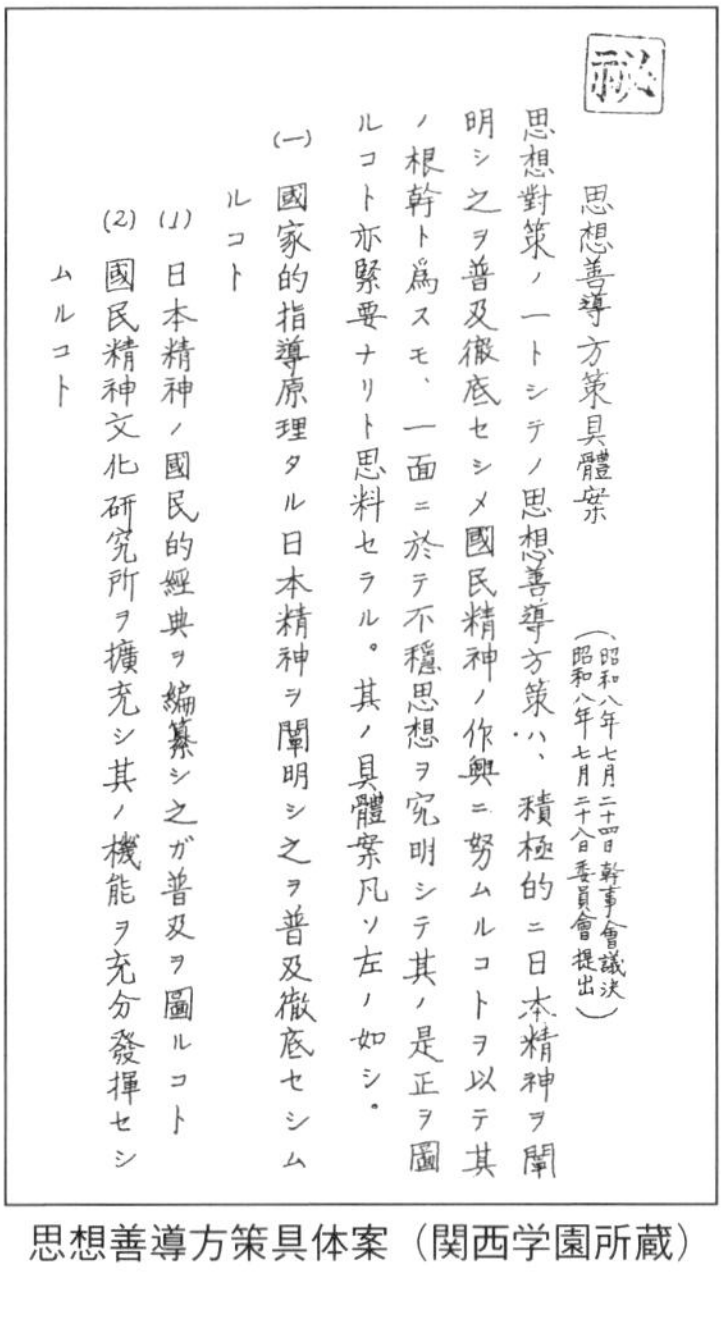
秘

思想善導方策具體案

（昭和八年七月二十四日幹事會議決）
（昭和八年七月二十八日委員會提出）

思想對策ノ一トシテノ思想善導方策ハ、積極的ニ日本精神ヲ闡明シ之ヲ普及徹底セシメ國民精神ノ作興ニ努ムルコトヲ以テ其ノ根幹ト爲スモ、一面ニ於テ不穩思想ヲ究明シテ其ノ是正ヲ圖ルコト亦緊要ナリト思料セラル。其ノ具體案凡ソ左ノ如シ。

(一) 國家的指導原理タル日本精神ヲ闡明シ之ヲ普及徹底セシムルコト

(1) 日本精神ノ國民的經典ヲ編纂シ之ガ普及ヲ圖ルコト

(2) 國民精神文化研究所ヲ擴充シ其ノ機能ヲ充分發揮セシムルコト

思想善導方策具体案（関西学園所蔵）

この「日本文化連盟」の中に入れていくのです。そして文化連盟の歌を北原白秋が作るのです。

「日本文化中央連盟設立趣意書」というのがあります（資料6）。「我国文化の現状は建国以来固有の文化を基礎として…」と出てきます。こういう組織を作っていくのです。そして地方である岡山でも当時の文化人はみんな入っています。岡山の中年以上の方たちだと、その名前を聞いたらみんな知っているというような人たちです。そしていわゆる思想善導をしていくわけです。思想善導していく先はどこなのかというと、満州事変から始まるこの戦争を遂行していくということに尽きるのです。特に、松本がこういったことをやろうとするきっかけの一つが、直木三十五との出会いです。「直木賞」の直木三十五です。彼とは昭和9（1934）年に出会い、すぐ意気投合します。そしてこの文化運動をどんどん広げていこう、ひいてはアカデミーにするのだというのです。彼との出会いは大きかったようです。文化人との付き合いもどんどん広がっていくということになります。文化といいましても、歴史学なども入ってきます。民俗学というような、柳田国男という誰でも知っている、そういった人たちもみんなメンバーです。

彼はこうして次々に文化運動を展開する中で、従来の弾圧とは違った方向に変えていこうとしたようです。

そして結果はどうなったか。実は彼には、もう1つの総仕上げがあったのです。この文化運動をどこで頂点に迎えようか。それが昭和15（1940）年なのです。お年を召した方はご存じでしょうが、この年は、紀元2600年にあたり、この年こそわが国の記念すべき年であったのです。2600年の歴史をもつ素晴らしい国はない。ここに帰結させようとしたのです。

日本文化中央聯盟設立趣意書

我國文化の現狀は建國以來固有の文化を基礎こして、克く他國文化を攝取し、生成發展今や燦然たる光輝を放ち其の形態の旺んなること未た曾て見さる所てある。然るに其の内容を省察するに動もすれは綜合一如の精神を忘れ、模倣追隨に急にして創造的進步性を缺くの傾向あるは洵に遺憾とするところてある。

顧つて世界の大勢を觀るに西洋文化は極度の發達を遂げたりと雖、之に伴ふ惡弊亦歷然として現れ、思想の對立階級の鬪爭徙らに激化して世相の險惡漸く顯著の度を加ふるに至つた。此の影響は遂に我國にも浸透し來り民心の動搖、社會の不安、眞に寒心に堪

資料6「日本文化中央連盟設立趣意書」
（関西学園所蔵）

横浜市立大学の古川隆久先生の研究によりますと、このときに、奈良や京都の古都を整備して、外国からもお客さんを呼ぼう、オリンピックも呼ぼうと考えました。実際にはオリンピックは流れます。そして世界に向けて、祝典曲を募集しようというのです。世界の著名な音楽家に、作曲して楽譜を送れというのです。たくさんの当時の音楽家が送ってきたのですが、その代表はリヒャルト・シュトラウスです。そのリヒャルト・シュトラウスが日本に紀元2600年の祝典曲を送ってくるのですが、ほとんどこれは演奏されておりません。

昨年亡くなった愛知大学の江口圭一先生は、これをぜひ演奏したいと言われていたのですが、結局それは実現されずにきています。楽譜はあるようです。だからそういった意味では、松本は日本の単なる内務官僚というようなものではなくて、世界の文化人を動かしたというところもあると思うのです。

反戦詩人・槇村浩（吉田豊道）

松本がそういったすごい力を持って、昭和の初めから戦争が終わるまで、文化運動を展開していったそのころに、2人の人物が現れます。そのうちの1人が槇村浩(まきむらこう)です。彼との出会いは、実は最初はなかなか分かりませんでした。今から10年ほど前に、本校の教員が教育研修会で高知に行ったときに、高知の先生から、「関西高校なら槇村浩を知っているでしょう」と言われたそうです。その先生は、聞いたことがなかったのです。そこで私に聞いてきたのですが、私も聞いたことがない。しかし高知の先生がそう言っていたし、大変な人らしいというので、学校に残っている卒業生原簿をずっと繰っていったのです。退学者も繰ったのですが全然見当たらないので、卒業生と違うのではと思っていたのですが、そのころに新日本出版社というところから、『間島(かんとう)パルチザンの歌』（資料7）という小さな文庫本が出ていることを知ったのです。

それを読みました。どこを読んだのかというと、後ろの年譜です。そうすると、実は槇村浩というのはペンネームで、本名は吉田豊道ということが分かりました。「間島パルチザンの歌」を作ったときに、本名ではなく、ペンネームとして槇村浩というのを彼は考えたのです。どこにそのヒントがあったのか。これは今となっては分かりませんが、私は次のように思うのです。資料にありますように、里村欣三に石川達三。本校在学中の写真です（79頁）。そして、岡一太と槇本楠郎がいます（79頁）。槇本は大正6（1917）年、岡は大正11（1922）年の卒業で、槇村浩（吉田豊道）の在校時は既に卒業しておりました。しかし、槇本はプロレタリア児童文学者として、当時の関西中学が出している雑誌『ミカド評論』に、投稿を続けていたのです。そういったことで、ちょうど槇村が関西中学にいたときに、それを読んで影響を受け、この「槇」の字を採ったのではないかと思うのです。

　また元に返りますと、この槇村は高知の人で、子どものときには神童と言われておりました。それが、中学校になってから、軍事教練に反対するということをやりました。そして、高知の中学校を追われてしまうのです。槇村の担任は、中学校だけは何とか出してやりたいものだ、どこかとにかく出してくれるところがないかと調べたら、岡山に関西中学という学校がある。そこの佐藤富三郎校長はふところの広い人でめんどうをみてくれるということになって、槇村は転校してくるのです。

　しかし槇村の転校した後の行動は、まったく動きがないのです。つまり高知の中学校では、軍事教練反対だとかいろんなことをやっていて、目立った人間だったのですが、関西中学ではまったく目立

間島パルチザンの歌

思ひ出はおれを故郷へ運ぶ
白頭の嶺を越え、落葉松の林を越え
蘆の根の黒く凍る沼のかなた
赭ちゃけた地肌に黝ずんだ小舎の続くところ
高麗雉子が谷に啼く咸鏡の村よ

雲は南にちぎれ
熱風は田のくろに流れる
山から山に雨乞ひに行く村びとの中に
父のかついだ鍬先を凝視めながら
眼暈ひのする空き腹をこらへて
姉と手をつないで越えて行った
あの長い坂路よ

お、三月一日！
民族の血潮が胸を搏つおれたちのどのひとりが
無限の憎悪を一瞬にた、きつけたおれたちのどのひとりが
一九一九年三月一日を忘れようぞ！
その日
「大韓独立万才！」の声は全土をゆるがし
踏み躙られた××（日章）旗に代へて
母国の旗は家々の戸ごとに飜った

――海　隔てつわれら腕結びゆく
――いざ戦はんいざ、奮ひ立ていざ
――あ、インターナショナルわれらがもの……

―一九三二・三・一三―
「プロレタリア文学」臨時増刊（昭和七年四月）

資料7　「間島パルチザンの歌」抜粋

関西中学在学中の
石川達三

たないのです。写真（65頁）はこの1枚しかありません。これは関西中学の集合写真から抜いたものです。この周りに写っている人たちに、私がお尋ねしたのですが、誰も覚えていないのです。確かに写っているが、記憶がないというのです。そのときに想像したのですが、当時、昭和5、6年の関西中学には、朝鮮の留学生や在日朝鮮人生徒が案外多かったのです。そういった中には、帰国してから朝鮮独立運動等に活躍した人たちが何人かいるようです。その影響がなければ、「間島パルチザンの歌」というのは書けないのではないかと思います。間島というのは朝鮮半島の北です。今もよく北朝鮮のニュースに出てくる辺りです。歌の中の、「お〻三月一日！　民族の血潮が胸を打つ　おれたちのどのひとりが無限の憎悪を一瞬にた〻きつけた　おれたちの…」というところ。非常に感情をあらわに出しており、地理的なものとかも、とても鮮明に出てきます。ですから、実は、特高警察はこれを書いたのは朝鮮人だと思っていたそうです。ところが、これは違う。かつての高知の神童吉田豊道が書いたんだということがだんだんと分かってきたのです。彼はその知識をどこで得たのだろうか。高知ではそういった詩作は、まったくありません。彼は詩人ですが、子どものときの詩は非常にかわいい詩です。小学校のときの詩もあるのですが、朝鮮に関連したものはありません。それが関西中学を卒業してから、パッと変わるのです。おそらくそれは、関西中学にいた朝鮮人生徒たちから、その感情とか、地理的な知識というものを得たのだと思うのです。彼は後に天才といわれ、本を読むときには、一度に3行を読むのだそうです。そうしたらもう頭から抜けないという、ものすごい人だったそうです。

当然ですが、彼は

右・槇本楠郎（プロレタリア児童文学者）
左・岡一太（エスペランティスト）

特高に捕まります。松本学が警保局長のその時期に、捕まるのです。松本は東京で治安維持法を運用する頂点にいるわけです。槇村は高知に帰りますが、高知の片隅で、反戦詩を書いている彼を松本は知る由もなかったと思います。しかし、その運用する頂点の者と、社会の末端で戦争を何とか止めようという者、どちらも関西中学の卒業生であるというのは神のいたずらかな、とも思うのです。

槇村は、結局拷問をかけられた後に、3年間も刑務所に入れられ、その間に拘禁性精神病になります。出所したあとは、二度と捕まってはいけないということで、母親が土佐脳病院に入れて、逮捕を免れていたのです。そして昭和13（1938）年26歳で槇村は亡くなってしまいました。そのときにも詩を書きますが、最後に彼は、「時はわれらに辛かりき」という言葉で締めくくって一人寂しく死んでいきます。結婚していませんから子どもはいません。そういう人物が高知にいたのです。

里村欣三（前川二享）の思想の変化

それと同じような時期に出てくるのが、里村欣三（さとむらきんぞう）です。実は生まれたのは里村の方が前で、彼は、明治35（1902）年に生まれています。里村欣三というのは、本名ではありません。ペンネームで、本名は前川二享（にきょう）という、ちょっと変わった名前です。日生（ひなせ）の寒河（そうご）というところの出身です。彼も関西中学にやって来るのです。関西中学で彼は様々な詩作をして、『会報』（資料8）という雑誌にいろんなものを載せていました。『会報』は当時の関西中学が出していた雑誌で、『土器のかけら』という作品を書いているのですが、これ以外にも、いろんな短歌をずっと載せていたようです。

ところが彼は大きな事件によって、関西中学を去ら

資料8　『会報』

ねばならなくなります。それは大正7（1918）年です。関中ストライキというのがおきます。当時、山内佐太郎という校長がいて、関西中学は、黒住教が財団を持っていました。その黒住教と山内校長がまずくなって、山内校長が解任されるという事件が、この大正7年の夏におきています。それを聞いた前川二亨は同志を募って、校長を助けようということをやるのです。同志として出てきたのが梅島喬正、浅羽武一。梅島さんは今から5、6年前に亡くなりました。実は私の家のすぐ近くに住んでおられたので、何度か話を聞くことがありました。浅羽武一さんは、旭中学（現岡山中央中学校）のすぐそばに熊谷産婦人科というのがあり、そこの院長になったのですが、この3人が、校長擁護の行動をやったのです。そこで3人とも放校になったのです。このときに、当時の旧制中学には軍事教練のため、鉄砲があったのです。それで武装して、先生たちを本館に押し込めたのです。その首謀者が、前川二亨です。

彼は放校されてしまって、東京に行き、いろんな仕事をします。そういった中で、当時は20歳になりますと、徴兵で兵隊に取られます。そこで兵隊には行きたくないということで、徴兵忌避をします。どこへ逃げたかというと、満州へ逃げたのです。満州へ逃げて、かっこいい日本人ではなくて、現地の苦力（クーリー）といわれる人たちよりもさらに下の生活をして、苦力の頭（かしら）に、仕事をするから使ってくれと言って、飯だけ食わせてもらうという生活をします。その中で短編小説『苦力頭の表情』を書いたのです。これが平林たい子に認められるのです。ここから彼がプロレタリア作家となっていくのです。ファシズムに対して抵抗するということで、槇村もそうですが、前川も戦争に反対だったのです。里村というペンネームで、これから戦争や社会の仕組みに疑問を感じるものを次々に書いていくということになったのです。

ところが彼が徴兵忌避した後、放浪をしたのですが、いつのまにか日本に帰ってきて、平林たい子から、お嫁さんを紹介されたのです。徴兵忌避していますから、表に出られない。もう自分は失踪したことになっています。ということは、子どもは籍に入っていなかったのです。しかし子どもが小学校に行くようになって戸籍がいるということで、昭和10（1935）年に自首するのです。直ちに兵隊に取られて、それから後、中国の各地を転戦します。そして自分は思想が変わったんだと宣言するのです。それが「第二の人生」です。自分は人が変わったんだということでいろんな作品を書きます。その一つが『徐州戦』（資料9）です。彼は通信兵として、徐州方面をずっと移動したようですが、どのぐらい実戦をしたかは分かりません。しかし、この中には、捕まえた中国人捕虜を「始末する」という言葉がたくさん出てきます。だれだれに頼んで、始末をしてもらうというのがあります。石川達三の『生きてゐる兵隊』（資料10）もそうです。これもいろんな中国人の兵隊、特にこの中の最初の方で、女のスパイが登場します。石川達三が戦線にずっと従軍していたとき、町にいた女の人が抵抗したので、兵隊が銃剣で女の人の胸を刺して殺した。上官が来て「どうしたんだ」と言ったら、「スパイのようでしたので、殺しました」と。そうしたら上官は「うむ、そうか」とそれで済むのです。そういうことを書いておりました。里村は違うのです。里村にもそういうところは確かにあるのですが、彼の思想の中には、こういうことがあります。彼は泰山へたくさんの兵隊と行ったときに、頂上へ登って、銃剣を付けてここで儀式をする。「天皇陛下万歳。大日本帝国万歳。北支派遣軍ノリキリ部隊万歳」と言って、彼は涙を流したというのです。これは思想の変化です。

　ですから、思想をまったく変えない人間もいれば、変わっていく人間もいる。松本はもっと変わるのですが、時間の関係で省略しますけれど、松本は戦後どうなったかといいますと、松本は戦後も貴族院議員だったのです。最後の貴族院議員になっております。そこ

資料9
『徐州戦』

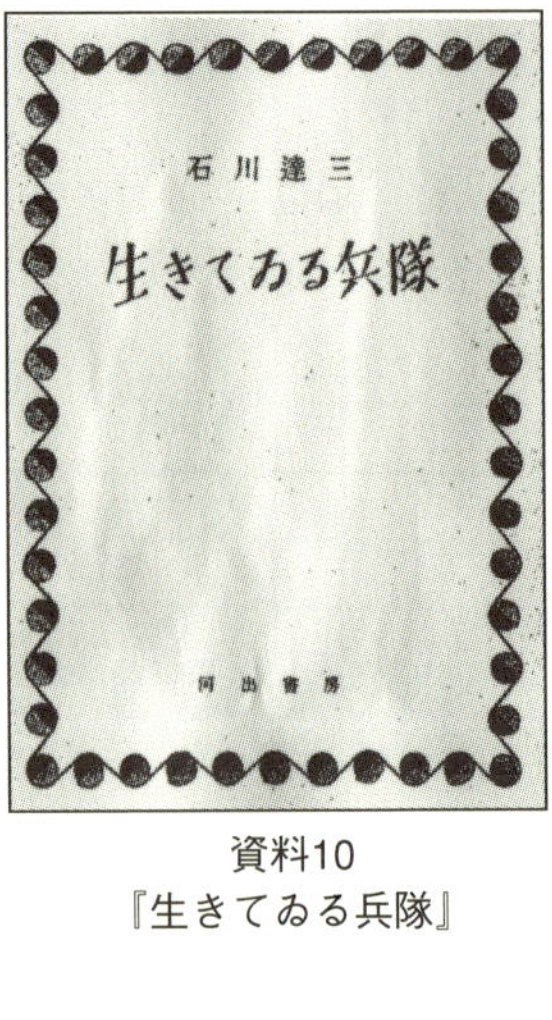

資料10
『生きてゐる兵隊』

で彼は何をしたかといいますと、日本国憲法の制定があり、大日本帝国憲法から、日本国憲法にかわりました。そして、一番の変化は、第9条の戦争の放棄です。「戦争をしない。これこそ日本の素晴らしい憲法だ。この第9条こそ世界に大いに発信しよう」と言ったのが松本だったのです。思想を善導していって、ソフトにいこう。そして、国家体制を整えていこう。しかし戦争には負けた。第9条は素晴らしい、と言うんです。そして、この3人の中で、一番長生きしたのは、松本です。一番早く死んだのは槇村であり、里村は昭和20（1945）年。彼は最初プロレタリア作家として活躍しました。それが、変わったのです。変わったということはずっと心の中でこだわるのです。そしてどこかで、死に場所を求めだすのです。里村は昭和20年、敗色が濃くなったフィリピンに従軍作家として志願します。兵隊ではなくて、執筆の方で行くのです。もうフィリピンが陥落するというのが分かっているのに行くのです。そして艦砲射撃で飛んできた砲弾で、死んだと聞いております。42歳でした。

このように、明治後期から昭和前期に関西中学というキャンパスの中で、こういう人たちがいた。私はこれをどうまとめようかと思っても、とてもすぐにはまとまりません。どこに結論を見いだすかということなのですが、ただ、この関西中学、高校で学んだ人物は何万人もいますが、我々は、一般の人とは違った、何かそこに、こういう人たちから脈々と流れてくる、血というわけでもないが、「おもい」といった何かが感じられるのです。それをどうにか表現しようと何年もかかっているのですが、なかなかいい言葉とか文章が出てまいりません。

しかし今日はほぼ1時間半、皆さんに聞いていただいたので、次の機会があれば、結論めいたものを出していくことができるのではと思っています。

（写真は、里村欣三を除いて、関西高校史資料室のものを使用しています）

弥生時代の始まり

―新年代でどこが変わるか―

国立歴史民俗博物館教授
春成秀爾

日本の考古学界の現状

今日は、炭素14年代の測定によって弥生時代の始まりが、これまで考えていたよりも500年さかのぼることになったという最近の話題を取りあげることにします。

先ほど司会の方から、考古学に自然科学の技術を導入して、研究を進めていると紹介していただきました。しかし、私自身は自然科学の研究成果を利用している立場であって、難しいことは何もやっていません。自分の足で歩いて資料を見つけて、あるいは資料を見せてもらって、自分の目で観察して、図を描いたり、写真を撮ったり、拓本を採ったりして、それをたくさん集めてあれこれ調べる、分析する、その上でこうではないだろうかと推論する研究です。考古学者の思想・行動を調べながら、私たちの先輩が戦前・戦中・戦後に、どう社会と向き合って学問を進めてきたかということも追究しています。ですから、自然科学的といわれると、少し面はゆい。ただ、私自身は自然科学には子どものときから関心をもっており、今は、考古学をやっているというところはあります。

考古学というと日本の大学ではたいてい文学部に所属しており、文科系の研究だと思われています。ところが、例えばロンドン大学に行きますと、考古学部があって、その中に、放射性炭素による年代測定をする学者もいます。日本では年代測定は自然科学、考古学は文科系という分け方をしますけど、本当は総合的にやるべきことなのです。そうして、人類の歴史を明らかにするのが目的であるのに、日本では私は数学が弱いから文科系に進んで考古学を…という具合です。今回の弥生時代の実年代、紀元前930年とか、紀元前380年とかという数字を、自然科学の手法で出すと、それに対して文科系の頭の人から激しい反対の声があがる。考古学は考古学本来の方法に基づいて年代を推定すべきであって、自然科学の手法を導入するのはけしからんというのです。

日本考古学協会という学会があり、私たちは昨年5月に東京で、炭素14年代を使った弥生時代の実年代について発表しました。私は、幸い学会の最後のあいさつの言葉は聞かなかったのですが、それを述べた委員は「今日の春成たちの研究発表というのは、自然科学による考古学の冒とくである」とあいさつをしたそうです。しかし、そう言いながら、特に戦後の考古学の発達には、自然科学からすごく応援してもらっています。にもかかわらず、公の場で学会の委員がそういう総括をするのです。

縄文時代後期の土器のかけらを見ます。「先生、これはどれくらいの古さですか」と尋ねられると、おそらくその委員も「4千年ぐらい前ですね」と言うでしょう。4千年前という数字は、考古学独自の方法では出てきません。それは放射性炭素の年代から出てきているのです。自分の気が付かないところでは、さんざん自然科学のお世話になっているのに、その結果が出て、これまでの自分たちの考えとひどくずれていた場合は、自然科学を非難、攻撃する。方法がおかしい、と…。自然科学だけでなく、どの学問もそうですけど、前提や仮定があって、その上にあれこれ成り立っています。そして、その前提の部分も、最初に決めたらその通りというわけではありません。絶えず修正されていきます。そうすると、その一部をとらえて前提が証明されていないと言う。仮定を積み重ねた上でこの年代は出てきているから信用できないと言う。しかし、自分たち文科系の考古学の世界でも、そういう仮定、前提に基づいてやっている。そして、考古学の仮定も定説も、実は動いている。そういうものです。学問というものは絶えず動いており、昨日の定説は今日は過去の説という場合があるわけです。

弥生時代の新年代

私がこれからお話しすることも、数年後には「あれは間違っていた」ということになるかもしれません。ただし、弥生時代の実年代について、これまで考えられてきたより500年ぐらいさかのぼらせたわけですけど、「間違っておりました。お騒がせして申し訳ありませんでした」と、皆さんの前で頭を下げて陳謝するということはないと思っています。そういうことは考えられないから私たちは発表したのであって、海の物とも山の物とも分からない結果がちょっと出て、これまでの説と全く違いますよ、という軽い気持ちで学会で発表したわけではないからです。私と一緒にやっている自然科学系の炭素14年代の測定に直接かかわっている人は、「これが間違っていたら、私は学者を辞めます」と私に言います。自分の学問的生命をかけて自信をもってこうだと言っているのです。

私もこれまでは、弥生時代の始まりの年代をだいたい紀元前400年頃とみていました。1990年に『弥生時代の始まり』という本を出したことがあり、その中で、「弥生時代の始まりは紀元前4世紀」と書いています。その人が10年もしたら、いや500年さかのぼりますと発表したわけです。もしこれが1万年前のことで500年ずれていましたと言ったら、ああそうですかと、それくらいのことかもしれませんけど、2400年前で500年違っておりましたと言ったらとんでもないことです。現代でいいますと豊臣秀吉が新幹線に乗って大阪・東京間を往き来しているというような話です。それくらいの時代錯誤といいますか、大きな間違いを犯してきたことになります。しかも自分で明らかにしたのではなくて、自然科学の手法によって500年さかのぼるという結果が出ただけですから、私自身もすぐにそうだとは言い切れません。「弥生時代の始まりが紀元前10世紀ごろまでさかのぼるかもしれない」という測定結果を初めて問題にしたのは、一昨年の12月のことでした。

私たちは内輪の研究会を青森県八戸市で開き、そのとき、具体的なデータに基づいて議論しましたが、私はそのときでも「本当かな、測定は大丈夫かな」と思っていました。500年もずれるということになりますと、あれもこれも、これまでの説明と合わなくなるからです。

これまでの学説は、長い時間をかけていろいろの点を総合した上でこうだと定まっているのに、炭素14年代の場合は結論だけがぱっと出てしまいます。そうなると、これまでの研究の成果は、一体どうなるのか。これまでみんな信じてきたわけですから、その変更は容易ではありません。紀元前4世紀ごろに弥生時代が始まったと考えてよいようにすべての資料を解釈していた。それを500年さかのぼると主張するとなると責任重大で、まさに考古学の立場から、すべて見直しをしなければならなくなります。

去年の5月の学会のときに3人の質問者がいました。

質問する人は最初から非難攻撃するつもりで会場内のよい場所をとっているのです。そのうちの1人が、私の発表後に、「春成さん、あなたは自然科学者にだまされているんじゃないですか」と言うのです。学会での質問や意見ではありません。全体の雰囲気は、おおよそ学会らしくない異様なものでした。学説や人を批判する場合は、常に背景があります。学問的背景であり、ある意味では人的背景です。3人を分析すると、そのうちの2人は、「炭素14年代は偽年代である」と声高に主張された山内清男という大先生を信じている人です。山内さんは、日本の縄文文化の研究の基礎をつくった人です。

もう1人は九州の人で、自分も含めた九州の先輩たちが、苦労して弥生時代の始まりは紀元前4世紀ごろだということを明らかにしてきた。それをあなたは苦労もせずに自然科学のデータを使って何事だ、という叱咤（しった）を込めた非難でした。今振り返ってみますと、私もこれから10年後でしょうか、自分の過去を振り返って、自分史でも書くときには、ああ、あの方がやはり面白かったなと思うことでしょう。学会で発表して、ごもっとも、と受け容れられた、あるいは沈黙したというよりは、これだけの反発があったというエピソードの方が面白く書くことができるからです。

ところで、昨年度までは年代を測定するための研究費がなくて、私たちも哀れでした。新聞やテレビであれだけ取り上げられると、ふんだんに研究費をもらって、どんどんやっているかのように誤解されますけれども、実際はいつも財布と相談して、あと何点測定できるかなぁ、という状況でした。アメリカの会社では年代測定を業務としてやっていますから、1件8万円。そして、早くその結果を知りたければ、特急料金というのがあります。私たちはそんなにお金を持っているわけはないので、少しずつ測っていきました。日本ではこういう方面の学問の研究費は乏しいものです。しかし、ようやく私たちの仕事が認められて、今年からは研究費が増えましたので、これからの5年間で年代研究はぐっと前へ進み、大勢は決まってしまうのではないかと私は予想しています。

縄文土器の年代を塗り替える衝撃的な報道

1959年（昭和34年）の新聞記事を紹介します（図1）。私が高校2年生のときの切り抜きのコピーです。最古の縄文土器の年代は9千年ぐらい前までさかのぼると、米（アメリカ）のミシガン大学から明治大学の杉原荘介さんのところに「爆弾報告」があり、それについて、考古学者の間であまりにも古過ぎると議論がおこっているという内容です。それまでは、縄文土器の起源は6千年ないし7千年かと思われていたのです。それを2千年も上回ってしまうと、縄文土器は世界で一番古くなってしまいます。世界というのは、メソポタミアとか、エジプトとか、あるいはヨーロッパ、中国で、土器は文明の発祥地に現れると考えられていました。ところが、日本はそういう地域ではないから、最古の土器が出てきたとなると、うまく説明できない。縄文土器が世界最古という測定結果に対する反発や疑問は大きかったのです。この記事は、朝日新聞の3面の右上のところに出ました。今は考古学の大きな発見がありますと1面のトップを飾りますが、当時は3面のトップというのが最大の扱いで、5段というのはとんでもない大きさでした。当時の新聞のページ数は今の半分以下ですから、今でいうと、新聞の1面を半分使っているのと同じくらいの衝撃的な出来事として受け止めら

図1　1959年4月16日の朝日新聞の記事

れたわけです。

このときも放射性炭素に基づく年代推定法を用いています。神奈川県横須賀市の夏島貝塚という縄文時代最古の貝塚から発掘された木炭と、カキの貝殻の年代を測ったところ、9200年前と、9400年前という年代が出たのでこの記事になったのです。杉原荘介さんは、その前に岡山県のデータも1つ知っていました。牛窓町（現在、瀬戸内市）の沖合に黄島という小島があり、そこに縄文時代の、やはり非常に古い時期の貝塚があります。黄島貝塚から見つかった貝殻の年代をミシガン大学では測っていて、今から8400年前という数字で出ていました。8400年という年代はそのとき、実は世界最古でした。夏島の土器はその黄島よりさらに古く、1千年もさかのぼった。しかも、いいかげんな数字でない証拠に、土器の順番からみても夏島が古くて黄島が新しい。土器の順番でも炭素14年代でも前後関係が狂っていない。そこで、アメリカの学者も信じがたいけれども、炭素14年代はおかしいという言い方はできないという反応の仕方でした。これは日本の考古学にとって非常に大きな衝撃でした。

山内清男が炭素14年代を真っ向から批判

それから3年後の1962年の12月のことです。山内清男先生が、夏島の年代に関する批判論文を書きました。そんなに古いはずがない、日本の縄文土器は今から5千年前であると言うのです。山内さんの考え方と炭素14年代とを比較しましょう（図2）。日本は山内・佐藤達夫さんの案と炭素14年代に基づく芹沢長介さんの案の2つを示してあります。

山内さんは縄文土器・縄文文化の研究の基礎を築いた人で、彼の代表作は1932年～33年に発表した「日本遠古之文化」です。山内さんは筋金入りの反骨の人、青年時代の彼はアナーキスト、無政府主義者で、第1回のメーデーに参加したというつわものでした。彼が大正時代の終わりに師匠として仰いでいたのが大杉栄です。アナーキストとして著名で、最後は官憲に殺された人です。山内さんの大正時代のニックネームはカービンスキー、神経過敏症という意味です。社会主義運動を抑圧する特高警察、特別高等警察に対して神経過敏だったのです。山内さんは無政府主義の運動に参加しているという理由で官憲に追われて、東京から鹿児島まで逃げて行ったことがあるともいわれており、官憲に逮捕されて弾圧されるんではないかという恐れを絶えず抱きながら考古学をやってきた人です。「日本遠古之文化」は、非常に精緻な内容ですが、縄文土器の年代がいつであるということは書いていません。どこにも何千年前という数字年代が出てこないのです。

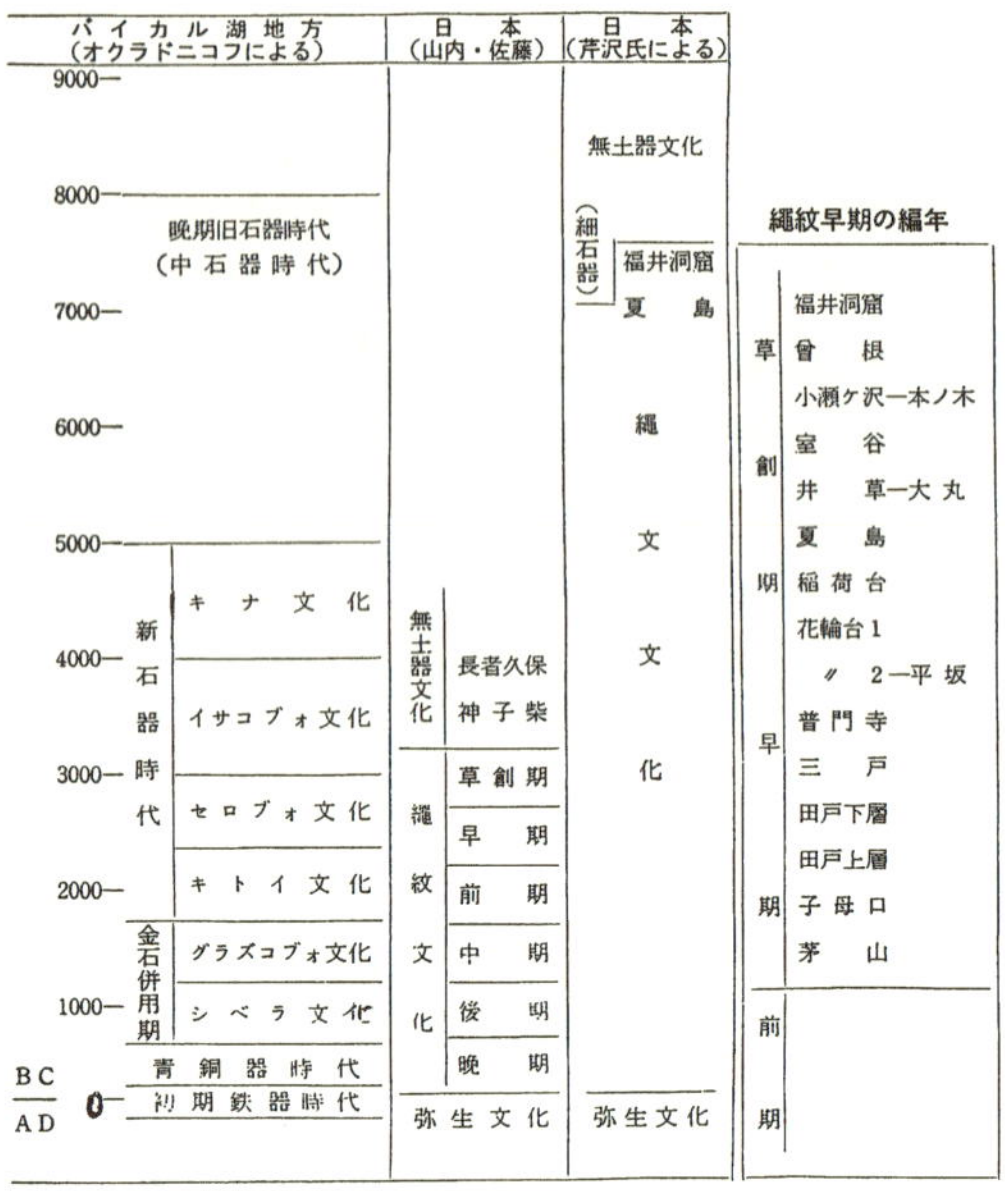

バイカル湖地方（オクラドニコフによる）
日本（山内・佐藤）
日本（芹沢氏による）
9000
8000
7000
6000
5000
4000
3000
2000
1000
BC
0
AD
晩期旧石器時代
（中石器時代）
新石器時代
キナ文化
イサコブォ文化
セロブォ文化
キトイ文化
金石併用期
グラズコブォ文化
シベラ文化
青銅器時代
初期鉄器時代
無土器文化
長者久保
神子柴
縄紋文化
草創期
早期
前期
中期
後期
晩期
弥生文化
無土器文化
（細石器）
福井洞窟
夏島
縄文文化
弥生文化
縄紋早期の編年
草創期
福井洞窟
曾根
小瀬ヶ沢一本ノ木
室谷
井草一大丸
夏島
稲荷台
花輪台1
〃2一平坂
普門寺
三戸
田戸下層
田戸上層
子母口
茅山
早期
前期

図2　石器時代の2つの年代案

なぜ書かないか。当時、日本の歴史は2600年前まででしかさかのぼらないことになっていたからです。

紀元前660年からが人間の歴史で、それ以前は神の時代、神代でした。神武天皇が橿原宮（かしはらのみや）で即位したのが紀元前660年のこと、1940年（昭和15年）から数えて2600年前に天皇が天下を治める時代が始まる。これが小・中学校、高等学校の歴史で教えていたことです。ところが縄文土器の年代が5千年前ということになると、神代に人が住んでいて、土器を残しているということになってしまう。神代と考古学の時代との間にそごをきたす。その事実を知ると、「神代があって…、というのは本当か」と疑い始める。だから、そういうことがおきないように数字は書かないのです。山内さんは特高警察の目を意識しながら「日本遠古之文化」の文章を書いたといわれています。

「日本遠古之文化」は『ドルメン』という雑誌に連載され、1939年（昭和14年）に1冊の小さな冊子にまとめられました。しかし、その後、山内さんは書くことをほとんど辞めてしまいます。書くと「危ない」という心境でした。彼は1939年以降も研究だけは着々とやっていました。その山内さんが縄文土器の年代と系譜について、長い間の沈黙を破って書いたのが１９６２年の「縄紋土器の古さ」という論文でした。

その論文の中で、山内さんはこう書いています。戦後10年以上たって日本経済も復興してきた。そして、国民の自信もわいてきた。その自信の上に炭素14年代による縄文土器9千年前説が出てきた。こういう炭素14年代は偽年代である、とはっきり書いています。そしてこれを発表した明治大学の関係者は、山内さんの言葉を借りると、右翼考古学者である。文化的な活動で戦争に協力した「文化戦犯」が明治大学の考古学の創設者であり、そこの研究室の人間が縄文土器は世界最古と主張している。これは右翼的な発想に基づいて炭素14年代を政治的に利用しているのだと言って、山内さんは猛反対した。

大森貝塚を発見したモースから日本の考古学は出発すると考えて、代表的な本を何冊か挙げよと言われたら、モースの『大森貝墟古物篇』と『日本遠古之文化』の2つを私はちゅうちょすることなく挙げます。これは縄文研究の金字塔です。１９３２年〜３３年に書かれた論文が、今なお根幹においては生きているということはすごいことです。同じころに書かれた論文は、今はほとんど間違った説として消えてしまっているのに、彼の論文だけは今なお古典として読まれている。それは、彼が自然科学の訓練を受けた人だったことにもよります。彼が最初に書いた論文は、考古学ではなく人類学の論文でした。長野県に住んでいる人の身体の寸法を測って、そしてまとめた研究です。自然科学の方から彼は出発し、15歳の時にダーウィンの『種の起源』を英語版で読み、ドイツ語は1週間でマスターしたという、とんでもない能力の持ち主です。

山内さんは、自然科学的な、進化学的な目、冷徹な目で考古学の資料を見て、書いた。だから、甘い表現や無駄な表現は一切ない。考古学の人はついつい感情に訴えるというか、よく考古学はロマンの学問だと言われ、何かそういう空気を漂わせているのに対して、山内さんの書いたものは解剖学の教科書を読んでいるような感じの論文です。山内さんの信奉者は今もいて、何かあると「山内先生はこう言っている」、となります。それを指して、「山内原理主義運動」と揶揄する人がいますが、それくらい偉大な研究者です。

その先生が、1962年に、炭素14年代というのはいろんな仮定の上に基づく方法である、その結論はとても容認できないと発表しました。今から42年前のことです。放射性炭素による年代測定の方法で、最初に年代が測定されたのが1949年（昭和24年）です。そして次の1950年から年代測定のしっかりした方法ということが認められて実用化されました。成立したのは1950年という言い方ができるので、今から3千年前というときに、BP3000年と表します。BPはBefore Presentということで、今から何年前ということで理解されていますけれども、もともとの意味はBefore Physicsでした。物理学的測定方法が完成した1950年を起点にして何年前ということで、Before Physics＝BPをつけたのです。ところがいつのまにか、同じようにPだからということで、今はBefore Presentの略として使われています。

炭素14年代法はアメリカでは40年前に確立

この方法は1950年に確立されたあと、ヨーロッパ、アメリカでは、それから10年間、日本で今行われているような激しい議論がありました。測ってみるとこれまでの定説とみんな合わなかったからです。どれも古くなってしまうのです。光は東からという言葉がありますが、ヨーロッパの文明はオリエントから―中近東あたりであれこれすぐれた発明・発見があり、それが遅れてヨーロッパに入ってきたという考え方でした。500年、1千年、2千年遅れてヨーロッパに伝わっていく。進んでいたのは、文明の発祥の地であるオリエント、エジプト、ギリシャのクレタ、ミケーネ。そういうところから未開、野蛮の土地であったヨーロッパへ新しい文化が入ってきて、ようやくヨーロッパの文明は出来上がっていったというのが、炭素14年代が出てくる前までの学者の説でした。チャイルドという偉大なイギリスの学者がそういう体系を作ったのですが、彼の学説は炭素14年代と比較すると全く成り立たない。そこで、チャイルドの説と同じような立場に立つ人は、この方法を非難しました。いろんな仮定の上に成り立っている。ここはおかしいじゃないか、これは危ないじゃないか、と弱点を突きながら、感情論を交えて批判、非難を繰り返しました。

しかし、議論は１９６０年には終わりました。炭素14年代が勝ってしまったんです。新しい説を認めたら自分の過去の業績や存在価値がなくなるから旧説に、悪い言い方をするとしがみついている人はあとに残りました。真実を追究するといいながら、やはり一方では自分の過去に作った説を守りたいのです。１９５０年代後半に炭素14年代に反対したミロイチッチやブレイドウッドたちは、結局不名誉な名前を残しました。欧米では１９６０年が炭素14年代革命の年とされています。以後は、炭素14年代を基礎にしてあれこれの物事を考えるようになりました。

ところが、日本では夏島の年代を測った１９５９年は、ちょうど、欧米で議論が行われている最後の時期でした。そして、翌年には欧米では勝敗は決した。しかし日本ではそれから3年後の１９６２年に山内清男さんが炭素14年代はインチキだと言うと、日本の多くの学者は炭素14年代を正面からとりあげようとすると、必ず「信頼性」という言葉を振りまわすようになりました。今回、弥生時代の年代について発表したとき、多くの考古学者が不信感を抱いたのは、やはり山内さんの影響が根底にあったのでしょう。しかし、それは世界のすう勢からみると、日本の研究は40年遅れていたということなのです。欧米より40年遅れて議論をやって、そして惨めな形で、自然科学の手法に負けていくというのは考古学だけの話ではなくて、日本の学問全体の問題だと思います。

登呂遺跡の炭素14年代がもたらした悲観的な風潮

弥生時代の話に入ります。夏島貝塚の年代測定にかかわった杉原荘介さんは、炭素14年代を擁護する立場でしたので、それなら弥生時代の年代も測ってみようということになりました。静岡県の登呂遺跡の炭素14年代を１９６０年代に集中的に測り、１９６７年に結果が報告されました。その結果、登呂遺跡の年代は、紀元前8世紀から紀元後4世紀までの間にバラつくことになりました。当時、登呂遺跡は弥生時代の後期、だいたい紀元後1世紀から2世紀ごろと考えられていました。ところが、測ってみると紀元前8世紀はあるし、紀元後4世紀もある。だから新しい時代に関しては、炭素14年代は使えない。9千年前の年代を測るのだったらいいけれど、新しい時代になると、誤差の幅が大き過ぎる。だから、炭素14年代は弥生時代の年代を知るときは役に立たないという悲観的な結果をもたらしたのです。これ以後、考古学の研究者は炭素14年代を測ることに不熱心になりました。お金を使うだけでやっても意味がないという風潮ができてしまいました。確かにそれ以降も年代は測っており、弥生時代の始まりは紀元前3世紀であるという考えを補強するのに使われたりはしましたが、それ以上測っても似たような結果しか出てこないし、あまり当てにもならないし、ということで現在まできました。ところが、欧米ではこの炭素14年代を一貫して使い精度を高めていました。

　例えば、美術品の真贋（しんがん）を決めるときに、木の板に絵が描いてあった場合、年輪年代法によって、キャンバスになっている板材の一番新しいところを調べて、この板は何年以降に伐採されているということを明らかにすると、その画家の活躍した時代と合う、合わないということで真贋の結論を出しています。同じように、布に書いてある場合は布の炭素14年代を測ります。そうすると、作者の活躍している時代と布の炭素14年代が合った場合はいいけど、合わなかった場合はやはりおかしいということで否定される。年輪年代、炭素14年代が欧米ではごく普通の年代鑑定法として使われており、目くじらを立てるようなことはありません。

　ところが、日本ではそうはいきません。最近、少しずつやっていますけれども、やはり難しいものがあります。

　例えばの話ですが、『枕草子』、清少納言が書いた本物は残っていません。現在残っているのは、写本だけで、その写本には4系統あり、それぞれ何種類かの諸本があります。私も『枕草子』のごく一部だけですけど、自分の研究とかかわりがあって、ある人の論文の中に引用してあったのを使ったので、原典を調べようと思いました。しかし、21種類のうちのどれかから引用しているんですけれども、岩波文庫の『枕草子』とは違う、どこどこから出ている分とも違う。21種類もあると、どの写本から引用したのか、なかなかわかりません。清少納言から借りてきて、最初に写す。それを見て、また次の人が写す。そのときに文章をどんどん変えていっているのです。私だったらこういう表現の方がいいなとか、この方が面白いなと思ったら、写す過程で勝手に変えていくわけです。比べてみると「えっ」と驚くぐらい『枕草子』の中味は違います。私たちは彼女が書いたものだと思って読んでいますけど、実際には写本であって、一言一句彼女が書いたというものは見ていないのです。

そこで、仮に5種類の写本があったとすると、どの順番で写しが作られていったかを、国文学の研究者は調べて順番を決めます。そして、その結果に基づいて様々な研究を行います。ところが、その写本の紙をわずかばかり使って炭素14年代を測ってみるとずれることがあり得るのです。作品の名を忘れてしまいましたが、平安ないし鎌倉時代のものとされていた文書の年代を測ったところ、明らかに近代に写したものであることが分かったそうです。しかし、自然科学の学会では、こうでしたという発表はできるけれども、その方面の学界では測定も発表も歓迎しない雰囲気があるということでした。

炭素14年代は、欧米でも日本でも、ごく新しい何百年前のものに対しても適用しており、その効果ははっきり上がってきています。それが現状なんですけれども、考古学研究者は不勉強でよく知らなかった。考古学研究者の大勢が知らなかったから、今回の弥生の年代はとても信じ難いという話になってしまったんです。しかし、昨年から1年余りの間、これが現状であるということをあちこちでアピールしましたので、最近では様子が少し変わってきました。反対の声がだんだん小さくなってきています。多分あと数年のうちにこれまでの反対者は沈黙するんではないかという気がします。結局、これまで言われてきた材料を考古学的に検討してみると、非常に危なっかしいことをやってきていたのです。

斎藤山遺跡から発掘された鉄器の矛盾

弥生時代というと、水田で稲作を始めた時代。ところが、その前の縄文時代にお米を作っていたことが分かってきました。例えば、岡山県では総社市の南溝手遺跡から出てきた土器のかけらに稲のもみの圧痕が付いている。また、倉敷市の福田貝塚から出てきた土器のかけらにももみの圧痕が付いている。縄文時代の後期のもので、おそらく水田でなく、畑で作った陸稲（おかぼ）です。そこで、川から水を引いてきて、水田で米を作るようになったのが弥生時代。弥生時代と縄文時代の境は、水田で稲作を行っていたかどうかで区別しています。

弥生時代の年代が、紀元前4世紀ではなく紀元前10世紀ごろまでさかのぼるという発表をしたときに、九州の研究者から鋭い追及があったのは、鉄器の問題でした。今、弥生時代は大きく早期・前期・中期・後期の4期に区分しています。

そして、これまでの考えでは、水田稲作を始めた弥生時代の早期に既に金属器、鉄の道具があるということになっています。

鉄器は前期の遺跡からも見つかっていました。そこで、弥生文化を特徴づけるのは、水田農耕と金属器であるという考え方が1960年代に確立しました。岡山大学の近藤義郎先生は1962年に「弥生文化論」というすぐれた論文を書き、弥生文化は農耕・金属の文化と明快に規定をしています。使った材料は、熊本県の斎藤山遺跡から発掘された鉄器です。小さな破片ですが斧の刃先です（図3—右上）。斎藤山は前期の初めごろの遺跡です。

ところで、中国の鉄の歴史といいますと、だいたい戦国時代の中期から鉄器が普及し始めて、本格的に鉄器を量産するようになったのは、戦国時代後期で、およそ紀元前300年、このころに中国の燕国で大量に鉄器を作るようになり、それが東へ広がり、朝鮮半島を経て日本列島にも入ってきたということになっています。だから、鉄器が日本列島の遺跡から見つかるとすると、その年代はだいたい紀元前300年とされています。

ところが、私たちの放射性炭素による年代測定では、弥生時代の前期が始まるのがだいたい前８１０年です。５００年も違う。中国にはこの時代に鉄器はないではないか、おかしいということになるのです。前８１０年というと、西周時代の終わりから春秋の初め頃です。その時代は、農具や工具に鉄器を使っておらず、武器の刃の部分にだけ鉄器を使っています。もっとも古い鉄器は、空から降ってきた材料、隕石ではなく隕鉄をうまく見つけて、柄の部分は銅で作り刃の部分だけ隕鉄をはめ込む。銅より鉄の方が切れ味がいいのです。最初は、人工鉄ではなくて自然鉄を利用していました。

　そして、春秋時代頃から人工の鉄を作るようになります。最初のうちは特殊な武器のごく一部分に鉄を使うだけだったのが、戦国時代の中期あたりから盛んに工具や農具を鉄で作るようになる。このように、西周から春秋時代の中国には鉄斧はありません。ところが、日本は前10～7世紀の弥生早・前期の遺跡から鉄斧が出ている。これは本当に困ってしまいました。「どうしてくれる」と詰めよってこられるんですから…。

　私たちが結果を出した放射性炭素による年代測定法は、大気中の炭素14は生滅するという性質をもってい

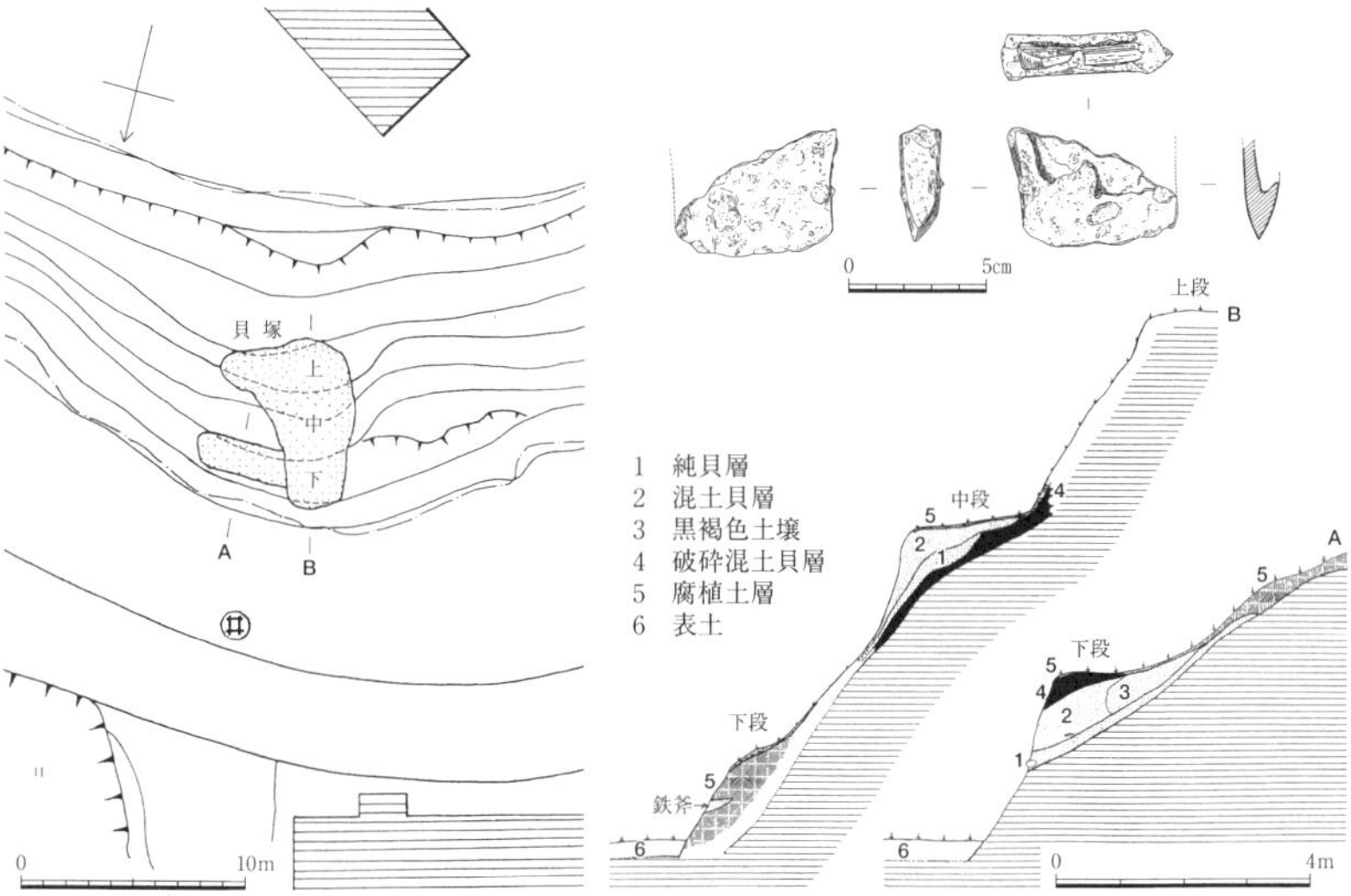

図３　熊本県斎藤山遺跡の鉄斧と出土層位

ることを利用しています。炭素14は宇宙線の作用で大気圏の上層で作られ、二酸化炭素として大気中に拡散し、放射線（ベータ線）を出しながら壊れていきます。大気中ではこの生滅がバランスを保ち、ほかの炭素との濃度比はほぼ一定です。光合成や摂食などの代謝で大気中の炭素を取り込む動植物も、体内の炭素14濃度は大気と等しいと考えられます。

ところが動植物が死ぬと、代謝による炭素の出入りが途絶えます。一方で、炭素14は減少を続け、およそ5730年で半減しますので、残された炭素14の濃度を測定すると、生物がいつ代謝活動を終えたのかを知ることができるのです。これが炭素14年代法の原理です。

しかし、大気中の炭素14濃度は厳密には一定ではなく、気候変動や太陽活動などの影響を受けて変動していることが分かっています。したがって炭素14年代法の結果を実際の暦上の年代に修正するには、すでに年代の判明している試料の測定結果と比較する必要があります。樹木が生育にともなって刻む年輪には、その年々の大気中の炭素が固定されていますので、生育年代を年輪年代法で決定すれば、炭素14濃度を実年代に修正する基準になるわけです。

この年代測定法は、世界でごく普通に使っていて、完全に実用の段階です。にもかかわらず日本では一生懸命やっていませんでした。しかし、私たちがやってみたら、こんな年代が出ました、精度はきわめて高いと考えた方がいいようです、と言っているだけです。ところが、「提案した以上は考古学の『定説』と矛盾することはすべて説明せよ」といった調子で迫ってくる。しかし、試料を取ってきたり、測ってもらっているけれども、私たちも使う側なのです。ユーザーという点では、私たちを批判している人と、立場は同じです。考古学研究者すべてに投げかけられている問題であって、自分の問題だと思えばいいのです。世界的な、普遍的な方法で測るとこうなってしまうけど、あなたはどう考えますか。私を非難するのではなく、あなたはどう受け止めますかという問題なんですけど、人間というのはなかなかそうはいかないもののようです。

私も困りました。中国でも人工の鉄の歴史は、あまり研究が進んでいません。だから、材料が増えてきたらもっとさかのぼるかもしれない。その可能性はあります。研究が進んでいないのに、現状を前提にして議論するのは危ない。10年、20年たって材料が増えてきたときに、はしごを外されるのは困ります。だから、私はこれに直ちに答えを出すことはできないけど、可能性の一つは中国での鉄の歴史がもっとさかのぼり、矛盾なく説明できるようになるかもしれない。しかし、自分で中国を掘りに行くわけにもいかないし、それでは他力本願的なところがあります。

そこでもう1つ新しい考えがわいてきました。新しい説を提出して、これまでの考えと違う場合は、他人の足元ではなく、自分たちの足元を見直すことが大事です。弥生前期に鉄器があると言っているけれども、本当か。熊本県斎藤山遺跡から出ているではないかとみんな言っています。斎藤山については、1961年に報告が出ており、ありがたいことに丁寧に記述してあるので、その報告に基づいてあれこれ検討することができるのです。学問としてはすごく大事なことです。斎藤山は、有明海に面している高さは10メートルくらいの台地で、端はがけになっています。下は今、平野になっており、かつてそこまで海が入ってきたことを物語っています。今は家もあるし畑も作っています。畑を広げるために台地のすそを削っていくので、元は丘陵の末端だったところががけになっています。そのがけの急な斜面に貝塚があり、土器のかけらも出てくるので発掘調査したのです。その断面図が公表されており、それを見ると確かに鉄斧が出てきた位置が明示されています。

ところが、おかしなことにがけのすそにたまった腐植土の中に厚さが30センチほどの貝塚の断片が入っており、そこから鉄斧は見つかっているのです。台地の上に畑がありましたから、腐植土は地表面にあった土で、耕作土みたいなものです。貝塚も腐植土も、実はもともとは台地の上にあったのが、がけができてしまったために下へ落ちていく。その様子が断面図に見事にあらわされているのです。地層も上と下が逆転していることが分かる。鉄斧が斎藤山から出てきたのは事実です。しかし、この遺跡は前期だけでなく、中期の遺跡でもあるのです。そうすると、がけから落ちるときにまぜこぜになっている可能性がある。今は、中期の可能性が強いと私は思っています。したがって斎藤山の前期の層から鉄器が出てきたから弥生前期は前300年ということは言えません。これは使えないというのが私の結論です。

唐古遺跡の鉄のナイフと曲り田遺跡のあいまいな鉄のかけら

奈良県田原本町の唐古遺跡から出てきた遺物に鉄のナイフの柄というのがあります（図4—1）。ナイフそのものは残っていなくて、シカの角で作った柄だけです。その柄に鉄のナイフの茎（なかご）を差し込むための穴を開けてある。ナイフは腐ってしまっているけれど、柄の穴の奥に鉄のさびが付いている。それが弥生前期に鉄器があった証拠ということになっていました。

しかし図をよく見ると、ナイフの柄ではないことが分かります。こんなに細くて短い柄では使い物になりません。それから、ナイフの茎を挿入する穴の形が円錐形をしており、おかしい。ナイフの茎、つまり柄に装着する部分は、断面がうすい四角形をしているから、これはナイフの柄ではないのです。ところが、報告された1943年（昭和18年）から今に至るまでずっと検討されないままに基準資料として使われてきたのです。鉄のさびというのも実物を観察してきましたけど、そうではありませんでした。唐古では池の底に遺跡の地層があって淡水の下は還元状態になっています。泥の中は酸素が供給されないので青灰色の地層

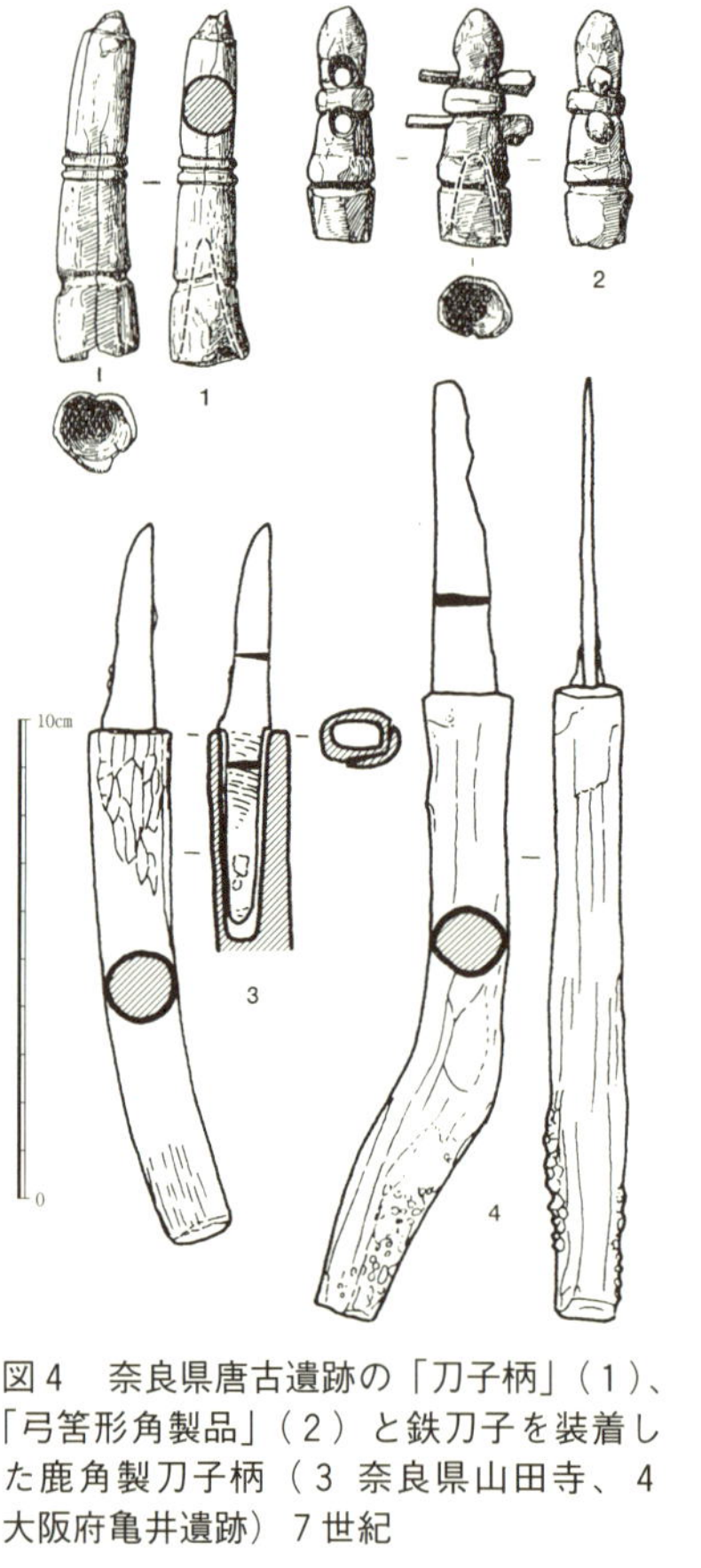

図4　奈良県唐古遺跡の「刀子柄」（1）、「弓筈形角製品」（2）と鉄刀子を装着した鹿角製刀子柄（3 奈良県山田寺、4 大阪府亀井遺跡）7世紀

です。柄はシカの角で作ってありますので、その中に含まれているリン分と、層の中の鉄分が化合して藍鉄鉱という化学物質を生じています。それが見た目には黒っぽくて、さびに見えたのでしょう。鉄さびというのも事実の誤認だったのです。唐古遺跡の「ナイフの柄」の「鉄さび」を根拠にして前期に鉄器があると60年間いわれてきたけど、駄目でしたね。この遺物は「弓筈形角製品」（図4―2）の未製品であるというのが私の考えです。

弥生早期の福岡県二丈町の曲り田遺跡から、小さな鉄のかけらが出ています（図5―1）。報告者は鉄の斧の頭の部分と推定しています。こういうかけらが出てくると、もっとも自然な復元の仕方はこうだろうと思って点線で描くのです。ところが、近くをまた別に掘る機会があって、残りが出てきてくっつけてみると、全く違う形になる。予想は当たらないのが普通です。それはともかく、これが弥生早期の唯一の鉄器で、この1片があるから弥生早期が前10世紀になるなんてあり得ないといわれているのです。

報告書が出ているので、出土の状況を調べてみました。ところが、住居の床面近くから出てきたと書いてあるけど、住居の中のどことは書いていない。住居の図も出している。床面近くと言うなら、その断面図に示してほしいところです。住居跡に土がどういう具合にたまっているか。そして、ここから出てきたと示してあれば検討できるのですが、そういう図が一切ありません。後の人が検証しようにも文章しかないとなる

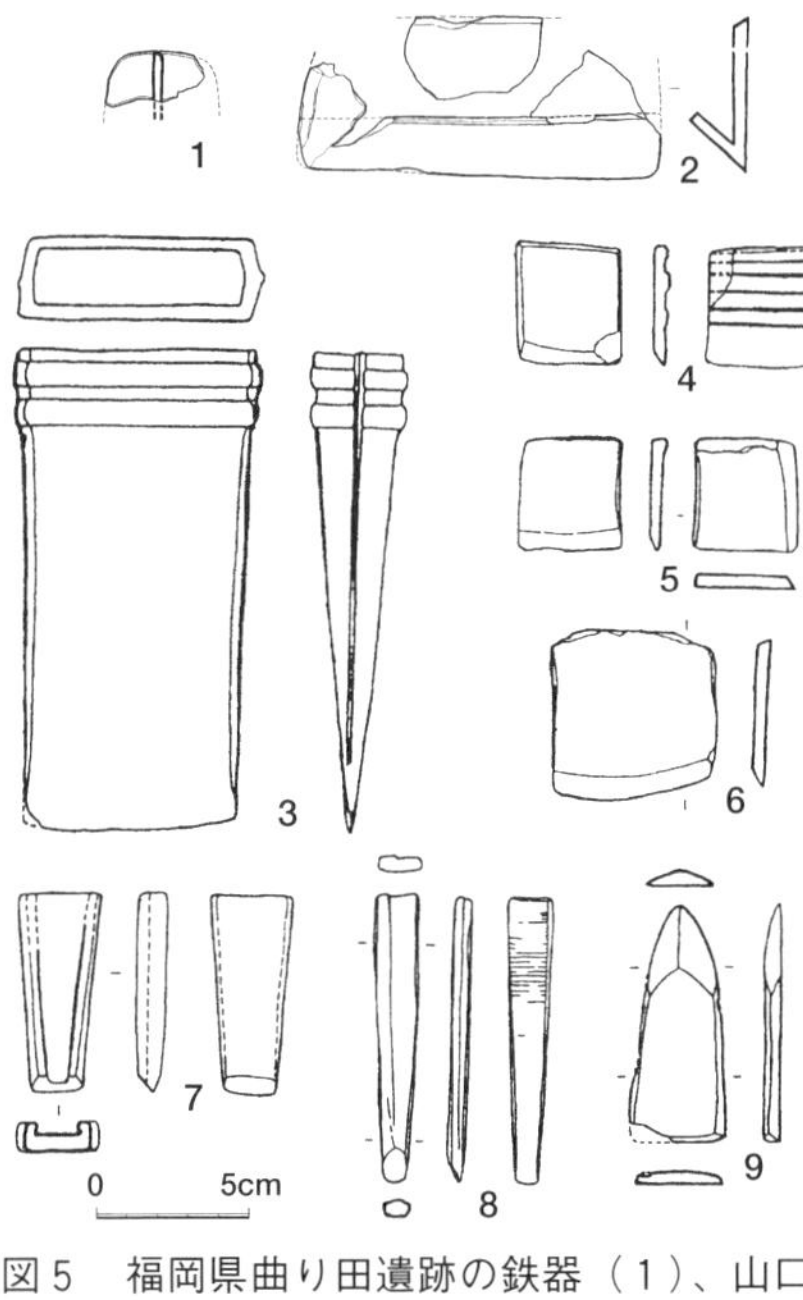

図5　福岡県曲り田遺跡の鉄器（1）、山口県山の神遺跡の鉄鍬先（2）と鋳造鉄斧（3 福岡県比恵遺跡）、鉄斧の再加工品（4 福岡県庄原、5・6 福岡県下稗田、7 佐賀県吉野ヶ里、8 大阪府鬼虎川、9 福岡県上野原遺跡）

と、報告した人を信じるしかないという話になってきます。しかし、こういう問題が生じたときに検証できないということは、科学の資料としては失格です。

今年の3月に私たちの博物館で研究会を開きました。そして、この鉄器を報告した人に聞くことにしました。せっかく福岡から来てもらったんだからと思って、本人を前にして黒板に住居の断面図と地層の線を描いて、どこから出てきたのか、印を入れてほしいとお願いしたのですが、図に示すことをしませんでした。「私は自分の発掘に自信を持っている」と言うだけで、出土の状況はとうとう分からずじまいです。

私は曲り田遺跡の発掘を見に行きましたが、おじさんやおばさんが30人くらいで発掘をしていました。その上に1人または2人の専門家がいるわけです。そして、そこを掘りなさい、あそこを掘りなさいと、広い範囲を時々巡回して、指揮をしているわけです。その人たちしているのはその土地の発掘作業員です。発掘が手撥（てばち）を使って掘っているとカツンと当たる。当たったら、それを数メートル先においてあるテミに入れる。当たった時としてテミからこぼれることもある。それを後でまた入れる。そのときにこんな小さなかけらとなるとどうだったのか。鉄器のかけらは茶色っぽく、土器の破片みたいなものです。持って帰って水場で水洗いして初めて鉄器だと分かったのではないのでしょうか。

こういう出土品を基準資料に使って私たちの年代測定結果を非難する。しかし、そういう資料と、私たちが試料を慎重に処理して年代測定した—年代を測定する場合は、厳重な建物を造って、ほこりが入ってこないような空間を作るのです。そこで試料を調整して、最後は炭酸ガスにして測定する。そういう操作はきわめて慎重、厳密です。それに比べると、現場で掘り出した状況は、いくら慎重にやっていますと言っても、それはわからない—両者を対置させて、私は発掘に自信があると言っても、それは通用しません。通説とは500年のずれがあり、ここまで議論になってくると根底までさかのぼって実はこうですと言わざるを得なくなります。

いま一番確かな鉄器は弥生前期の終わりごろとされる山口県の山の神遺跡から発掘された鉄のくわまたはすきの先に付ける鉄のかけらです（図5—2）。これが確かだと言われて、私もつい最近この資料を使いました。実はこれも失敗でした。弥生時代の人々は、高床の倉庫の中に食べ物を貯える一方、地面に穴を掘って穴蔵も造っています。その穴蔵の一番下からこの鉄のくわ先が前期の終わりごろの土器と一緒に出てきたといわれていました。ところが、その土器の図を見ると、中期の土器も混ざっているのです。そうすると、これも前期かもしれないけど中期の可能性がある、というよりも中期と考えた方が無難です。そうなると、弥生早期、前期の鉄器で資料として使えるものは一つもなくなってしまいます。ついこの前までは、地名表を作りますと弥生前期の鉄器は、30数カ所から出ていました。それが全滅です。本当に情けなくなります。大先生が言った、あるいはすでによそから出ているからということで、あいまいな状況であっても簡単にそれを認めて、雪だるま式にどんどん膨らませていく。あいまいなものを30例集めてもしょせんはあいまいなんですけれども、その落とし穴に気が付くのに何十年もかかったのです。

鉄器の登場は弥生時代の中期以降

弥生時代の木製品に残っている工具の削り痕（図6）も、落とし穴でした。弥生時代の鉄器は、みんなあいまいだということで私は消していきました。最後に残ったのは、弥生早期、前期の人が加工した杭（くい）や農耕具に残された工具の推定の問題です。くわやすきは木を削って作る。そして、後になると刃先の部分だけ鉄の刃物を付けるようになります。杭は、水田を区画するため、あるいは溝やあぜを固めるために打ち込むものです。そのときに、杭の先をとがらせておく。加工の跡を見ると、鉄の斧で加工した場合と石の斧で加工した場合は、だいたい区別できます。鉄の方が切れ味が良くて、石の方は切れ味が悪い。そこで、鉄と石の刃物で削った痕跡を調べていくと図6のようになるといいます。橿原考古学研究所の宮原晋一さんの研究です。「先Ⅰ期」は早期と同じ、「Ⅰ期」が前期です。「Ⅱ、Ⅲ、Ⅳ期」が中期、「Ⅴ期」が後期です。

　これによると、北部九州では、農具の未製品は早期は鉄器と石器で加工しています。そして、Ⅰ期とⅡ期

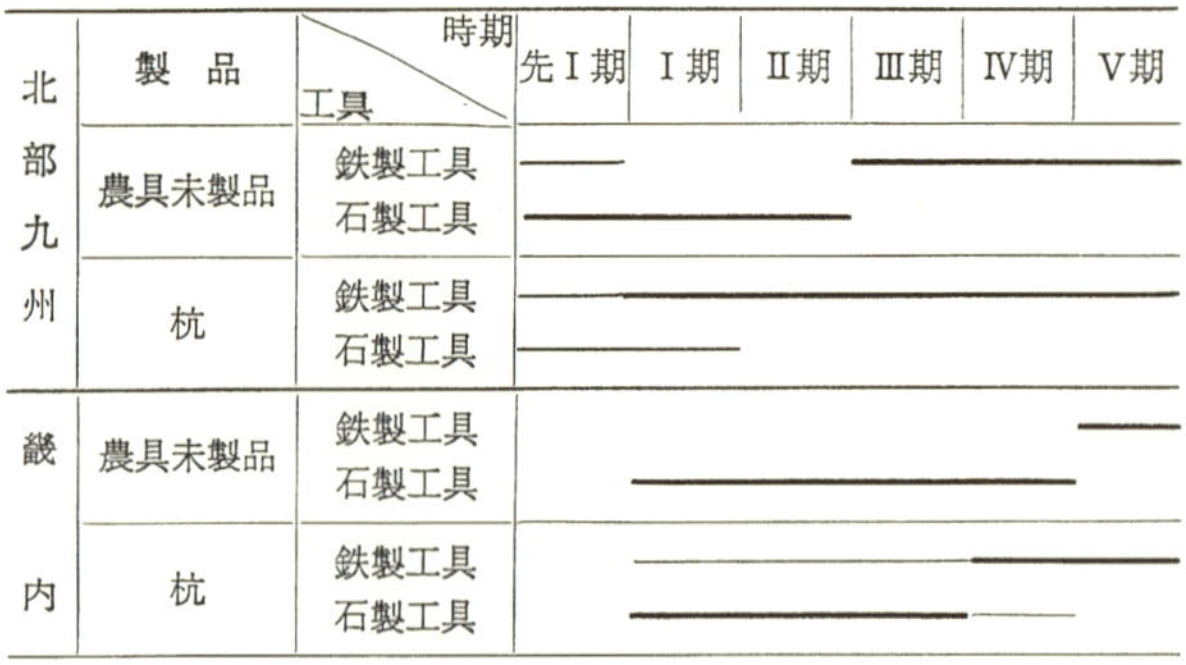

図6　弥生時代の木製品と推定される工具の材質

は鉄器がなく、Ⅲ期から鉄器をまた使っている。ところが、杭は早期からずっと鉄器と石器で先をとがらせているということになります。畿内では、杭は前期から鉄器でとがらせています。農具を鉄器で作ったのはⅤ期つまり後期からです。

　これを一言で言うと、鉄器は杭の先をとがらせるために出現した。そして、後になると農具を作るのにも鉄器を使うようになったことになります。しかし、そんなことがあるでしょうか。杭の先をとがらせるのだったら石の斧で十分にできます。農具も全部石の斧でできますが、柄を付けるために風呂部に穴をあけるのは鉄の刃物があった方が加工しやすい。杭の先をとがらせるだけなら石の刃物で十分、農具を作るときにこそ鉄の道具が効果を発揮します。

　この図はどこかおかしい。私は今、この図の解説をしましたけれども、この図を丁寧に見て発言している人はこれまで誰もいないのです。この図を使って、弥生時代の最初から鉄器を使っているではないか、斎藤山、曲り田が怪しいと言うが木製品を見れば鉄の刃物を使っている証拠があるではないかと言って批判する。私はこの図をじっと見ていたところ、ある時ぱっとひらめいて、「あ、これは単純なことだ」と分かりました。杭は、地面に穴をあけて立てるものではない。杭は、地面にとんと置いて、木槌でどんどんとたたきこんでいく。弥生後期の人が鉄の刃物で杭の先をとがらせて、地表面からこれを打ち込んでいくと、先は弥生前期、早期の層に達します。その後、上の方はどんどん腐っていき、先の部分だけが弥生早期、前期の地層に残る。発掘するときは上から掘り下げていきます。弥生早期とか前期の土器と一緒に鉄の刃物で加工した杭の先が見つかる。そうすると、近くから弥生早期の土器が出てきたのだから、この杭は弥生早期だということになります。それだけのことで、論理的な思考をしていないのです。事実の指摘はあれこれしているけれども、それを最後にまとめて一つの像をつくるところで、きわめて単純な間違いを犯しているということだったのです。そういうことで、弥生時代の早期、前期には鉄器はないというのが現在の私の結論です。

では、中期の初めにあるかというと、中期の初めも難しいかもしれない。確実なところでは、中期の前半頃に鉄器は現れると思います。それが、前300年頃の鉄器、鉄の斧です（図5―3）。おそらく燕の国で鋳造した鉄斧が日本に入ってきた。ところがそれは完全品よりも破片の方が多かったのか、鉄の小さな破片を手に入れると、砥石（といし）を使って研磨加工して小さな斧やノミや、ナイフに作り変えているのです（図5―4～9）。リサイクルです。だから、鉄といっても、言うなれば金属製の石、固い固い石として受け止めている。鉄といえば、普通は火で熱してたたいて加工します。あるいは、溶かして鋳型に流し込む。弥生中期前半の鉄器は、かけらを仕入れて、それを砥石で研いでその格好を作るだけで、石斧を作るのと工程は同じです。鉄器といえば確かに鉄器、切れ味も非常に良いけれども、実は石器的な鉄器です。これが日本列島における鉄器時代の始まりの実態です。

弥生時代を特徴づけるのは水田稲作と金属の文化といっていたけれども、早期、前期、中期の初めのうちは金属はないのです。その間が何百年あるかというと、現在早期の始まりが930年。鉄器を使い始めるのが、中期前半の前300年まで下ると、古い方の約600年間は鉄器がないのです。弥生時代は約1200年間、そのうちの前半分は石器時代なのです。石器といっても石器ですべてを賄うのではなくて、石器を使ってくわとかすきなど木の道具を作っているわけです。だから、石器と木器の時代であって、弥生時代の中期の初めぐらいまでは、縄文時代と基本的に変わらない。石であれもこれも作っていたのです。

弥生時代の新しい見方へ

新年代でどこが変わるか。年代が変わるということだけでも大変なことですけれども、しかしそれだけではちょっと物足りない。ただ、私たちはこの1年余りの間、とにかく測定例を増やし、批判にこたえるための努力をしてきました。最初から、「こうに違いない」で出発するとやはり危険だからです。私もつい1年余り前まではそう思っていなかったわけですから、自分も批判者の目を持って新しい年代観に対処していくことが、非常に大事だと思います。新しい時代像を描くというのはこれからの仕事、しかし、そろそろそっちに移ってもいいかなというように今は思っています。

日本列島の抜歯の系統について考えてみましょう(図7・8)。これは私が以前から追究していたテーマの一つです。人が健康な歯を風習的な理由で抜くのは、一つは成人式のときというのが多い。しかし、縄文時代の人は、成人式のときだけでなく、結婚式のときにも抜いています。それから、葬式のときにも抜いているようです。私が調べて得た結論です。成人式のときに抜くのは、上顎の左右の犬歯2本です。ところが、中国では、成人式のときに犬歯よりも1つ内側の側切歯を2本抜いています。日本では犬歯、中国では側切歯と非常に対照的です。抜くのは側切歯は簡単ですが、犬歯は歯根が太くて歯槽の奥の方まで入っていますので大変です。

弥生前期の遺跡、山口県の土井ケ浜遺跡から出土した人骨には、上顎の側切歯を抜いた例を含んでいます。縄文的でないのです。土井ケ浜の人たちは、男性も女性も縄文人と比べると身長が平均すると3センチ高くなっています。それから顔がすごく面長になっています。女優さんの顔をみて縄文顔、弥生顔と言いますが、弥生顔は由紀さおりさん、朝鮮半島ないし中国から渡来してきた人たちの顔に似ている。縄文顔は、吉永小百合、松田聖子さんなど。丸顔で、顔の上と下でいいますとちょうど真ん中辺りに目があり、二重まぶた。それに対して、渡来系の人は面長で、目の位置が真ん中よりも上にあり、二重まぶたではありません。土井ケ浜の人骨は、男・女ともそういう大陸渡来系の顔をしている。ところが彼らがもっている弥生文化は大陸系ではあるけれども、大陸文化そのものではないのです。弥生文化は縄文文化の要素もあるし、渡来系の要素もあり、中国にも、朝鮮半島にもない日本独自のものです。そして、土井ケ浜の人たちの中には縄文人のように犬歯を抜いた人もいるのです。しかし、犬歯を抜いた人も側切歯を抜いた人も面つきは同じで、どちらも渡来系の顔をしています。犬歯を抜いた人は縄文系で、側切歯を抜いた人が渡来系だったら分かりやすいのですが、そうではないのです。

　これまで、渡来系の抜歯は、大陸から伝わったことははっきりしていても、いつどこからということは分かりませんでした。土井ヶ浜の年代は、これまでの考えだと紀元前2世紀になります。ところが、紀元前2世紀にこういう歯の抜き方をした人たちは中国の東海岸から朝鮮半島のどこにもいません。だから、身体的な特徴は渡来系だけど、渡来系の抜歯は、この近辺にはない。中国の西南部に行ったらこの抜き方はあるけれども、中国の西南部から日本に来たとは考えられない。私は困っていました。ところが、最近になって、中国東海岸の梁王城遺跡から側切歯を抜いた例が見つかりました。土井ヶ浜の年代を新しい年代に基づいて考えると、紀元前6世紀までいきます。中国では、春秋時代には抜歯の風習は辛うじて残っているけど、次の時代にはない。従来の説で紀元前2世紀とすると、中国の東海岸では抜歯の風習は終わっているのです。弥生

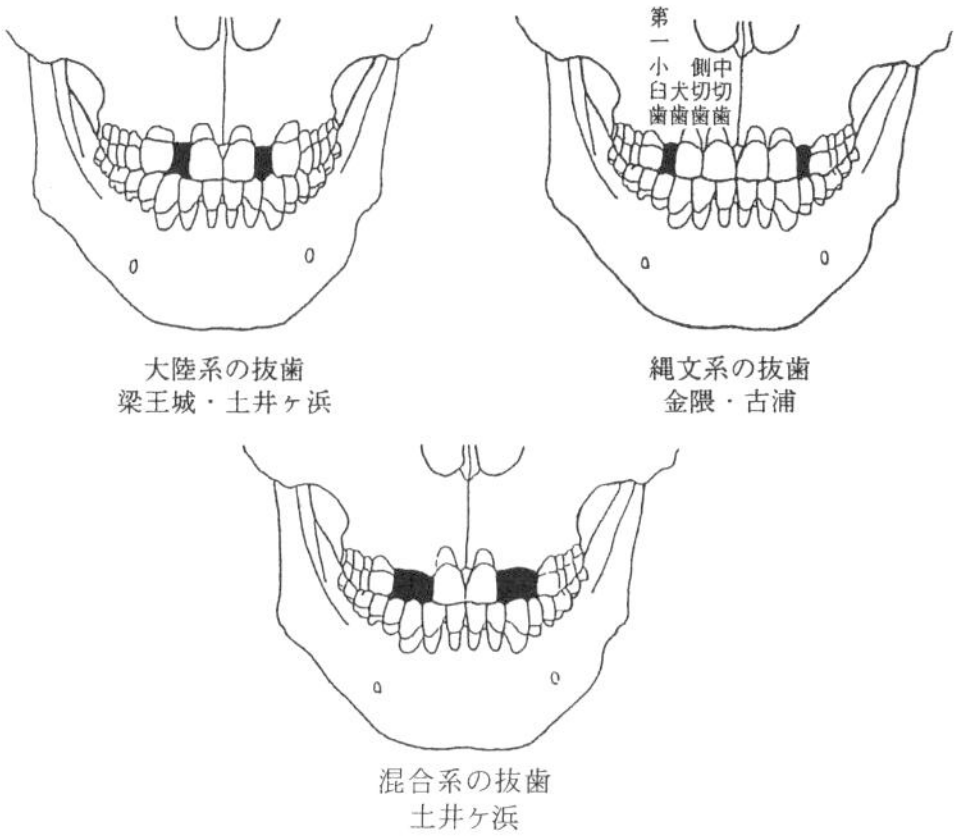

図8　抜歯の系統

図7　主な渡来系人骨の出土地（●）と渡来系弥生人に似た人骨の発見地（○）

前期の年代を古くすると、中国からその風習が伝わってくることが可能になります。そういうこともこの新しい年代から考えられるようになりました。

これまで弥生人、弥生文化は、渡来系の人たちが縄文人と協力しながら新しい文化をつくった、彼らの故郷は朝鮮半島である、ということになっていました。しかし、朝鮮半島には、側切歯を抜く風習はありませんので、どうしても中国からの渡来を想定せざるを得ません。これまでは渡来したのは朝鮮半島からのみと考えていましたが、中国からも来ている可能性がでてきました。日本人のルーツを考える場合でも、この新しい年代を採用することによって新しい解釈が可能になってきたのです。そのほか、新年代効果はあれこれありますけれども、今日はここで終わります。

新しいこどもの福祉と子育て

山陽学園短期大学講師
畑岡　隆

今日は、これからの新しい子どもの福祉と子育てについて、私自身の経験や私なりの考え、あるいはもしかしたら皆さんがご存じないかもしれない知識を含めて、お話ししていきたいと思います。

昭和という時代、平成という現在

ここにお集まりの方の大部分は、おそらく昭和生まれの方だと思います。私は昭和33年に生まれましたから、私が知っている昭和というのは、東京オリンピックのころからはある程度記憶がありますが、昭和の最初の30数年間、つまり半分くらいは直接知っているわけではありません。ただ、一言で言えば、昭和は「激動の時代」だったのではないかと思います。良くも悪くも激動の時代だった、そんな印象が私にはあります。

皆さんは昭和という時代を、どんな時代とイメージされるでしょうか。本学に現在入学してくる学生も皆、昭和生まれです。私の長男は現在中学3年ですが、平成元年生まれです。学生には喜んではもらえないですけれども、長男を例にして学生たちに、あと30~40年すれば、明治生まれの人を「明治生まれ」と言うように、皆さんも私も一緒に「昭和生まれ」と呼ばれる時代がそのうちやってくると話したことがあります。昭和生まれの私たちは、どのように平成の日本を作っているのでしょうか。あるいは、平成生まれの子どもたちに、どんな日本を残そうとしているのでしょうか。昭和が激動の時代だったとすれば、平成はどんな時代に、今なっているのでしょう。

皆さん、平成と呼ばれているこの15年と半年の間を短い言葉で形容するとしたら、どんな言葉が頭に浮かんでくるでしょうか。少し考えてみていただけませんか。

平成はまだ終わったわけではありませんから、もちろん今のところということになりますが、私の答えは「閉塞(へいそく)感」という言葉です。今週の山陽新聞に「閉塞感覚」というように書かれた記事が載っていました。私の場合は「閉塞感」と短くしています。もしかしたら皆さんの中にも同じように感じられた方や、そういう言葉が浮かんだ方もいらっしゃったかもしれないと思います。

今の日本の社会は、ちょうど今日の梅雨空のようにももやとして、閉塞感で覆われているというように、私には感じられます。梅雨の方は、あと1カ月もすれば抜けるような空と海の夏が来てスカッと終わるわけですけれども、平成の梅雨の方は出口が見えないままのような気がします。もやもやと行き詰まった今の日本には、新しい風が必要だという声が多いですし、皆さんの中にも同じように感じている方がきっといらっしゃると思います。ですが、新しい風が吹くようにと、ただ願っているばかりでは、いつまでたっても新しい風は吹かないでしょう。新しい風を吹かせるのが昭和生まれの大人の役割であり、風通しのよい活気のある日本を子どもたちに残す作業は、大人たち自身にとってもその人生を豊かにすることだと、私は考えています。

例えば、経営危機にあった日産は、レバノン人の父親を持ち、ブラジルで生まれ、フランスで高等教育を受けたカルロス・ゴーンによって、新しい風が吹き、会社が立ち直りました。外の手を頼ることも時には必要ですし、また、そのほとんどはお互いの利益にもなります。ただ、今の日本は、いつまでも外の手を待っているわけにはいかないと思いますし、外の手を風が吹く主役として期待することはできないとも思います。

21世紀の福祉と子育てをどう考えるか

それでは、新しい風が吹く、あるいは新しい風を巻き起こすためには何をどのように考え、取り組んでいけばいいのでしょう。今日の演題の「新しいこどもの福祉と子育て」は、それにつながる課題だと私は考えています。これからの子どもの福祉や子育ては、現在と将来の、日本と世界のありのままの姿を基に考え、行動していかなければいけないと思います。頭の中に描かれた夢や、机の上の理想論。それらは無用とは言い切れないでしょうけれども、有害である場合が多く、それをこれからの時代の基礎にしてはいけないと考えています。なぜなら、平成生まれの子どもたちはいずれ大人になり、夢や理想ではなくて、現実の日本の主役になっていかざるを得ないからです。

このときに、今の子どもたちを将来の日本の社会を担えるように育てなければいけない、そう考えると間違ってしまいやすいと、私は考えています。

他人のために生きる時代

かつての「村社会」であれば、それは正しい考え方だったかもしれません。子どもも大人も、自分の人生や自分の一生は、そこから抜け出しては生きられない「村」の運命と直結していたからです。もちろん例外的な人は昔もいたわけですけれども、福祉や子育ての基礎としては、それが良い発想だったのだと思います。けれども今は、どこでどう暮らすかはそれぞれ一人一人の選択の問題になっています。この場所で一生を暮らすようにと人に、自分の子にさえ言うことも、あるいはそれを強制することももうできない時代です。そして、そこの部分を間違うからこそ閉塞感が生まれ、閉塞感が社会を覆い続けているのだと思います。住む場所に限らず、子どもでも大人でも自分の人生は自分のためにあるのです。これまでの福祉や子育ては、「他人のために生きましょう」という面が強調されてきました。ただ、もうその発想は時代に合わなくなっているのだと思います。そして、そこを間違うから閉塞感が生まれているのだと思います。

自分のために生きる時代

他人のために生きることを「利他主義」と呼びますが、そうではなくて、自分のために生きる、その先に他人のために生きるという行動がある。自分の人生を豊かに楽しくするために、他人に手を差し出す。あるいは、その行為は、自分が後で「あのとき、何で手を差し伸べなかったんだろうか」と後悔しないためでもあるかもしれません。私はそれでいいのだと思っています。なぜなら、手を求めている人にとっては、良心的な傍観者よりも、動機はどうであれ、実際に差し出された「手」が役に立つからです。他人のために生きる「利他主義」は、しばしば一方的な思いやりや善意の押しつけにつながります。

『エーミールと探偵たち』あるいは『飛ぶ教室』など、数多くの児童文学作品を残したドイツの作家ケストナーは、次のような詩を残しています。「慈善」という題の、ちくま文庫から出ている『人生処方詩集』の中にある詩をご紹介したいと思います。

◇

―慈善―

彼はたいそう優しい気持ちになった
自分で自分がわからぬくらい
彼はひとつ立派な良いことをしようと決心した
それは樹のせいと彼の投げている影のせいかもしれなかった
彼は妊娠したくなったのかもしれなかった
男には許されぬことだけれど
夜は次第に更けていった
そして庭がだんだん冷えてきた
なぜだか自分にもわからないが
一種の同情で胸が苦しくなってきた
そのとき彼は　一人の男を見た
男は垣根に隠れ、外とうもなしに立っていた
彼は施しの気分で男の手のひらの真ん中に10ペニヒ握らせた
それからそこを歩き出したとき、彼はたいそう高められた気がした
そして　傲然（ごうぜん）と天を仰いだ
神様が手帳へお書きになるだろうと言わんばかりに
しかし、彼が10ペニヒ玉を贈った男は現金が欲しいのではなかった
そして散々彼をぶん殴った
なぜか
彼は乞食ではなかったからだ

エーリッヒ・ケストナー著
『人生処方詩集』（小松太郎訳）から

◇

ケストナー研究者の高橋健二さんは、「詩人は、のほほんときれいごとを言って澄ましてはいられない。精神的に有用であるべきだとケストナーは言っている」と、ケストナーの詩について語っていますけれども、それは福祉や子育てについても同じだと思います。その時代を忘れ、ろくに見もしないで夢や理想を論じていてもしょうがないと思います。この詩集が『抒情的人生処方詩集』という題名で初めて日本で出版されたのは昭和27年ですけれども、現在、村上龍さんの『13歳のハローワーク』が１００万部を超えようとするベストセラーになりつつあります。

「自分のために生きる」というのは、村上さんの

『13歳のハローワーク』のテーマでもあります。そしてそれは、自分だけが良ければいいとか、他人に手を差し出す必要はないとか、そういう意味ではありません。子育てや教育、児童の福祉は、子どもが自分のために生きることができるようなものでなければならない。これからの福祉や子育てについて、私はそう考えています。子どもたちが自分のために生きる、そして大人たちも自分のために生きる。そこで初めて現在の日本を覆っている閉塞感が打ち破られ、日本の社会が豊かになっていくのではないでしょうか。『13歳のハローワーク』が100万部を超えようとするベストセラーになっているのは、若い世代にそういう思いがあるからではないでしょうか。

ただ、今、13歳以下の平成生まれの子どもたちばかりに、新しい風を吹かせることを求めることはいけないと思います。21世紀の福祉や子育てにまず必要なのは、自分のために生きるという姿勢と、それを可能にする環境や条件づくりの実際の行動ではないでしょうか。その姿勢や行動を大人たちが自分から始めるのが出発点だと思います。それと同時に、例えば日産のように、外にいる他者の手を借り、また返していくことも大事だと思います。

国際化と日本の福祉・子育て

そこで、これからの日本の福祉と子育てを、国際化という観点から考えてみたいと思います。まず初めに、ビデオをご覧いただきます。これから見ていただくのは、ＮＨＫスペシャルで放送された「驚異の小宇宙人体Ⅲ　遺伝子3．日本人のルーツを探れ～人類の設計図～」という番組のタイトル部分と、それから後半の終わりに近い部分です。

このビデオは、最近の――最新のと言い換えてもいいと思いますが、遺伝子工学の知識を基に、特に日本人がどこからやってきて、あるいはどういうふうに人類は移動したのかという人類や日本人のルーツを分析したビデオです。ＮＨＫ特集のものですから、比較的分かりやすくなっているので、私も学生に授業で紹介しています。

（ビデオ上映）

遺伝子分析からみた日本人のルーツ

いかがだったでしょうか。国際化は今の日本の大きなテーマとされていますけれども、今ご覧いただいたように、国際化を考えるときに、やはり科学的な前提というのは欠かせないと思います。ビデオの内容を簡単に要約しますと、現在地球上に生存している人類はすべて、「イブ」と名付けられている、これはもちろん、研究者が聖書にならって名付けたわけですけれども、一人のアフリカ人の女性から産まれた子孫であること、それからアフリカから人類の大移動が起こり、その一つの枝が日本人であること、日本人は何度もあちこちから人が流れこんで形成されたこと、さらに本州に住む日本人を遺伝子からみれば、韓国と中国に多いタイプで約半数を占め、日本人固有のタイプはわずか5％にすぎないこと、また様々な条件の上に、それぞれの文化が形成されたということなどが分かると思います。こうした科学的な知見は、それぞれの文化や世界を考えるときに、これからは常識として前提にしなければならないと思います。

遺伝子レベルでみれば、日本人は今さら国際化をしなくても十分に国際化をしている、世界中どの人類でも、先祖をたどっていけば、みんなアフリカにたどり着くということになります。

本学の幼児教育学科で長く教鞭をとられていた稲田和子先生は、昔話の代表的な研究者のお一人です。稲田先生の著書を読むと、日本の昔話とそっくり同じような昔話が、アジアの各地、あるいはアジア以外のほかの地域にも非常によくあることが分かります。そうしたことも今ご覧いただいたビデオから考えれば、不思議なことではないでしょう。ですから、「日本らしい」とかあるいは「日本独自の」と言ったり考えたりする場合には、よほどの注意が必要だということがいえると思います。

英語、教養、宗教—国際化の条件

さて、そうした点に注意を払いながら、国際化とこれからの福祉や子育てを考えてみたいと思います。おいでいただいている皆さんにお尋ねします。「国際化」という言葉を聞いてすぐに頭に浮かぶのは、どんな言葉や単語でしょうか。国際化と聞いて、「英語」あるいは「英語が上手に話せる」という単語や言葉が浮かんだ方がおられたら、ちょっと挙手をお願いいたします。はい、何人かいらっしゃいますね。ありがとうございました。私の場合も、国際化という言葉から浮かぶ単語の一つに、英語があります。英語は、現在世界の共通言語になりつつありますから、国際化と英語が強く結び付いているのは当然といえると思います。では、「国際化イコール英語」と考えて良いのでしょうか。あるいは国際化をする際に最も必要なのは、英語を話せることでしょうか。

ある日、皆さんのお宅に、外国から2人のお客様が来ると考えてください。1人目は、日本から遠く、日本の文化・日本語にも関心がある人が少ないところの、例えば、ビデオで紹介された私たちの先祖が住んでいたアフリカからのお客様です。彼は日本語はまったく話せません。その彼は皆さんのお宅に来て、あいさつをした後、玄関で靴を脱がずに、靴のままどんどん中に入ってしまいました。2人目は、日本のアニメですとか日本の映画・小説に興味があるアメリカからのお客様だとしましょう。彼は日本語をある程度話すことができます。アメリカから来た彼は、皆さんのお宅に来た後、あいさつをして、彼もそのまま靴を脱がずに、どんどん中へ入ってしまいました。「なんだろう、この人は」とより強く感じるのは、アフリカからのお客様でしょうか、2番目のアメリカからのお客様でしょうか。

言葉が話せて文化にも触れている。相手がそう感じれば感じるほど、その文化に合った行動ができて当然だと当然、思われます。英語が上手に話せれば話せるほど、英語圏の行動ができなければなりません。現在は英語が世界の共通言語ですから、その文化が世界の標準です。そこで普通とされている、あるいは当然とされている行動ができなければ、この人は教養のない人だなと思われても仕方ありません。そう感じたときに、わざわざ相手に「あなたは教養がありませんね」と言う人はまずいないですから、そういう相手をどう評価するかというのは、すべて心の中で行われている作業です。英語が堪能になればなるほど、世界で標準とされている文化にふさわしい行動が求められますし、それができない人は、見えないところで人としての評価を下げ、信用を失っていきます。教養というと、例えば『源氏物語』を読んだことがあるとか、日本の歴史を語ることができるとか、そういう面に目が向いてしまいがちですが、もちろんそれは知らないより知っていた方が良いに違いないんですけれども、私が言いたいのはそういう意味での教養ではありません。

作家の柴門ふみさんは、最近の本の中で「世界中の男から教養を無くすと日本の男性になる」と書いています。柴門さんがそこで挙げているのは、例えば女性より先にエレベーターを降りるとか、あるいは女房や娘を敬意を払うべき人格として認めていないということです。ステテコ姿で平気で女房や娘の前でおならをする、相手を敬意を払うべき人格として認めていれば、そんなことはしないはずだ。そういった身の回りの行動としての教養です。私が言いたいのも、柴門さんと同じ意味での教養です。例えば、荷物は男が持つとか、道を歩くときは車道側を男性が歩くとか、そういった教養です。柴門さんは同じ本の中で、中年女性に多い行動として、道をふさいで横一列になって歩くという例を挙げていますが、まさにそういった意味での教養です。日本以外では通用しない行動はしない。それが英語が話せる以前に必要な国際化だと私は思いますし、また、先ほどアフリカからのお客様とアメリカからのお客様の例で示したように、英語が話せれば話せるようになるほど、その行動は相手に眉をひそめさせる結果になっていきます。こういう意味での教養は、小さいころから自然に身に着いている方が楽ですし、だからこそ、これからの保育や子育ての課題だと思います。

もちろんここで、「ステテコ姿で平気で女房や娘の前でおならをできるのが日本の文化だ」と居直ることもできるでしょうし、柴門さん自身も「こたつで寝っころがって、よだれたらして、昼寝できなくなるのはどうかなあ」と自分のこととして書かれており、「日本で私は生涯を終えるしかないかなとも思う」と、その文章を結んでいます。私も同感です。ただ日本が世界の中の一員として、これから手を借り、また、より役に立っていこうとするならば、「郷に入れば郷に従え」ということわざがあるように、世界で通用する教養を身に着けるように意識していかなければならないのではないかと思います。

国際化と子育てについてもう1つ付け加えておきたいのが、宗教という問題です。大部分の国々の、世界のほとんどの人々は、現在何らかの宗教を信じています。私自身は特定の宗派に属さない仏教徒ですが、日本では宗教を持たないこと、つまり無宗教であることを何か偉いことのように思っている人もいるようです。ただ、世界ではほとんどの人が宗教を信じ、それが当然とされていますから、例えば海外旅行に行って、入国審査の用紙に無宗教の欄をチェックすれば、「あれ、なんだろう、この人は」と思われても文句は言えません。神を信じる人からすれば、この人は神さえ信じないのだから、何をするか分からない危ない人、とみなされても仕方がないのが世界の現実です。これもまた、先ほどと同じように心の中での作業の一つです。そのときに「あなたは危ない人ですか」とわざわざ聞く人はいないでしょう。もちろん自分の信念、あるいは自分の思想として無宗教なのであれば、それはその人のあり方として尊重されなければなりません。ただそうした場合を除いて、例えばお正月には初詣に行くというようなことを日ごろしているのであれば、無宗教にはチェックしない方が良いと、学生にはそう話したりしています。

国際化は、英語以前に、自分がどう振る舞い、相手がどのようにそれを心の中で感じるかという問題だと思います。そして、相手がそれをどう感じ受け取っているかをそのつど知ったり、あるいはそのつど変えたりは、実際にはなかなかできません。「変える」ということをするためには、相手の持っている文化への理解や尊重、もちろん相手に説明できるだけの十分な語学力、コミュニケーション能力が必要になるでしょう。この2点―実際には相手がどう感じ受け取るかを、そのつど知ったり変えたりすることはできないという点と、そこから変えようと思えば、文化への理解や尊重だけでなく、語学力やコミュニケーション能力が必要だという点は、これからの子育てや教育を考えるときに、基本に置かなければいけないと思います。

スウェーデンと日本の福祉

次に国際化とこれからの福祉について話を進めてい

きます。最初にまたビデオを時間の関係からその一部だけですが、ご覧いただきます。

（ビデオ上映「スウェーデンの子育て」
こども未来財団、2002）

いかがだったでしょうか。日本の幼稚園、保育所をご存じの方でしたら、だいぶ雰囲気が違うなあとか、あるいは自分のお子さま、お孫さんを頭に浮かべながらご覧になった方もいらっしゃるのではないかと思います。建物の雰囲気や内部の造り、それからその日その日のプログラムの作り方など、日本が「児童福祉法に基づく保育のための施設」という感じが強いのに比べると、スウェーデンの保育所は「子どものおうち」という感じがします。お出掛けとか環境もだいぶ違います。福祉や保育の世界では、「日本の保育もスウェーデンのようにしよう」とか、あるいは「スウェーデンをモデルにしよう」と主張する人も少なくありません。ただ、それは本当に良いことでしょうか。スウェーデンにはスウェーデンの良さがあり、スウェーデンの主張があり、またスウェーデン人に合った福祉や保育を組み立てています。もちろん参考になることもありま す。けれども、そこには日本とは文化も歴史もそれから人の生き方や考え方も、まったくといっていいほど違う部分がたくさんあります。

ビデオでも紹介されていたように、スウェーデンの保育所は、何よりも、子どものためではなくて、働く女性のためにある施設です。だからといって、子どものためにならないことをしているという意味ではありません。目的の第1は、働く女性のためにあるということです。スウェーデンは1～5歳児のいるお母さんのうち、専業主婦は1％、ビデオでそう紹介されていました。ほとんどすべての女性が子どもが小さくても仕事をしている国です。スウェーデン人は自主自律をとても大事にするといわれています。ですから、親子でさえ、その関係は独立した「個人と個人」というふうにスウェーデン人は考えています。スウェーデンで行われたある調査によれば、65～84歳までの高齢者のうち、子どもと一緒に住んでいる人は、わずか4％しかいません。お互いに独立した個人と個人という関係を重んじる国が、こういう保育所を作っているわけです。日本人からみれば、一緒に住まないのが当たり前という大人になったときの親子関係を、冷たいとかよそよそしいと感じる方もいらっしゃるのではないでしょうか。皆さんはどうお感じでしょうか。ただ、別々に住んではいるけれど、頻繁に連絡を取り合ったりお互いの家を訪問し合ったりするのも、スウェーデン人の特色です。

また、ビデオの最後で語られていたように、保育所の役割を、「生涯学習の土台を築く場」と考えることに異論がある方もいらっしゃるかもしれません。生涯学習の一環である公開講座の場でこういうことを言うのはおかしいのかもしれませんが、私は少なくとも保育所は、生涯学習の基礎を築く場というよりも、子ども同士でする遊びを通じて子どもが人として育ち、あるいは「生きているというのはとても素晴らしいことなんだ」ということを実感できるような場であってほしいと思います。もちろんいろんな場所でいろんな環境で子どもは育ちますが、何より子どもは子どもの中で育つ、というのが、私の持論です。

それから、スウェーデンと日本を考えるときに、もう1つ考えなければいけないのは負担の問題です。スウェーデンが高福祉・高負担の国であるのは、ご存じの方も多いと思います。付加価値税、日本でいう消費税は、スウェーデンでは25%です。食料品やホテルなどへの宿泊には軽減税率が適用されますが、食料品や宿泊でも、軽減されても税率は12%です。税金と社会保険など社会保障負担を合わせたものを「国民負担率」と呼びますが、日本の国民負担率が38%前後なのに対して、スウェーデンの場合は、それが75%にも達します。分かりやすく言ってしまえば、収入のうち75%は、税と社会保障料として国や自治体が預かるというのがスウェーデンの感覚です。日本は「取られる」ですけれども、スウェーデンの場合は「預ける」という感覚といわれます。実際には38対75という、そこまでの差はないと研究者は言っていますが、平均すると自分の手取りのうち3分の1ぐらいしか自分が使えないのがスウェーデンです。スウェーデンが良いとか、日本をスウェーデンにした方が良くなるという人は、まずその財源となる税や社会保険料、例えば消費税を、スウェーデン並みに25%に引きあげようという運動を始めるのが現実的ではないかと思います。そんなことが日本で可能でしょうか。お金がなければ施設を作ることも人を雇うこともできないのは、言うまでもありません。

ビデオの中で、保育士さんが、スウェーデンで最も大切にしている価値観は、自分で考え自分で決めていくことだと話していました。日本の保育所をスウェーデンのようにという夢を語ったり、保育の理想がスウェーデンにあると論じたりするよりも、私は見習うなら、スウェーデン人の「自分で考え自分で決めていく」点を見習うべきだと思います。私の大学時代の恩師は、ストックホルム大学の客員教授を務めたこともある政治学者ですけれども、恩師から、「日本をスウェーデンのようにすれば良くなる」と聞いたことは、一度もありません。国際化の中で、日本人は日本人に合った子育てを、日本は日本に合った保育や福祉のシステムを、自らの手で作っていくしかないと思います。もちろんそのときに外の手を借りることは必要ですし、また返すことも必要です。そうしてお互いの利益は拡大していく、それが相互協力、あるいは相互依存という今の国際関係の基本です。他人のために生きるように主張しながら、スウェーデンからはもらってばかりという人が意外に多いのが、私には不思議でたまりません。日本の保育がスウェーデンと同じに、あるいは日本人がスウェーデン人のように生きるのは本当に楽しく、幸せなのでしょうか。世界の人は、日本人がスウェーデン人になるのを望んだり、あるいはそれが日本が世界に貢献することになると考えているでしょうか。私はそう思いません。

私が、日本あるいは日本人に合ったという観点から取り組んでいるのが、「唯識」という仏教の考え方です。仏教は日本人に最もなじみが深く、また排他的なところが少なく、日本の文化や福祉の基礎や基盤となってきました。もちろん、宗教と科学は同じものではありません。社会福祉を現代に合わせた、あるいは社会福祉を科学としてより効果的で効率的にしていくために、仏教の「唯識」という思想を生かすことができるのではないかと考えています。そしてそれが現代の閉塞感に穴を開け、福祉や子育てにも閉塞感はあると思いますから、これからの福祉や子育ての風の一つになれば良いと思っています。

「みんな、なかよく」を考え直して

残り時間が少なくなってきましたが、最後のテーマは「みんな、なかよく」という、日本に根強い思想を考え直すことを取り上げたいと思います。

「みんな、なかよく」という考え方は、とても日本になじみが深い考え方です。日本に伝わってきた仏教が大乗仏教だったのは、皆さんもご存じだと思います。大乗仏教を簡単にいえば、大きな乗り物に一緒に乗って豊かな人も貧しい人もみんなが一緒に救われることを目指す思想です。その、一つの大きな乗り物、船に乗ってという思想は、島国であり、また内部では「村」を生活の基本単位としていた日本には、とても適していた思想だったのだと思います。そして、その大乗仏教の「みんな、なかよく」につながる思想は、宗教という次元を離れて、日本人の考えや行動の底流になっていると思います。日本人の大部分が農民だった昭和初期まで、あるいは戦後、会社が村に置き換わった高度成長期、そこまではその思想はとても日本に適していた思想だったと思います。戦後しばらくの間、会社はかつての村のように一度入ったら定年までいるのが普通で、またそれで安心できた。会社が村に代わる運命共同体であり、右肩上がりの経済の中ではそれで良かった時代だったのです。

しかし、ご存知のように、今は、働く場として、会社を運命共同体にすることはできない時代です。また、日本という国も、みんなで仲良く、みんなで我慢して、いい時を待とうという行動様式で、行き詰まってしまっています。大乗仏教でいう乗り物を船に例えれば、国と地方を合わせて国民１人あたり６００万円を超える長期債務、財政赤字を抱えて一緒に船に乗っている、いわば泥船です。みんなで仲良くすれば、あるいはみんなで仲良くすることが自分の人生や運命を良くすることにつながった時代は、もう終わったのだと思います。あるいはみんなで我慢し合うことが自分の利益に直結する時代は、もう終わったのだと思います。昨年「世界に一つだけの花」という曲がとてもヒットしました。そのメッセージにもあるように、いろんな色がいろいろあるのが、これからの人生を豊かにするキーワードだと思います。結果としてみんな仲良くしているのは、とても素晴らしいことです。ただ、「みんな、なかよく」を目標として設定してはいけない時代になったのだと、私は思います。

「なかよく」から「生き心地よく」

今年の3月に卒業した私が担当したクラスは、「仲がいいですね」と、他の先生から言われることがありました。学生たちの何人かに、「他の先生がD組は仲がいいですね、と言っていただいた」と話したことがあります。そうすると、「うちのクラスは仲がいいのかなあ？」という返事が返ってきました。確かに外からみれば仲が良いクラスだったかもしれません。例えば、卒業前の2月にクラスでバスを1台借り切って、日帰りでユニバーサルスタジオに行ってきました。とても楽しい1日を過ごせて私もうれしかったことを、よく覚えています。でも私からみても、みんな「なかよく」というクラスではなかったのです。ではどういうクラスだったかというと、みんな「居心地がいい」クラスだったのです。

これから日本の閉塞感を打ち破り、あるいは新しい日本を作っていくポイントは、みんな仲良くすることではなくて、みんなが居心地良い、生きていて心地良い社会をつくっていくことではないかと私は考えています。人には誰でも好きな人もいれば、反対に苦手な人、嫌な人、嫌いな人、相性が合わない人、ある人には許せるけれども私にはどうしても許せない欠点がある人にはあると感じてしまう人、そういう人がどうしても周りにいると思います。そういう人間のそのままの部分を大切にしていくような社会が、これからはとても必要だと思います。無理に嫌な者同士、嫌いな者同士を仲良くさせようとするのは、今の日本では間違っているんじゃないかと思います。

できる限り、人のありのままで

私は、岡山に単身赴任して2年と数カ月になりますが、岡山に来て「ああそうだったのか」と思ったことが1つあります。それを今日の結びにしたいと思います。

私が知っている桃太郎という話は、桃太郎が鬼ケ島へ鬼退治に行く話ですが、それをとても省略した内容のものでした。先ほどご紹介した稲田和子先生が編者の一人である『日本昔話百選』という本を読んだときに、「ああ、桃太郎というのは本当は面白い話なんだ」と思いました。私の知っている桃太郎は、桃から桃太郎が生まれて、犬・猿・キジを連れて鬼ケ島に行って鬼をやっつけてくるという、ただそれだけの話だったからです。でもこの岡山県の川上郡や阿哲郡に伝わる桃太郎は、私が知っている桃太郎とは違う部分が何点もありました。時間がありませんので、3つここでは紹介したいと思います。

まず1つは、川の上の方から大きな桃が流れてくる場面です。私の知っている桃太郎の話は、その桃をおばあさんは拾って家に持って帰っていきます。ところが、岡山の川上郡などに伝わる桃太郎は違います。大きな桃が川の上から流れてきたときに、おばあさんはそれを食べてしまいます、その場で。そして、ああおいしかったと思ったときに、ああこれはじいさんにも食べさせてやりたいなって思うんですね、おばあさんが。で、もう1個流れてきたらいいなと思っていると、桃太郎の入った桃がどんぶらこどんぶらこと流れてくるんです。私は、ともかくおいしい物があったら、まず自分が食べてしまうという部分が、それからそのあとにおじいさんのことを思い出して、おじいさんにも食べさせてやりたいなっていう部分が、知ったときにとても好きになりました。

それから、犬と猿とキジに出会う場面も、私が知っていたものとは違っていました。きびだんごを1つくださいなと言います。そのとき、桃太郎はこう答えます。「1つはどうなん、半分やる」。1個はあげられない、半分だったらいい。そうやって3匹を連れていきますから、桃太郎は1・5個食べます。犬・猿・キジは0・5個ずつ食べます。そのへんも何かとても自然な気がします。なぜかというと、おばあさんはきびだんごを3つしか作らなかったんです。ですから1つずつやってしまうと、桃太郎は食べれなくなってしまいます。桃太郎が主人公ですから、全体の半分、1・5個食べてよいのではないでしょうか。

3つ目は最後の場面です。鬼退治をすると、鬼がもう悪いことはしないから許してくれと言います。桃太郎はこう答えます。「よし、こらえた」。この感じも私はなんかとても好きです。「そして、桃太郎は鬼を許してやり、宝物を車に積んで、犬や猿やキジやみんなで、エンヤエンヤと車を引っ張ったり、後を押したりして、じいさんとばあさんが待っとる家へ戻ったそうな…」という、この結末も私はとても大好きです。今一般に売られている桃太郎の絵本の中には、都へ行って貧しい人たちに宝物を分けたり、あるいは謝ったからといって宝物を置いてきたりするように作り替えられているお話もあるようです。私はそういう安易な改作者の価値観による文化の作り替えは嫌いです。

私が、それぞれがそれぞれの器で居心地が良ければそれでいいと思うのも、こういった理由からです。宝物を村に持ち帰るのは悪いことなんでしょうか。福祉や保育の世界には、お金を儲けることが悪いと考えている人がいます。お金はなるべくなくて生きるのがよい生き方という考え方です。でもそれは本当なんでしょうか。自分のために生きるためにお金は必要ですし、お金をたくさん稼ぐのは悪いはずはないと思います。今、日本の知的障害者施設や作業所の改革を進めている小倉さんという方がいます。小倉さんは、皆さんもクロネコヤマトとしてご存じだと思いますが、宅急便というシステム、ヤマト運輸を1人でつくり上げた方です。小倉さんはヤマト運輸をつくった創業者利益の大部分を投入して、福祉財団をつくり、その資金を基に知的障害者の作業所や施設の経営を改革する活動を続けています。見方を変えれば、知的障害者施設は福祉とは無縁だった人、いわば外の手を借りて改革が試みられています。私が今日主張してきた「自分のために生きること、その先に、他人のために生きることがあるのではないか」というのは、そういうことを皆さんに、お伝えしたかったからです。

ご静聴、ありがとうございました。

『女の新聞』を創った岡山の女性たち

―祖母・母・私へ繋がるいのち―

女性史研究家
藤田えり子

はじめに

今から13年くらい前になるのですけど、岡山でかつて昭和33年から10年間、女たちの手で新聞が発行されていたということを知りました。その新聞にまつわる様々な偶然や出会いがあり、そして実物を手にしたときに、本当に素晴らしい女性たちの思いが伝わってきて、これをこのまま無くしては私自身がどうしても許せないという全く個人的な思いで、その新聞を復刻版にしました。

　昭和33年という時代は、私でいうと7歳から17歳、皆さんは何歳ぐらいでしたでしょうか。まだ生まれていない人もいらっしゃると思いますが、この新聞の10年間にあったいろいろなことに触れるにつれ、自分の時代、過去の時代を再発見することができました。と同時に、この新聞の中には実は現在のことがいっぱいあって、本当に新しいのです。そのとき、私はこの新聞がどれほどの価値があるのだとか、社会的にどうなんだろうなんてことは考えていませんでした。ただ私自身が「これは素晴らしい」と思ったのです。この新聞、実物を皆さんに回しますので見てください。

『女の新聞』復刻版

　今日のお話では「私らが吉備の女」を強調したいと思います。これは永瀬清子さんの新聞の題、テーマなのです。永瀬清子さんが、高村光太郎さんたちと詩を作っているころに、高村光太郎から「東北では老人が縮こまって小さくなって暮らしている」という話を聞きました。永瀬さんは、「岡山ではそんなことはない。年寄りもちゃんと自分の意見を言う」と言ったそうです。でも、縮こまらないで自分の発言ができるということは、受け止めてくれる周囲がいるということです。

　なぜ自分たちが『女の新聞』を作ったかということを書いた最後に、永瀬さんが「去年、藤田えり子さんが素晴らしい復刻版を作ってくれて大変うれしい。彼女も確かに吉備の女としての一人なのだ」と言ってくれたのです。新聞を作った杉山千代さんという素晴らしい先輩を懐かしむと同時に、同じく吉備の女として私たちがこの社会を今も明るくしていきたい。ここにいらっしゃる女性たち、みんな吉備の女だなあと。岡山の女性と言うのもいいけど、吉備の女、吉備の人と言うのもとても素敵かなと思うし、男の方たちも、吉備の女もまんざらではないなというふうに—。今日はそういう女性たちのことを1人でも感じてくださるようにお話しできたらと思います。

その導入といいますか、5分間のビデオなのですが、『女の新聞』の当時を伝えているものがあります。画質が悪くて、この新聞と同じように幻になりかかったビデオなのですけど、どんな場所で、どんな女たちが、どんな思いでこの新聞を作ったかということが分かるので、それを一緒にご覧になってください。

（ビデオ鑑賞）

この『女の新聞』のことをご存じだという方、もしいらっしゃいましたら手をあげてみてください。1人、2人…。そういう2人に今日お会いできてうれしいです。去年、石井十次の映画を撮った山田火砂子さんという女性監督が、「今の若い子たちは地べたに座って、電車の中でも化粧をして、一体どういうことだ。親たちはなぜ怒らないのだろうか。だから石井十次なのです。私は世直しのために石井十次の映画を作るのです」とおっしゃっていましたが、身近な素晴らしいものに出合わないなんて、何てもったいないんだろう。私もこんな時代だからこそ、『女の新聞』の素晴らしさや、その当時の女の人たちをもっとたくさんの人に知ってほしいなと、ずっと思ってきました。

『女の新聞』との出合い

私がなぜこの『女の新聞』の存在に出合ってきたかということも、ちょっとお話をしたいと思います。高校ぐらいまでに習った歴史は、本当に受験のために年代を覚えるみたいで、その事柄が私の今の日常とかかわっているというような実感も興味もないままに、現代分野も時間切れであまり学ばないままに大人になったような気がします。歴史というのはヒストリー、ヒズ・ストーリーだなと。権力者側の歴史だなと。そこに埋もれている女の人たちの声だとか、声にならない声は、資料にならなければ記録されないわけです。歴史実証という研究者の立場、それが主流だったと思います。確かに資料で裏付けをしていくということもとても大事な仕事だと思うけれども、私はできれば、声にならない、この世にいっぱい残っている思いを受け止めて生きていきたいと思っていました。

なぜ自分がそう思ったか。今から27年ぐらい前に、それまで東京で働いていたのですけど、学生やＯＬを伸び伸びとやって、いわゆる跡取りの嫁としてお嫁にきました。その生活の中で、今まで感じたことのない、何て自分は地位が低いというか、身分が低いのかと。そのことがとても理解できなかったのです。でも、その土地ではそれが普通で、女の人たちはみんなそういうふうな思いに耐えてきた。だから、私もそれに耐えなくてはいけないと、自分にも言い聞かせながら生きていたんです。お風呂が一番最後だとか、朝は一番早く起きるとか。最初に女の子が産まれたら、「がっかりした」とほかの人から伝わってきたり、あるいはお祝いを持ってきてくれた人に対して、「もう、えりちゃんには男が産まれるまで何人も産んでもらうんじゃ」と明るく言っているのです。別に悪気があるのではなくて、それが当たり前だったのです。

最初の女の子のときの出産もあんまり主体性を持てませんでした。近所の小さな産婦人科で、陣痛もないのに陣痛促進の点滴を打ってお産しました。それが悪かったのかどうか、すごい出血多量になって、輸血をするんだけども血液がなくて、救急車で日赤から血液が運ばれて。3週間ぐらい入院してから、夜も泣いてばっかりいる赤ちゃんを抱っこして、やっとの思いで帰宅したんです。そこで私を待っていた光景が、トラックから大根がいっぱい降ろされて、作業員のおばさんが大根を洗って、一斗樽というか、こんな大きな樽に2つ3つたくあんを漬けている。それが11月。私の妊娠、出産、そんなことにかかわりなく、その家の日常とか行事というのはつつがなくやっていかなくてはいけない。だから、「産後であろうが、そういうことは身につけてもらわなければ困るんだよ」ということなのでしょう。とにかく漬物石がこんな大きいわけですから、私はあれをどうやって持てるんだと、腰が抜けそうだと思ったのです。

そして、だんだん近隣の人や遠い親せきやらが出入りして、いつも私に同情の目が。友情とか愛情は欲しいけど、あんまり同情というのは気持ちよくない。でも、そのときはすごくうれしかった。「あんたも私と一緒じゃ、遠いところから来て辛抱しているなあ」ということをよく言われたし、その方たち、母の代の人たちというのは、おむつも川で洗っていたのですって。お嫁さん同士が畑に行って、愚痴を言い合うのが唯一の楽しみで、家から砂糖を少し持っていっては、わき水か何かに溶かして、それを飲んで2人で愚痴を言うのが何よりも楽しみだった。でも、帰ってきたら砂糖つぼに栓がしてあって、おしゅうとさんが線を引いていたというような話だとか。あるいは、たらいで洗濯をしていたら、娘はぼんぼんそこに自分の汚れ物を入れる。つまり、嫁と娘と随分扱いが違うというような話をみんなしてくれるのです。また、坂の下のお店のお嫁さんは、おしゅうとめさんがきつくて池に身を投げたと。そういうのをいろいろと聞いていくうちに、「ここは女たちの悲しみのるつぼだ」と思ったのです。それで、私もそれに耐えていかなくてはいけないと思いつつ、一方では「いやこの不条理を私は絶対次の世代には渡さない」と思ったのです。耐えることが良くないということではなくて、みんながずっと過去にしてきたことだから、それをそのままあなたもするのよ、というふうに後の世代の人に私は言いたくないなあと思って。ここは家族制度といって本当に身動きできないところだけども、私にとっては大学だと思うようにしたのです。いろんなことが不思議で、いろんなことを考えなければいけない、そこで学ばないと私は生きていけないと思ったのです。

私の家は、すぐ近くの坂の下におばあちゃんがいて、そのおばあちゃんにご飯をいつも運んでいました。だんだん年を取っていくにつれて一人暮らしが大変になったから、うちで一緒に部屋を改造して5年間住んだのです。夫の母はとっても苦労して、49歳で亡くなって、父は50代でまだ元気だったのですが糖尿病があって、それからどんどん合併症を併発していく。そして、やがて私に女の子が産まれて、男の子も産まれて。夫の妹が結婚もまだで一緒に住んでいたので、一時は4世代同居住宅だったのです。そこに絶え間ない来客があって、泊まり客があって、そういう中での子育てだったのです。そんな身動きできない自分が、そこでどうして生きてきたかというと、毎日毎日本を読んで。明治、大正デモクラシーの女の人たちの本を毎日1冊以上は読まずにはいられない。そして、そういう時代に、私よりももっともっと厳しい時代だったのに、すごく自分らしく貫いて、それこそ恋にも命をかけるような生き方をして、もう素敵だなあと——。

岡本かの子の本なんか、読んだ後2、3日はもうろうとなるぐらいものすごく衝撃的でした。そういう素敵な女たちと何人も出会っていって…。しかし彼女たちは、鹿鳴館以後ですから、どちらかというと西洋に目が向いていた人たちです。

『サンダカン八番娼館』というのを書いた山崎朋子さんは、アジアに目を向けています。底辺を生きなければならなかったボルネオというところに、12~13歳で女衒(ぜげん)という職業の人に船に乗せられ、性の仕事をする女性の一生を書いたのです。その姿勢というか、その歴史の学び方にものすごく感銘を受けました。たった4千円の仕送りの貧しい暮らしの中で、元娼婦というのか、そういう職業をしていた〈サキ〉さんは、実に崇高な美しい心を持っていました。山崎さんだからそれを引き出せたのでしょう。ムカデが巣くっている畳、へこむようなじめじめした畳に敷いてくれる布団は、ボルネオ綿といって、ボルネオから持ち帰った布団なのです。現地で仕事のためにどれほどの人が寝たかも分からないような布団。それに山崎さんは3週間も寝ました。天井からクモの糸が1メートルもつり下がっていて、トイレも台所もない。〈サキ〉さんは、そういう悲惨な一生を送って、最期がもっと悲惨なのです。でも、そういう人の心が、本当に泥沼に咲くハスの花のように私には思えたし、山崎さんの聞き取り、聞き書きという仕事の素晴らしさをとても尊敬しました。

ほかにも沢地さんの『妻たちの二・二六事件』といった、妻側から見た歴史という本を読みました。それから『近代岡山の女性たち』、岡山の女性グループによる岡山の女性たちの歴史に触れました。そこで福田英子や清水紫琴、炭谷小梅、上代淑さんなど、岡山にもいろんな素晴らしい宗教家だとか女性がいるのだなあということに目が向いてきました。ただただ読むだけでも自分の表現というものが高まってきて、表現したくてしょうがない。だけど、どこにもするところがない。私は全然社会とつながってない。社会とは遠いところにいる。私の仕事は、やったことは当たり前で、できないことは怒られるという割が合わない仕事で、ここの家族制度という大学で学んだことを、私はやっぱり何かに表現したいという気持ちが強くなっていったのです。

そんなとき、よくはがき1枚、ファクス、手紙という形で、新聞社だとか東京のラジオ局だとかに、投稿をしていました。その人々が誰も私を無視しないで、その後みんなこの『女の新聞』の仕事を一緒に作ってくれたというか、協力してくれました。実現に力を貸してくれた人たちになるのです。

復刻版の作成に至るまで

この『女の新聞』につながる最初のきっかけは、「麦の会」という5人の女性です。この中の入江延子という人が一番若くて、下の写真は一番右が杉山千代、このとき60代。その隣が入江延子30代。その隣の松島杜美、染色家、この人が50代。その隣の中垣智津さんが40代。それで永瀬さんが50代という、年代も様々な女が集まって「麦の会」という会を開き、月1回持ち回りでご飯を食べながら談論風発していたのです。

この中の入江延子という方の『フユノガング』という本を29歳のときに読みました。岡山には何て素晴らしい女性の文学があるんだろうとすごく感動して、その出典に「女人随筆」という文字があったのです。岡山には何か女性の文学の流れがあって、その向こうにはすごく豊かな源泉があるのではないかなあと思いました。そして私が34歳ぐらいのときに、入江延子さんが朝日のカルチャーセンターで随筆講座の先生になられたのです。私は絶対会いに行きた

「麦の会」5人の女たち（杉山家座敷にて）
右から、杉山千代（1888年〜1969年）入江延子（1920年〜）松島杜美（1903年〜1993年）中垣智津（1911年〜1983年）永瀬清子（1906年〜1995年）

いと思い、本当は父の病気が重いし、そういう自由な時間はなかったんだけど、でも入江延子さんに会いたいと言って会ったんです。だけど、皆さん高齢化して、新聞そのものなんてどこにいってしまったか分からないのです。一人の方が大事に保存していたと聞いてそこへ行くと、痴呆になったために、それがごみになっていただとか。一番肝心な入江延子さんは、この中で100枚の「福田英子」という小説を書いていて、新聞が無くなったら「福田英子」の小説は幻になってしまう。それをある芝居の集団の人が脚本に使いたいと言って、持って回ってそのまま無くなったと…。

あるとき、服部佐喜子さんという私にとって母のような女性、その方は東京女子大の岡山同窓会支部長で蕃山町教会のクリスチャンでもあったのですが、杉山善子さんが同じ教会にいらっしゃるから、聞いてみてあげると。ある日突然電話がかかってきて「えりちゃん、杉山さんのところにあるらしい」というすごい情報をくれまして、それで杉山さんを訪ねて、行李（こうり）の中に入った新聞を手にしたのです。本当に10年分は重い。下の方は虫が食っているし、黄色いし、穴が開いているし。でも、これがこのまま無くなるのは、もう絶対それは許せない。

そのとき私は、夫の父が危篤だったので、本当はそれに手をつける時間などなく手の離せない状態でしたが、1日だけ時間をくださいとお願いしました。そうすれば、この新聞を図書館で1日がかりでコピーして何とか残せる、それが最初だったのです。でも図書館にそれがあっても、誰が見に行ってくれるだろうって思って。20代、30代で私が家族の中で学んだこと、それから次の人たちに伝えたいこと、私のすべてを、今までの思いのすべてを込めて、復刻版を作ろうと決意したのです。

でも、こういう仕事は仲間たちと一緒にやるという量だと思うのですが、その時代の私の友人たちも嫁以外の仕事に時間を使える人はいなかったし、結局1人でやらなければいけない。何で「やらなければいけない」という責任が出てきたかというと、先ほど言ったように、毎日新聞の支局長さんだったり、いろんな方が新聞に書いてくれてしまったのです。備前市の主婦が『女の新聞』の復刻版を計画していると。新聞に書かれたということは、これは社会が私にこの仕事をやれということだな、これにこたえなくてはいけないと思ったのです。

はじめは、入江延子さんって人の才能にほれてしまって、入江延子さんの活動を紹介したいという入り口だったのですが、この仕事をやるにつけては、永瀬清子さんは本当に心の支えというか、有形無形の力をくださったなと思いました。永瀬さんには、「こういう気持ちでこういうことをしたいと思っている」と電話や手紙で言ったときに、「実は私もそれをしたいと思って見積もりをとったが、今はちょっと時間がない。ついては、あんたにそれを頑張ってもらいたい」とはがきを1枚くださって。全部で10通手紙などをくださったのですが、その中に「少数の熱愛者が、古典を作るとの言葉があります。あなたのような熱心な方が、こうした記事を新聞に書かせたことに感謝しています。あなたがどうか熱愛者として働いてくださいますようお願いします」というふうな手紙もくださったのです。

永瀬さんが、本当にどこの誰か分からない、まだまだ若い30代の私に、全面的に信頼というか、そういう気持ちを示してくださったということが本当にうれしくて、身が引き締まる思いがしました。と同時に、永瀬さん、入江延子さんは母世代なのですが、まだその上に祖母の世代の杉山千代さん―この人の自伝やいろんなものに私はぐいぐい引き込まれて、いつも心の中に杉山千代さんが生きていて。それは今もそうなのですが―そんな祖母の世代の杉山千代さんのことまで私が扱うことによって、少しでも人間性や品性が低くなるようなことをしてはならないと思って大変緊張しました。私に一体1人でできるだろうかと思いながら、片方では危篤の夫の父の看病があって…。だから枕元で書いたのです。この後書きや前書き、このために使ったのはたった2日で、ほとんど何かやりながらで、今思えばよくあんな時間でできたんだなあと思います。あのときだから、これだけの人たちからも原稿をもらえたり、そういう時をとらえたんだなって。今はもう亡くなった方ばっかりになって、本当に人生は早いものです。自分も50過ぎ。これを作ったときは39で、もう13年もたったのです。だから、そのときにできることは、清水の舞台から飛び降りてでもしないと、人生はどんどん流れていってしまう。

本当に個人的な私の思いから出来上がった復刻版を、ありがたいことに、いろんな方が必要としてくださいました。これを作るのにはお金も要るし、才能や労力とかも要るんだけど、まずはどうやってお金を作ろうかと悩みました。そして、私は杉山千代の一生を50枚で書いて吉備の国文学賞に応募したのです。入江延子さんのところにも行って読んでもらいました。そしたら、「千代さんてこういう人だったんだ、面白かった。これいけるかもしれんよ」と言われたけどいけませんでした。お金はダメでした。

でも、夫も、私が泣いて訴えましたから、「そこまで言うんならやればいい」と言ってくれて。出版社ものときは知らないから、いきなり印刷所に新聞を持って行くと、印刷屋さんはただファイルの表紙のような厚紙を付けてきただけで美しくも何ともない。私はこんなのを望んでいない。私のセンスというか、私のイメージ、『女の新聞』の女たちのあのセンス、この精神、いろんなものに合うものをしたいということで、着物の小紋柄を下に散らして、赤い和紙、紫とか、私の好きなイメージで仕上げて、夫が金の文字を入れてくれました。ということで、この新聞は売れるものではないし、絶対に売れないと思ったけど、今後の人生の投資と思ったのです。もうこれ以後、ブランド品も興味ないし、宝石とかも要らないから、私はこれを今手に掛けるんだみたいに。千部が家にトラックで届いたときには、家の部屋の半分が埋まった上にこんなにうず高く山になって、「何も分からなくて千部なんて言ったけど、これをどう切り崩せるの」って一瞬思いました。普通の本と違って重いですし。ですが、もう今は何と70部しか残っていない。本当に信じられないです。『女の新聞』というのは、縁の人のところに行く本なのです。売れる本ではないんだけど、毎年誰かを連れて来るし、誰かのところへ行く。毎年新しい物語が生まれてきて、私はこのおかげで人生が本当に楽しくて、いろんな人にお会いしました。

「麦の会」の中垣智津という女性。この人だけは縁がなかったというか、生年月日やいろんなことが何も分からないままでした。創刊当初のころは、本当によく頑張られた方なのですが、ご主人が亡くなられて、

創刊当時の様子
右から杉山千代、入江延子、中垣智津

3人の子どもさんを育てるためにすぐやめられたということで、亡くなったのも一番早かったりして、この中垣さんについてはあまり知らなかったのです。そしたら今朝お手紙が来ました。67歳と63歳の娘さんが、茨城県の牛久というところに住んでおられて、その住所を私は最近、大重さんという方から聞いて、これをプレゼントしたのです。そしたら「母の物はすべてもう無くなっていて、これが唯一の形見。聡明だった母のことが分かって本当にうれしいです」と、手紙と中垣智津さんの作品が届いたのです。中垣さんは絵が上手な方で、晩年は病気でよく入院していてこういう絵を描かれたそうで、やっぱりこの方もクリスチャンで蕃山町教会の会員の方だったのですけれど、こうして今朝届いたのです。

私は、復刻版を出版して1年目に感想を書いているのですが、最後の方で『女の新聞』の物語はずっと続いていくみたいなことを予言しているのです。女たちの縁はずっとつながっていくだろうと。それを千代さんがとても望んでいたから。そしたら本当にその通りで、39歳だった私ももう50代になって、その当時の人たちもどんどんお年を召していく中でも、毎年本当に不思議にこのような再会、再発見、出会いがあるのです。だから、人間というのは、思っていても何か表現しない限りは誰とも会えない。いろんなことを思っていても伝えないと出会えない。どんな形であっても、その人なりの方法で表現するということが自己実現につながるな。いろんな家族制度で女性たちが役割

終刊当時のメンバー（杉山家の庭にて）
（前列右から）杉山千代、水戸政子、入江延子、（中列）中野恭子、（後列右から）大重千寿子、永瀬清子、中垣智津

に追われて、いいお母さんだとかいい妻だとかと言われるだけで、女の人はあんまり満足していない。本当の自分の生の実感は、やっぱり自分の心の中から出てきた思いを自分の足で歩いて、行動して、実現することだなとつくづく思っているのです。

『女の新聞』の内容は、どこを開いてもやっぱり再発見、出会い、再会なのです。本当にさっきも言ったみたいに、ああこの当時こうだったなと。パンが1個10円ですから、まだ新聞よりパンを選ぶ人の方が多かった時代—。鍋底景気といわれた、いわゆる化学繊維が台頭してきて繊維が不況になった時代。戦後たった13年ですから。灰になったところからたった13年で、洗濯機だとか冷蔵庫、テレビが出てきて、街頭テレビからテレビになって、プロレスだとかそんな時代で。売春防止法全面施行という、これはこの『女の新聞』が出るにふさわしく素晴らしいことかなと思うんだけれども。日清のチキンラーメンというお湯をかけるインスタントラーメンが1袋30円の時代、つまり、即席時代の始まりです。それからフラフープだとか、抱っこちゃんとか、そんなときだったと思います。

「女の新聞」創刊
昭和33年のころ
- パンが1個10円
  新聞代は20円
- 鍋底景気、繊維不況
- 売春防止法全面施行
- テレビ時代のはじまり
- 「チキンラーメン」発売
- フラフープ流行

創始者、杉山千代の人生

私は、永瀬清子さんとのつながりや出会い、いろんな思い出もあるけれども、永瀬さんについては皆さんの方がよくご存じだったり、詩集も本もいっぱいあるし、研究者もたくさんいらっしゃるので、今日はできればこの杉山千代という「ひとりの女性（わたし）」にぜひぜひ出会っていただきたいと思うのです。読んでやってもいいよという方に限り、その一生を書いた冊子をプレゼントしますから読んでください。あまり押し付けても何か拷問のようで悪いので、もし杉山千代ってどういう人だろうと思われたら、どうぞ読んでください。39歳のときに、取材する時間も材料もないままに書いたのですけど、杉山千代さんとともに私は今も生きている、というぐらい、もしかしたら家族より縁が深いのかなというぐらい今でも好きなのです。

千代さんという一人の女性が、どうしてこのような社会的な実現をしたか。杉山千代さんは、稲岡峰四郎さんとたみさんの間に生まれた娘さんです。夫の杉山栄は、杉山幹一という県会議員で村長だった人と、美加というお母さんのもとに三男として生まれます。稲岡峰四郎さんは数学教師だそうです。でも、千代は8歳のとき母が32で死にます。継母よねさんが来るのです。それで10歳のときに弟が生まれるんだけども、13歳のときには父も40歳で亡くなります。さらに15のときには継母のよねも亡くなります。それで、4歳の弟とたった2人残されて、別々の親せきで育てられるのです。千代は親せきの援助を受けて女子師範というところに行くんだけども、上意下達な師範になじめず、やめたいと思いながらも我慢して師範に行き、林野の小学校に就職しました。でもやっぱり上京したい、東京で勉強したいということで、二松学舎だとか国語伝習所というところで勉強して、昼は白百合といったか東洋英和といったか、また両国の方の下町と山の手の女学校を掛け持ちして、授業中眠くなると体をいすの背中にくくり付けて勉強して働いて。それで中等教員の免許に素晴らしい成績で通ったのです。そのように生活力をつけないと弟が困るでしょう。弟さんのために東大へ学資を出し、しかも司法試験にすぐ合格したのに結核で失うのです。もう天涯孤独。そういう逆縁や家族運のない人で、本当に千代さんはこのときどん

杉山千代

杉山千代が残した言葉

・女が井戸端会議で
もっと政治や社会の話を
するようになったら
素晴らしいじゃないですか

・女たちよ！　社会に目を向け
発言し行動を起こそう！

・こんなに話し合っていても
誰も記録しないで
他の人の役に立っていないから
新聞を出して
みんなに読んでもらおう。
少しの損はかまわん。

なにつらかったんだろうという思いが伝わる、そういう表現がたくさんあるのです。

でも、だからこそ美しいものに敏感で、そういうところも私は大好きなのです。自然の草花やいろんな色や骨とうや、あらゆるものにすごく造けいが深くて目利きなのですが、若いころから突き上げる悲しみを笑って笑って気が狂いそうになる自分と闘いながら生きてきた人なのです。それで、肺尖カタルというのになってしまって、暖かい山口に就職するのです。そこで、与謝野鉄幹の2度目の奥さんやいろんな素晴らしい人と出会うのですが、やがて岡山に帰ってきて、就実高女の先生をして自立するのです。

夫の栄さんは、神戸新聞や山陽新報、後に山陽新聞の副社長を辞めた人なのですが、早くから若い人とお見合い結婚していたんだけども、自分とは合わないと言って離縁していました。千代もあまり家族制度の結婚というのはどうでもよかった人なのではないのかと思うのですが、2人が正式に結婚届を出して杉山姓になったのは、千代が40のときです。だから、子どもは持たないという人生の選択だったと思います。

でも、そのころの就実の生徒たちにとっては、千代は、ここの上代淑さんと同じなのです。先生の授業の表情から言葉からみんな覚えていて、「私は一女を落ちてここへ来たから千代さんに会えた」という人と何人も会いました。上代淑もそうです。一女に受かったけど行かなかった人、また「一女に行きたかったけど山陽に来たから淑先生に会えた」という生の声をよく聞きましたけど、それは杉山千代についてもそうでした。宮沢賢治の教え子がそうだったように、杉山千代に会ったために、自分の一生が決定付けられる。先生のおかげで後の山陰のアララギ派の主宰をした野々村伊波さん。その教え子が例えば東京女子大に行ったりしても、またこっちに帰ってきてここの先生をしてちょうだいみたいな。上代淑さんもそうだと思うのですが、教育力がまた自分に返ってくるような、そういうすごい力を持って、素敵な魅力的な授業をしたそうです。最初、詩の朗読で始まって、その詩をそらんじて歌ってくれた人もいました。そういうことを聞くにつけ、私は千代さんの着物を着た姿だとか、いろんなことが本当に目の前に見えるような、千代さんがきっとこんな表情でこんなふうにこんなときは言うんではないかなということが分かる気がするくらいまで、千代さんと近くなってしまったのです。

40代で結婚をして、千代さんは教師、栄さんは新聞記者として生活してきました。この栄さんという人はベルリンに大原孫三郎の援助で2年間留学していますから、自分のことは自分でやる、それぞれが主人ですね。それで、栄さんはジャーナリストですから、この『女の新聞』にも「時の動き」を書いていて、世界的な視野の人です。と同時に、坪田譲二だとか石川達三を見つけた人です。坪田譲二の初稿は当時の山陽新報です。夫婦2人ともが、そういう文学者とか才能を、いろんな人のけし粒ほどの才能を見いだして道を開いてあげるという、教育者でありジャーナリストだった。私からみて「何て理想の夫婦だろう」という2人。就実を定年まで勤めて、いよいよ自分のこれからの人生をと考えたときに、そのときに夫のめいの富美子さんを養女にして学校に通わせていたのです。そこに環(たまき)という九州大学の学生を結婚させて養子縁組をしたのですが、その富美子さんも早く亡くなってしまって、環さんに千代の教え子の善子さんを、「あんたがきてくればいいから」と言って養子、養女で縁組をして家族を作るのです。そこにしんさくさんとけんじろうさんという孫が生まれて、血縁ではない結縁というのですか、これが本当に血のつながった親子、孫より、本当に千代さんの息子さん、お孫さんだなという方が育っているのです。しんさくさんは精神科医で、けんじろうさんは建築会社にお勤めですけれども、善子さんは恩師でもあり、しゅうとめでもある千代を本当によく助けていました。

千代は55歳で定年になって、さあこれから自分は小説を書きたいと思ったのです。だけど、その小説を井上靖に見てもらったら、今から小説家になるには厳しさが足りないというようなことを言われたようです。手紙が来たり、実際会いにも行っています。何で井上靖と交流があったかというと、千代の教え子の白神喜美子が縁でした。彼女は元女性記者で、ダンサーで、素晴らしくて美しい女性なのですが、やっぱり逆縁続きの天涯孤独の人で、井上靖の、愛人という言葉は嫌いなのですけど、32から48まで、すべてを井上靖に尽くしたのです。その人がいなければ芥川賞はなかったと私は思うぐらい、取材から何からして井上靖を助けたのです。その人は亡くなる前7カ月間、私と深く交流があって、それも『女の新聞』物語の1つの大きな話なのですが。千代は小説家をあきらめて、『女の新聞』を出すに至ったわけです。そのとき、栄さんは反対をして、バカも休み休み言うもんだと。優れた人が新聞を発行したってせいぜい3号で終わりだと。永瀬さんなんかも熊山で、昼は農業、夜は詩を書いて『黄薔薇』を出していましたし、岡山市からさらに熊山で遠いし、反対でした。だいたいの人は反対でした。でも千代さんは小説をあきらめ、「自分はこれをやってみよう。少しの損は構わん」と。そういう太っ腹。個々に才能がある人はいっぱいいるのです。でもそういうふうに才能を集めたり束ねたり、あるいは才能を見つけて活躍する場を与えるようなスケールのある女って、そういないですよね。そういう千代さんがいて、この『女の新聞』が実現したのです。

毎月発行して10年を守ったというのは、『青鞜』でも5年未満だし、その後『婦人戦線』や『女人芸術』『輝ク』というのも、4年とか8年とかですので、10年続くということはすごいことだと私は思います。爆発的に何かをおこすというエネルギーもすごいけど、持続はもっと大変だったのではないか。本当にこの『女の新聞』の10年の中で、千代が年を重ねていって、老いていく人の気持ちというのをたくさん書いていて、年を取るということはこういうことなのかということを感じます。それこそ、千代の命とイコールです。千代と命運を共にした『女の新聞』。ぎりぎりまでほんとに頑張って。それだけ頑張れたのも、やっぱり社会的責任が生まれたというか。朝日新聞や読売や週刊文春などいろんな全国のマスコミと雑誌が取り上げましたから。北海道の稚内から沖縄まで、全国に一番多いときで4千人の読者がいたわけです。なのに岡山の人はあまり知らないのです。本当に不思議なのです。でも、これからぜひ出合ってください。

先ほど言いました「福田英子」の小説も面白い。福田英子の本で面白いのは一つもないのです。何か村田静子さんの本を読んだってよく分からない。福田英子自身が書いたものも、何か年号が不正確だったりするという話なのです。だけど、この入江延子さんの１００枚の小説の「福田英子」には、ほんとに女、福田英子が描かれていると思います。それと、石川せいという石川達三のお母さんが皆川せつという名前でやっぱり１００枚の自伝を書いています。これもすごい読みごたえがあって、働く女性として、母として、いろんな意味で女の人が学ぶものがたくさんあると思います。入江延子さんはこれができて「福田英子」が消えて無くならなくて良かったと言ってくれました。

福田英子（『妾ノ半生涯』東京堂）

永瀬清子の活躍

それから、この時代に日本は「今」という時代を選んでいた。原水爆禁止運動やベトナム戦争だとか、戦後すぐ平塚らいてうたちが軍備縮小の署名運動をしますね。それで安保に入っていく。戦後たった数年、10年たつかたたないかで日本は今の道を進んでいる。なので、それに反対して上代淑さんも永瀬さんも、皆さん原水爆禁止、反対運動の行進をするのです。女たちがそうして頑張って、婦人参政権も獲得し、やっと平和をつかんだという今を、私たちは本当にどう大事にしたらいいのですかと言いたいです。

永瀬清子さんが、１９５５年インドのニューデリーで開かれたアジア・アフリカ会議に、日本の女性５人の中の一人として参加します。そこでの永瀬さんの英語の声明文、素晴らしいです。英語で詩も読んで、インドの人たち総立ちですごい拍手喝さいだったのです。永瀬さんの詩は大好きだし、有名ですが、永瀬さんは詩人としてだけでなく、そういう社会運動家というか、女性のために行動した人です。そこで、第二次世界大戦後の１９５５年のアジア・アフリカ会議、あの有名な平和五原則で永瀬さんが所信表明した一部を、これからちょっと読みます。私たちもこの先輩たちの思いを忘れてはいけないと思います。英語を私が訳しました。

―「戦争が終結すると、私は畑で働きながら地域の女たちの組織を作った。そして、また『黄薔薇』とい

平塚らいてう（『時代を創った編集者101』新書館から）

う岡山の詩人たちの同人誌も編集した。日本の女性たちは、戦後都会においても、農村においても、大きな変化を経験したと思う。彼女たちはそれまで揺るぎない信念でこの国や人々は良い方向へ、幸福へ向かっていると信じていた。そうして愛する夫や息子や兄弟たちを戦場に送った。その犠牲、忍耐は真っ赤なうそだと分かった。しかしながら、戦後の日本の女性たちは政治的権利を与えられた。民主主義を教えられた。愛国的女性の組織は解体した。多くの民主的女性の組織が作られた。民主主義、その言葉が与えられ、今始まったのである」―

　こういうふうに、戦後の開放というか、やっと民主主義を手にした。ここに至るまで、女性運動のほとんどすべての人たちが、戦争に巻き込まれてしまったその反省を込めて、戦後は一貫して平和運動に頑張ったのです。それで、このとき一緒だった高良とみさんという人は、女性の初の参議院議員の第1号の方なのですが、すごい女性でした。もったいないと思うのですけど、そのことも皆さんにあまり知られてない。

　永瀬さんのお母さんは山陽出身です。相生橋を山陽の方に通学するのを、六高に行っていたお父さんが見初めて結婚したご夫婦です。でも、2歳のときには金沢に転勤して、それからずっと転勤族で、戦後疎開で岡山に帰るまでは、永瀬さんは岡山ではないのですね。でも、お母さんの八重野さんは、ここの英和、ミッションの教育を受けているわけです。ちょうど上代淑が31歳くらいのころ。それで、永瀬さんはそういうお母さんの教育の中で、政治的、民主的なこともだろうし、戦後すぐ長島愛生園に詩や短歌の指導に行くという、本当に素晴らしい仕事もしています。まだ、特効薬のプロミンが開発されて何年かしかたってないときに、熊山から京橋までを歩いて、京橋から船で愛生園に行って、泊まりがけで患者さんたちと一緒にご飯も食べて、短歌なんかを教えたのです。そういう永瀬さんの精神というのは、やっぱり八重野さんの山陽英和、上代淑の教育のたまものだなと思います。

　永瀬さんの活躍を紹介したところですが、女たちの実現は1代ではないのです。祖母や母やそういう人の思い、自分に実現できなかった思いを娘に託し、それを娘が実現する、そういうことをとてもたくさん感じます。今の永瀬さんにしてもそうですが。おととし平塚らいてうの映画ができました。平塚らいてうの映画を作った岩波ホールの高野悦子さんも、お母さんが『青鞜』を読んでいたから女子師範に行ったのです。お母さん自身は『青鞜』を読んだけども、教師とかというふうな自立はできなかった。それで娘の悦子さんが日本女子大に行くのを応援し、パリに行くのも応援したのです。悦子さんはそれでらいてうの後輩になるんだけども、らいてうの時代を描くことは母の青春や母の思いを描くことだと決心して、そのらいてうの映画を作りました。らいてうという人は、本当に知れば知るほど不可解な、不思議な、でも素敵な人で、そのらいてうも岡山の女と深くかかわりがあるのです。

「女子懇親会」のことを言うのを忘れていました。私が、「岡山の女たちは素晴らしい。いろんな文化活動のその先には何があるのだろう」と思ったときに、「女子懇親会」というものがあることを知りました。それは景山英子（のちに結婚して福田姓）が母の楳（うめ）子や何人かの女たちと、政治結社を日本で初めて作った。だから、岡山はそういう女性の初めてのものがあったから『女の新聞』『女人随筆』というふうな流れがあるのだなと思いました。その「女子懇親会」というのを作った英子の母は結婚した先で、弟の嫁との士族の階級の格差ですごい差別に遭ったのです。だけど、楳子は学問があったために離婚しました。それで、また新しく結婚した人と塾をやって福田英子を育てます。なので、英子には、女だからといって将来無学で通るべきものにあらず、でき得る限り学問をすべし、と。こういうお母さんがあって、後の社会主義者、福田英子が生まれるのです。英子とその母・楳子さん。こんなに早く学問をするエリートなのに、お金のない人たちのために夜も安いお金で、自立のために和裁だとか、勉強だけではなく教える塾を作ったのです。そういう岡山の女ってすごいなと思うし、そういうふうに祖母と母、私と思いがつながれていき、今の私たちがあるのです。

永瀬さんも、八重野さんの育て方に対して、「母が私を育てるのに、あれは山陽で学んだための民主主義ではないかと思えることがままあって、よそのお母さんのしつけているのとは違うなと子どもながらに思った。封建的な北陸地方で暮らしていたので特にそう感じたのか、すべて私の中にあるもののうち、多くのものが母を通じて、ひいてはその時代、その教育を通じて、くっきり育ったとも思える」と言っています。永瀬さんの詩は、西洋のギリシャ神話だとかイギリスの伝説やホイットマンとか、西洋の思想、哲学、宗教に随分かかわっています。『グレンデルの母親』にしても。それはやっぱり八重野さんが山陽で学んで、自分が受けた教育を信じて、金沢でもミッションの幼稚園に入れたことと深くかかわっているのではないかと私は気が付いたのです。八重野さんというお母さんなくして、八重野さんがこの山陽で上代淑に出会ってなければ、永瀬さんの詩は変わっていただろうということに気が付きました。

それから、吉行あぐりさんです。吉行あぐりさんも、おしゅうとめさんがお嫁さんの自立をとても応援した。なかなかその時代にあり得ないです。その上、お嫁さんに付いて東京に行ってしまうのですよね。それで、バイオリンを習うのです。素敵な人です。

脈々と受け継がれる「吉備の女」

この古い岡山で、私はとても生きにくい思いを味わいつつ、同時にすごい豊かな文化に触れました。女たちの、日本にも誇り得る活動やら歴史を持っている。私もこの『女の新聞』を出版して、永瀬さんに「彼女も吉備の女の一人だ」と言ってもらって、やっと私は「岡山に来た意味があった、岡山に来て良かったんだ」と思えるようになりました。そういう豊かな岡山の歴史や文化、それから素晴らしい女たちに、もし今日1人でもこの人に会ってみたいなとか、本を読みたいなと思われたら、私はすごくうれしいです。福田英子が『青鞜』に参加してそれは発禁になってしまいますけれども、『青鞜』とか福田英子が作った本だとか、みんな復刻版がウィズセンターにも図書館にもありますから、いつでも読めます。また長谷川時雨が作った『輝ク』には、東京で高村光太郎や朔太郎と詩を書いている時代の永瀬清子の詩や文章が載っていますから、ウィズセンターに行けばいつでも読めます。ぜひ読んでください。それと、高良とみという人は旧姓を和田とみといいます。永瀬清子さんの両親はほんとにリベラルなんだけど、1度だけ夫婦げんかをしていて、それは何かといったら、お母さんが帰りが遅くなってしかられて泣いていたというのですね。何で泣いていたかというと、初めて講演会に行ったら、それが楽しくて面白くて時間を忘れたと。それは永瀬さんの自伝に「和田とみ女史」と書いてあって、それが後の高良とみさんで、女性1号参議院議員。まだ国交のないソ連と中国に単身船で出掛けていって、その基調報告を東京で千人の女性たちの前でして、素晴らしい活躍をしています。ウィズセンターに高良とみさんの資料がないのでお願いしたら、全巻そろえてくれました。すごく高い本です。だから、もし機会があったらぜひ読んでください。重いし高いし『女の新聞』もそうなんだけど、買うのは大変でしょう。でも、今女性のそういう資料は豊富にそろっていますから、ぜひ見てください。

一昨年、私はここの短大生たちと女性史の授業をしました。「おばあちゃんの話をたくさん聞いてきてちょうだい。いっぱい聞き取りをして材料を集めて、おばあちゃんの物語を最後に出して」とお願いをしたのです。その間、らいてうだとか、福田英子が小さいときはどんな子どもだったかとか、女学校時代はどうだったかとか、それからその作品や詩やいろんなものを一緒に学びながら、子どもたちに祖母と話をするという時間やチャンスを作ってくださいとお願いしてました。子どもたちは最初「何を聞いたらいいん？」とか言っていたのですけど、そのうちどのおばあちゃんにも並大抵ではない人生というものが、戦争をくぐり抜けた苦労というものがあって、それをお孫さんたちに語るのです。私も知らないようないろんな話がありました。学校に行かなくて工場でこういうものを作っていただとか、顔に炭を塗って暴力を受けないように命からがら帰っただとか、おなかに赤ちゃんがいたとき、特攻隊として行った祖父が、名前は太平洋の洋を付けろと。そしたら戦死してしまったのです。そうするとおばあちゃんは、過去付きの出戻りという立場で再婚をする。その再婚は、相手の家もそのおばあちゃんにとってもあまり望まないものだった。だから「あんたは好きな人と結婚せられえよ」とおばあちゃんが言っただとか。私は子どもたちの顔の向こうに、同じ数、2倍のおばあちゃんたちと出会ったような気がしました。過去の素晴らしい女性たちの思いを、本当にさっきも言いましたけど、どうしたら無にしないで、受け止めて、受け継いでいけるのだろうと、そのことをいつもテーマに思っています。

子どもの作文の中の最後のところを、この授業の最後のメッセージという感じで、多屋さやかさんに読んでもらいたいと思います。ほんの10行なのですけど、まさに私が伝えたい思いです。

「祖母の経験を通じて、私は戦争のない今の幸福と、戦争の禁忌の重大さを改めて感じた。たった何十年の間に時代が目まぐるしく変わった。私たちの生活は昔に比べ信じられないぐらい便利で快適なものだ。今では何でも自由で、本当にそれが幸せな時代。しかし、逆に自由過ぎるせいで、私たちは大切な何かを見失ってしまっているのではないだろうか。私たちは、決して忘れてはならない。母やその母、そしてその母が精いっぱい人を愛してきたからこそ、この世に生を受け、今私たちがここに存在しているということを。たくさんの愛の積み重ねの上に私たちはこうして生きているということを」

はい、どうもありがとう。そういうふうに書いてくれました。多分いろんなおばあちゃんたちの大変だった人生を、私たちはやっぱり幸福という状態でお返ししなくてはいけないなと思うのです。今日は『女の新聞』を作った女たちから、私が学んだことみたいなお話をさせていただきました。

岡山とエスペラント運動

―ガントレットとエロシェンコを中心に―

山陽学園大学教授
濱田栄夫

私とエスペラントのかかわりは、学生時代、広島大学の学生になってすぐのことです。当時学外の講堂で各サークルのデモンストレーションが行われ、そこで佐々木洋、桑原兵二郎という2人の立派な先輩が、エスペラントの紹介をやってくれました。エスペラントという言葉があるというのは、中学生のころに新聞で読んで頭のどこかには入っていたのですが、具体的にどういうものかというのは、教えてくれる人も知る機会もなかったものですから、大学に入学するまでまったく知りませんでした。だけどそのとき聞いていて、「ああこれ面白そうだな、ちょっとやってみようか」ということでやり始めたのが、エスペラントとの付き合いの始まりでございます。

エスペラントというものについて、岡山にまいりましていろいろと聞いたり、岡山のエスペラント会の皆さまと交わらせていただいたりする中で、岡山には大変素晴らしいエスペランティストたちがいたということも知りました。私は、日本のエスペラント学会というところが創立50周年記念で出している「エスペラント運動史」というのを、学生時代にちょっと読んだことがありました。それを読んでいたときに、岡山で「ガントレット」という人がエスペラントの学習を始めて、講習会をしたとか書いてあって、そのことがとても記憶に残っていました。何か初期のころに影響があった人だなということは分かっていましたし、学生時代に大学祭でエスペラントの展示会をやったときにも、エスペラント運動の流れが分かるように簡単な年表のようなものを作ったこともありましたから、余計にガントレット（G.E.L.Gauntlett 1868—1956）という人の名前は頭の中に入っていました。また、ガントレットのひ孫、ガントレット彩子さんという人が今東京におられまして、その方が曽祖父のガントレットの足跡をずっと探してイギリスまで行ってこられているんですが、2年ほど前に、岡山にも来てくださってお会いする機会がありました。そのこともあって、いろいろと調べてみたいという思いで、今日に至っているわけです。

皆さんの中には、既にエスペラントとかかわりを持っておられる方、それからまだエスペラントというのはまったく初めてだ、どういうものかも知らない、あるいは、昔ちょっと聞いたことはあるんだけれど、今もまだやっている人がいるのかねと思っておられる方もあるかも分かりませんので、最新のエスペラントにかかわる状況の一端といいますか、それを知っていただくためにも、ちょっと最初に写真をお目にかけたいと思います。

（映像鑑賞）

現在の岩手県の、花巻と釜石との間に釜石線がありますが、JRの駅が29ありますが、その駅のすべてに、当時JR東日本の企画部にいた方、この人はエスペランティストでも何でもない方のようですが、宮沢賢治の生誕100年の1年前1995年に、各駅の特色、土地の雰囲気を表すような言葉を、エスペラントで命名して駅のプラットホームに付けようじゃないかと提案したわけです。これが花巻の駅。私が5～6年前に行ったときに撮ってきたものなのですが、そこにカタカナで「チエールアルコ」というのが見えると思います。そして漢字で「花巻」とあって、下に小さくエスペラントで「Ĉielarko」と書いてあります。これはエスペラントで「空にかかる虹」を表しているのですが、花巻ではこのころに都市計画のビジョンを「虹計画」という言葉で表していたこともあって、この言葉を選んだみたいです。遠野は、いわゆる昔話や伝説で有名ですが、あそこはエスペラントで「フォルクローロ（Folkloro）」という名前を付けています。民俗学とかそういう意味の言葉です。

これはエスペラントをやったとかやってないにかかわらず、社会の中でこういう形で利用されていることがあるという例です。これからおそらく、エスペラントを使って何かを表そう、表現しようという動きは高まるだろうと思います。これは一つの象徴みたいなところがあると思いますので、最初にご紹介させていただきました。

エスペラントとは

このエスペラントというのは、言葉が通じ合わない人たちとの間で使われる、国際共通語といえると思います。英語をはじめとした外国語を学習するのももちろんいいのだけれど、時間と手間がかかる。何か共通の補助語が持てないだろうかということで、今から1

２０年ほど前に、ザメンホフという人の考案で発表されたのです。

たった1人の夢のまた夢のようなところから始まったものですが、少しずつ共鳴者が増えていき、今では世界的な組織、世界エスペラント協会というのがあります。日本にもエスペラント学会、その前にエスペラント協会というのがありますし、各地域にエスペラントを学習する人たちが増えてきました。エスペラントが出て20～30年たったぐらいでしょうか、大変有名なスイスのプリバーという人がいますが、この人がぜひザメンホフの生涯を書きたいということで、彼の伝記を残しています。そして、それを当時ノーベル文学賞をもらっていたロマン・ロランに送りました。ロマン・ロランがその本を受け取ると同時に、1週間くらいで返事をくれたと思いますが、その返事は、たしかみすず書房のロマン・ロラン全集第40巻に出ています。この巻は、半分ぐらいがロランとプリバーの交換書簡を載せていますが、その中の1つに、ロランが、「私は祖父の使っていた言葉（フランス語）でしか書けないんだけれど、エスペラントというものの意味は十分認める。そして、ザメンホフがやろうとしていることというのは、暴力を使わないでやる革命だ」という意味のことを書いています。これはエスペラントの一つの性格をよく表しているのではないかと思います。

ガントレットの岡山での文化活動

エスペラントは、日本にどういうふうにして取り込まれてきたか。例えば、留学していた日本人が持ち帰る、あるいは宣教師とか外国から来ていた人たちによって学習されるなど、いろんなルートがあると思います。つい最近、日本エスペラント学会がエスペラントの普及紙、広報紙として出したものの中に、「エスペラント人物伝」というのがあります。これには、エスペラントが日本に入ってきたときと、入ってきてから影響を持った人たちのことが載っています。中でも、「エドワード・ガントレット」という人は、日本のエスペラント草創期に大変大きな役割を果たしている。しかも、この岡山で役割を果たしている。なぜガントレットが岡山にいたか。岡山六高ですね、第六高等学校が創立されると同時に、英語の教師として招聘されました。それで彼はその英語の教師、ラテン語も一部教えていたみたいですが、英語の教師として岡山にやって来たわけです。

それまでにガントレットは日本で長く生活をしていましたが、どういうふうにして日本に来たかを簡単に申し上げますと、彼は明治元年の生まれですから非常に分かりやすいのですが、明治22年つまり彼が21歳のときにアメリカ、カナダと渡って、１８９０年、明治23年に日本に来ます。東京の東京高等商業学校だとか、千葉の中学校だとか、東洋英和学校などで英語を教えたり、あるいは宣教師の援助をしたりしておりました。

G.E.L.ガントレット（1868〜1956）の若いころの写真（「エスペラント」2004年5月号号外「国際語エスペラントへの招待」より）

そして明治31年１８９８年、山田耕筰のお姉さんにあたる山田恒（後に恒子）と東京で結婚をします。国際結婚の第1号といわれていますが、その当時、結婚届を日本の役所に届けようとして、外務省などにあたったらしいのですが、今までに例がないということで受けてくれなかった。それでは正式にイギリスに届けようということで、ガントレットはイギリスに提出します。ですから、イギリスのキングジョージのサインが入った証明書が送られてきたといって、ガントレット恒子が自分の77年間の生涯を振り返った『七十七年の想ひ出』の中に書いています。

そして、山田恒と結婚後の明治33年１９００年に、第六高等学校の教師として、岡山に単身赴任でやって来ます。最初はエスペラントというものをガントレットはまだ知りませんでしたから、そういう活動はやっていません。だけど、ガントレットという人は文化人といいますか、文化的な活動に対して非常に前向きといいますか、アクティブな性格の持ち主だったと思います。

岡山に住んでおられる方は、岡山孤児院を作った石井十次の名前を、特に今年は映画の話題とかと合わせてよく聞かれると思います。石井十次の日誌の中に、ガントレットの名前が出てくるわけです（資料1）。例えば明治35年の5月12日を見てみますと、石井十次の日誌は非常にメモ的な書き方をよくしているんですが、そこの終わりの方です。「知事夫人、令嬢、坂本夫人、ガントレット夫人、石本、小田夫人と共に来訪」と書いています。それから明治38年の日誌を見ますと、9月20日のところにやはり出てきます。「ガントレット氏を訪ひ古切手のことにつき談話」と書いています。おそらく、ガントレットあてにヨーロッパから来る手紙とか古切手とかを回収して孤児院の募金活動の一環に充てられるのではないかということを、ガントレットに相談したのだと思います。そういうことが石井十次の日誌に出てきているということは、かなり当時交流を交わしていたということです。

それからもう1つ、山陽新聞の前身、山陽新報の明治33年11月25日に、「一同着席するやガントレット氏の奏楽生徒の唱歌ありてうんぬん」ということが出てきます。このころガントレットは、山陽女学校の式典、

『石井十次日誌』（明治三十五年）

○五月十日　土曜日　晴

㈠病床にありために朝集会に列せず　㈡東京に於ける音楽会の案内状目録送付し来る　㈢今日はいの女来院せしより満二年目なり　㈣所感　院内の弟妹等を一人々爾の室に招き聖書を以て宗教的教育をなす可し　之れ爾の彼等に負える責任なり　㈤大原君来訪　㈥三宅きく女本日渡辺金吾氏宅より帰る　㈦三時過よりペテー師宅にてグリーン師の経歴談あり　㈧男子部曹長会議　㈨十二時頃草薙にある柴田姉悪漢に強迫せられて遁れ来らる

○五月十一日　日曜日　曇天

㈠病気のため朝集会に列席せず　㈡男女両部交替の件につきて祈禱　㈢晩小野田渡辺両氏の満十年感謝会を開らく

○五月十二日　月曜日　晴

㈠本朝も病気のため朝集会に列席せず　㈡知事夫人、令嬢、坂本夫人、ガンドレット夫人、石本、小田夫人と共もに来訪　岡山県婦人会より金弐〇、、、、知事夫人より三、、、、坂本、ガンドレット、石本、小田の四夫人より金二、、、、寄付せらる　㈢晩第九時着床

○五月十三日　火曜日　晴

㈠朝集会に列せず　㈡渡辺夫人と馬九。を研究せり　㈢萩原乙君と馬太五。三三―終まで研究　㈣布哇林君より本朝書面来る直ちに返信を出す　㈤所感　本日は殆んど健康に復せり　㈥林君岡山市に向って開戦せり愉快なる哉　㈦溝手兄久振に出岡せらる　㈧小

『石井十次日誌』（明治三十八年）

○九月二十日　水　雨天　曇

㈠六時五分前起床室内掃除　㈡静思。昨年の本日は岡山県病院に入院したるの日なり。土地買収法―売却を申込み来るものは敢て拒まず之れ天与と信すればなり　㈢祈禱　一、院役者たる兄姉等に同情を表せしめ玉へ　二、「ベーネハト」氏をして此の事務所を買収せしめ玉へ三、其他は前と同じ　㈣朝飯を共にし　㈤朝集会　㈥聖書講義　㈦午前中事務所に於て事務をとる　㈧杉山敬子夫人山田老媼と共に来訪院内を案内せり　㈨ガンドレット氏を訪ひ古切手のことにつき談話　㈩小学校の相談会　(十一)五時半夕飯を共にす　(十二)河西子の旅券下附せらる　(十三)溝手君と談話　(十四)七時過より二階に上りて静思黙想せんとするや藤原、信長、後藤、百田君等来訪　(十五)上代姉来訪　一、施済につき　二、密室の祈禱につき　三、断食につきて　近来予の所感並実験を語り姉を励ませり

『石井十次日誌』（明治35年・38年、石井記念友愛社）

あるいは文学会、音楽会のときにオルガン演奏をやっております。彼は、山陽高女以外の市内の施設でも演奏をして、いわゆる西洋音楽というものを当時の岡山市民に広めて理解を深める活動をしていました。彼自身はパイプオルガンの演奏会を東京で既にやっておりまして、かなりの技量の持ち主でしたから、おそらく岡山で演奏をしたときもかなり注目を引いただろうと思います。

そして、そういう音楽的な理解、素養の持ち主だったということもあって、ガントレット恒子の弟に大変大きな影響を与えます。ガントレット夫妻はこの岡山時代に山田耕筰を父のもとから引き取ります。山田耕筰をお父さんの元に置いておくのはどうも心もとないと思ったようです。というのは、山田恒・耕筰たちの父親というのが大変飲んだくれといいますか、士族なんですけれど幕府側士族、当時静岡県の掛川の近くにある立派な家柄なのですが、明治の廃藩置県になってからいろいろな商売に手を出し、一時成功していたこともあるのですが、失敗して酒を飲んだくれて、今でいうDVです。家庭の中でかなり暴れて、お母さんたちに暴力を振るっていたようです。そういうこともあって、お母さんが早い段階でキリスト教徒になるというか、いろいろ相談を受けてもらううちにキリスト教の宣教師に接触するということがあり、ガントレット恒子は早くから洗礼を受けていました。そして、英語が学べる学校に入っていたから、彼女は英語もよくできて、ガントレットと結婚したとき言葉では一切困らなかったようです。恒子はそうして岡山に来ていたのですが、弟がまだそのままいる。「弟が父親の元にいては十分に教育を受けさせてもらえないのではないか」ということでガントレットにも相談したのだと思いますが、ガントレットは大変快く耕筰を引き取ります。そして今の県立図書館、もうすぐ秋に開館になりますが、そこに考忠中学校というのが元はありました。今記念の石碑を建てていますから行かれたらすぐ分かると思いますが、金山高校の前身になっていますけれど、あそこに通わせるわけです。そのころに山田耕筰は義理の兄のガントレットから西洋音楽の素養を受けるわけです。そして、彼自身も音楽の素質を持っていたと思いますが、それがだんだんと開花するということになります。当時ガントレット家を中心に合唱団のようなものを作っていたときの写真があります。ガントレットは、後列の右から2番目、その右が山田耕筰です。ガントレットの前に座っている方が山陽女子高の上代淑先生です。それから1人おいて、一番左側がガントレット恒子。こういう形で、そのころ音楽もいろいろと楽しんでいたということです。

エスペラントの普及活動

こうやって岡山で早くから文化的な活動をしていたわけですが、岡山に来て3年ほどたったときの明治36年1903年に、金沢にいたマッケンジーという友人からの情報で、「最近ヨーロッパでエスペラントというものが学ばれ始めている。君もやってみないか」との連絡を受けました。それでたまたま金沢の友人のところに休暇で遊びに行ったときに実際にそれを見ました。ですが、彼は最初はあまり本気にしなかったらしいのです。というのも、エスペラントの前にヴォラピュクという国際共通語として考案されたものが既にヨーロッパで学ばれていて、それに対してガントレットは批判的でした。エスペラントもまた似たようなものだろうと思っていましたから、あまり乗り気ではなかったんですが、実際に見てやってみると、これはヴォラピュクとは違ってかなり言語学的な知識、素養を持っている人が作っているということが、彼は非常によく分かったらしいんです。これはいけるのではないかとそのときに思って、そこから本気で勉強し始める。そして、学び始めてそんなにたたないうちに、彼はヨーロッパ

ガントレット夫妻を中心に生まれた聖歌隊「ゾボー・バンド」のメンバー。明治34年ごろ夫妻が住んでいた門田屋敷の三友寺本堂前で。前列右端は上代淑先生、左端はガントレット恒子、後列右端から山田耕筰、ガントレット（ガントレット彩子提供・山陽学園所蔵）

のいろんな人たちと文通を始めます。約70カ国という、かなりの人と文通しました。そして、次々と返事が返ってくるので、彼自身が驚いているようなところがありましたけれど、このままではとても返事を書ききれない。だから、おそらく彼はそういう実情からしても、日本にもっとエスペラントが使える人を増やしたいと思ったと思いますね。そういうところから、彼はエスペラントの普及活動を、講習会を開いたりして始めるわけです。

1905年にまず家庭の中で、家族、妻と山田耕筰を入れて講習会をしました。それから山陽女子の上代淑先生、当時出入りしていた印刷屋の村本達三などをメンバーに加えていったのですね。やがてそれを六高とか、外でもいろいろとやるようになる。そして、さらに通信教育といいますか、通信教授を始めるようになります。通信教授で600人以上の人たちが受講するようになるところまでいくわけです。最初の家族講習会の受講生だった村本達三という人が、まず最初に、50ページほどの小さな冊子「英エス・エス英小語彙」という簡単な辞典みたいなものを、活字でガントレットの校正協力を全面に受けて作ります。おそらく活字で出されたエスペラント関係の辞書などの中で、これが最初ではないかと思います。ガリ版はちょっと僕も分かりませんが、活字で出されたのではこれが最初ではないかと思います。

それから、その次にエスペラント入門書の『世界語』というものを、丸山順太郎と共著で同じ印刷屋、研精堂から1906年に出します。これが最初の入門書だろうと言いたいわけですが、実は発行する2~3週間前に、東京で二葉亭四迷が入門書を出すのです。『世界語』というのを出します。彼はウラジオストクに行って、向こうのエスペランティストと早くから交わっていて、教科書を出してくれと言われて出版しました。そのころは多少興味を持っていたようですが、二葉亭四迷の関心はあまり長くは持続しなかったようです。ところが、非常にヒットしてよく売れる。だから、一応それが最初といわれていますけど、ガントレットたちが出したエスペラント入門の教科書、自習書は、二葉亭四迷からちょっと遅れていますけれど、ほぼ最初といっていいと思います。これが岡山の研精堂という印刷屋から出されます。そして、研精堂印刷屋の村本という人は、当時の県立図書館にも寄付をしたと言っていますから、図書館にそのまま所蔵されてずっと使われたと思います。

ガントレット自身が進んでイニシアチブを取ってやったこの活動や、通信教育で６００名以上の受講者を出したという実績は、当時として非常に大きな活躍だと思います。そして、70カ国の人たちと文通をしたり、向こうのエスペラント協会やザメンホフを中心としてやられているいろんな組織に、「日本にこういうふうにやっている者がいる」ということも早くから登録しました。ですから、自分が教えた山田耕筰とか、印刷屋の村本達三とかも登録していますから、彼らは自分の番号を知っています。山田耕筰は彼の自伝の中に、自分がガントレットに学んだ第1号だと、そして、登録された第1号だというようなことを書いています。そういうことを言うほど、当時かなり熱を入れてやっていたということです。そして、そういうガントレットのやっていることが、印刷屋の村本達三によって日本に広がりました。村本達三は当時、日本の有名な歴史学者・黒板勝美という人がエスペラントのことについて新聞で書いていたのを読んで、「岡山で既にこういうことをやっていますよ」という連絡を取ったのです。それで向こうはびっくりして、「もっと知らせてほしい」と。そして、当時の東京方面では、エスペラント協会といいますか、普及活動を組織的にできるものを作ろうとしていましたから、それとちょうどかみ合うような形になって、ガントレットの講習生の名簿を送ってほしい、という話になったようです。ガントレットは何も条件を付けることなく送って、それが元になって、エスペラント協会がスタートしていくわけです。

ですから、１９０６年6月12日にエスペラント協会が創立するわけですが、岩波が出している『世界文化史』の中に、エスペラント協会が創立されたことが日付とともに出ています。あと2年後、２００６年には創立１００周年を迎えますから、このエスペラント協会の創立に、彼は非常に貢献をしたわけです。ただ会ができたというだけでは弱いので、スタートと同時に、みんなに知ってもらうために東京で講演会を開きます。その講演会の講師としても彼が招かれます。１９０６

年8月13日「エスペラントとは何ぞや」（Kio estas Esperanto?）という演題で、神田の帝国協会で講演をするわけです。その講演の内容は、当時できたばかりのエスペラント協会も、これは大変大事な講演だという自覚がありましたから、記録に残していて、それを今、私たちも読むことができます。写真入りでその当時の記録が出ているのですが、エスペラント文、英語文、日本語の訳という形の3本立てで出ています。それでずっと読まれたわけです。

今年に入って、日本のエスペラント学会が毎月1回出す学会誌が、ちょうど1千号を迎えたということで、最近、いつもより内容を充実させて学会誌を出しました。この中にガントレットの講演を入れてくれています。

（参考映像）

6月の日本エスペラント協会の発足当時は、ガントレットはまだ評議員になってないのですが、この8月の講演をやったときに、おそらく補充というか、ガントレットにも入ってもらった方がいいということになったんだと思います。こういう形で、ガントレットは非常に大きな貢献をしていることが分かると思います。

そして、ガントレットはそれ以後もエスペラント大会が開かれたときに講演をしました。例えば１９１７年11月22日には、「エスペラントに就いて」という講演をしています。１９１６年ぐらいに彼は東京に戻るのですが、岡山の後は金沢に1年ほどいて、それから山口高商（山口高等商業学校）に勤めて、それ以後はずっと東京で生活するんですが、東京に戻ってからも、エスペラントの例会とかにちょくちょく出ています。今日の後半部分に「エロシェンコ」という人の話をするんですが、エロシェンコと大変関係の深かった秋田雨雀（うじゃく）が、丹念な日記を書いていて、その日記の中に、エスペラントの例会にガントレットがちょくちょく行っていたと書いています。

そういう形で、ガントレットは随分貢献度が高い。エスペラントが文化活動として歴史を刻んできた今までの１００年よりも、これからの１００年の方がおそらく意味を持ち始めると僕は思っています。期待通りには進歩はしないかもしれませんが、確実に高まっていくと思います。日本でのエスペラント運動という文化活動の始まりにおいて大変大きな意義を、岡山に住んでいたガントレットが果たしたということについて岡山市民の皆さんに、いろいろと理解していただけたと思います。そして、岡山から発信された文化の一つとして、非常に大きな伏流水を持ったものとして動き出していくと思います。そういうものとして認識をしていいのではないかと思います。

今まで話したことの中で、ガントレットが東京で最初の講演を頼まれてやったときに、エスペラントでやるわけですが、そのときはエスペラントでやると、おそらくかなりの人が聞き取れなかったかもしれません。それで通訳が付いたのですが、その通訳をした人というのは、いわゆる英語の専門家の日本人です。浅田栄次という人で、英語学をやっている方たちはみな知っている人だろうと思います。大変有名な方です。この方がそのとき通訳をやっています。そして、大変ガントレットと深い交流を持ち続けた人です。出身が山口県徳山ですので、ガントレットが山口にいたということもあり、考えが合うということで交流が深まったのだと思います。今東京にガントレット家の墓があるわけですが、隣り合わせに浅田栄次の墓がありますから、おそらく相談し合って墓地を求めたんだろうと思います。そういう関係があります。

それから、ガントレットの長男でオウエン・ガントレットという人がいます。もう亡くなっていますが、この人は岡山で生まれた人です。このオウエン・ガントレットが日本で英語の教師としていろいろな大学で教えたりしてきたのですが、1976年、『英語学序説』というのを出します。今日ここに持ってきましたけど、「English linguistics an introduction　Owen Gauntlett」と書いています。これ英文で書かれているのですが、第1章の中の1つの節に「エスペラント」というのが出てくるんです。そして、この人は本当にバイリンガルだなと思ったのですが、英語で書いている中に日本語も出てくるんです。そしてエスペラントのことを紹介するときには、英語とはこういう点で違うんだと、英語の特徴を理解させる1つの方法としてエスペラントを並べているわけです。疑問文はエスペラントでは、先頭に「チュ（ĉu）」というのを付けるのですが「あなたは先生ですか」「Ĉu vi estas instruisto?」と付きます。

日本語では「何々ですか」と「か」を付けます。「チュ(ĉu)」を説明するときに、これは日本語の「か」と同じものなんだというような説明をしているのです。これはバイリンガルでないとできないことです。オウエンは、ガントレットにああいう手ほどきを受けていたのではないかと思うんですけど、エスペラントのことを書いています。お孫さんはエスペラントの話を聞いていない。戦後に育ったということもあるんでしょうけど、家にはエスペラントの本もなかったと言っています。長男のオウエン・ガントレットはそういうものを書いていますから、父親がエスペラントをやっていたことをよく知っていたのでしょう。

ガントレット恒子自身の活動

エスペラントがガントレットによってだんだんと普及していくわけですが、ガントレットのことについて話をするときに付け足しておきたいのは、夫人恒子のことです。さっき言いましたように、山田耕筰の姉ですが、このガントレット恒子は、山田耕筰の姉とかガントレット夫人ということと関係なしに、日本の女性問題の解放運動史には必ず出てくる名前です。所属していたのは、「日本キリスト教婦人矯風会」という組織なんですけど、戦後2年目ぐらいにこの組織の会頭になったのではないかと思います。矯風会は世界的にも様々に交流のあった組織ですから、戦前から世界大会がありました。そのときに当時の会長と一緒にスイスのジュネーブ、イギリスのロンドンで開かれた大会にも参加しています。その際、彼女が1人で、ガントレット家の人たちと会ってきて、初対面ですが交流を深めてきた話なんかも残っています。この矯風会の100年史として、大変立派なものが出てますが、その中

山口時代の一家
左より恒子、長女フランセス、長男オウエン、四女エイミー、次女キャスリーン、エドワード、三女ウイニー（次男トレバーはまだ生まれていない）（ガントレット彩子・山陽学園所蔵）

に恒子のことはかなり詳しく出てきます。いろんな活動ぶり、業績がずっと出てきます。これは大変なものです。ですから、キリスト教関係の人名辞典の中にガントレット恒子は出てこないのだけど、ガントレット自身の名前は出てきます。これは、ガントレット自身の偉さももちろんあるんだと思うのですが、ガントレット恒子は結婚する前から、家で荒れる父親を見てきているし、女性の地位の低さということを認識していて、何とか女性の地位が上がるような活動に力を入れたいと、若いときから思っていた。だから、結婚のときに、自分のそういうことを理解してくれるか、そういうことを経済的には夫に負担をかけないけれど、いろいろやらせてくれるかということを、しっかりと了解を求めて結婚をし、その後それに対してガントレット自身非常に理解を示したということがあると思います。そして、理解を示しただけでなく、かなり協力をしたのだろうと思います。ヨーロッパからのいろんな情報を教えたり、ヨーロッパに行ったときこんなことに気を付けた方がいいとか、多くのことを教えたと思います。だから、ガントレット恒子が明治生まれの女性の中で、あれだけ国際的な会議に出たり、活動ができたのだろうと思います。

皆さん、聞くばかりで少しお疲れになっているかも分かりません。ガントレットに西洋音楽の手ほどきを受けた山田耕筰が作曲した歌に「この道」というのがあります。あの歌は、エスペラント訳もあるわけです。そのエスペラント訳の方で、ちょっと歌わせていただきます。エスペラントで歌うとどういう感じになるか。意味が取りにくいところもあるかと思いますが、「道」は「ボーヨ（vojo）」で出てきます。それから「アカシア」は「アカツィーオ（akacio）」で出てきますから、その辺を聴いてもらえばいいと思います。言葉が英語とも少し違う「チティーウンボーヨ、ミーツェルティーリスイーアム、ホーミーイーリスイーアム、イェンフローラスアカツィーオ、ヤサーメキーエルティーアム」という形で続きますから、聞いてみてください。

（エスペラント訳の「この道」を歌唱）

こういう歌を山田耕筰が作り、ああいう大作曲家になるわけですが、おそらく山田耕筰が岡山に引き取られなかったら、子ども時代、少年時代かなりブルーで育った可能性がありますから、ああいう名曲は作れなかったかもしれない。少年時代、父親の暴力から解放された安心感のようなものを非常に彼は味わったのではないかと思います。それがいろんなメロディーがわいてくるときに役立っているだろうと思います。

盲目詩人エロシェンコの活躍

それでは、続いて、エロシェンコ（1890―1952）に話を進めます。エスペラントをやられている人たちから、どうして岡山とエロシェンコを結び付けるのかと言われそうなのですが、実はエロシェンコという人は岡山に来たことはないんです。来たことはないのだけれど、岡山でエスペラントとかかわった人、あるいはエスペラントに理解を示した文化人の中で、エロシェンコとかかわりを持った人がかなりいる。そして、それがその後のいろんな活動、あるいはエスペラントの運動とかに生かされているということで、私はあえてここにエロシェンコを付け足させていただきたいわけです。

エロシェンコという人は、日本の大正時代の学生、青年、様々な文化人に大変大きな影響を与え、新聞にもかなり名前が登場した人物です。ロシアから来た盲目のエスペランティストであり、詩人であった人です。

エロシェンコが、どういうふうに岡山の人たちとかかわってきたか。彼は23歳ぐらいで、エスペラントのできる人、そして世話をしてくれる人を頼りに日本にやって来ました。エスペラント協会が、世界の各地に、エスペラントの理解者として世話をしてくれる人を登録するデレギート（delegito）という委員制度を作っています。その委員に東京天文台長の中村精男という人が当時なっていて、エロシェンコはその人を紹介してもらって東京にやって来るわけです。点字の道具、それと楽器のバラライカを携えてきたといわれていますが、目が見えない方で1人で旅行をするというのは、100年近く前ですから相当大変だったと思います。1人でやって来た盲目のエロシェンコが、この東京を訪ねて、そして中村精男東京天文台長を頼ってきたときに、エスペラントで通じる、いろいろと話ができる。そこで彼は本当に生き生きと活動を始めるわけです。

彼が日本に来るようになった1つの中心になる動機

というのは、日本では盲人が手に職を持っているということを聞かされたことがあります。彼はロシアで盲学校に行って教育を受けていました。ところがヨーロッパの盲学校は、いわゆる視覚障害者たちが社会的に独立できるような、職業的なものを身に付けることをなかなか教えてくれない。だから、かなり慈善団体の援助に頼らないと生きていけないという流れがあったようです。それを何とかしていける道はないものかと考えているときに、ロシアで「イギリスの盲学校に行ってみないか。そして、あなたは音楽もできるから、そういうものも伸ばしてみたらどうか」と言われてイギリスに渡ります。そこで1年ぐらいいるんだけど、どうも水が合わなくて彼は途中で退校して戻ってくる。だけど、問題意識として持っているうちに、「日本では視覚障害者が手に職を持って活躍している。そして、そういうのを教えてくれるところがある」ということを聞いて、日本にやって来るわけです。それで、この中村東京天文台長に紹介してもらい、すぐ東京の盲学校にも出入りするようになるわけです。

多くの文化人との交流の始まり

彼が日本に来て2年ほどたったとき、秋田雨雀という人と非常に親しくなります。劇作家といいますか、文学者の秋田雨雀です。この人とは大正4年に出会うのですが、秋田雨雀はエロシェンコを知ることによってエスペラントを学習し始める。そして、それが使えるようになる。エロシェンコといろんな話ができるようになり、最初は新しい人造語だということでちょっと中途半端に構えていたところがあると思いますけれど、「これは明らかに生き生きと生命を持っているじゃないか」ということを感じ始める。それでエロシェンコと様々な活動をするわけですが、エロシェンコは日本語も彼自身学んで使えるようになりますから、秋田雨雀は、彼にエスペラントと併せて日本語で語らせて、それを彼が書き取って作品に仕上げるというような協力もするようになります。ですから、エロシェンコの作品は今でも手に入ります。みすず書房から出ていますが、あの中には秋田雨雀が聞き取って文章化されたものがいくつかあるはずです。

竹久夢二との深いつながり

このエロシェンコが、秋田雨雀と一緒に、大正5年に水戸へエスペラントの講演旅行に行くのですが、このとき岡山出身の竹久夢二が付いていきます。なぜ竹久夢二が付いていくようになったのか。竹久夢二は秋田雨雀の書いた戯曲などの舞台の背景を手掛けていました。「埋もれた春」という非常に有名な作品がありますが、その舞台の絵も竹久夢二が描いてかなり注目されていて、もう明治時代には新聞に出るような人気画家になっていました。まだ若いんだけれど名前は知れ渡っていて、少年雑誌や少女雑誌の挿絵でも竹久夢二は大変人気がありました。エロシェンコが講演する先で、師範学校とか女学校とか聾啞（ろうあ）学校とか、青少年の前で講演をするというようなプランがあったから、そういう青少年に人気のある画家ということもあって、一緒に行かないかと誘われたんではないかと思います。講演の中でエロシェンコは、「最近のロシア文学にあらわれた女性問題」というタイトルで、当時のヨーロッパの新しい女性、夫婦関係があっても新しい恋をするとか、人間関係を自由に作りたいと思う女性の姿を、エロシェンコなりに距離を置きながら紹介します。当時日本でも新しい女性像というのが問題になり始めていましたから、そういう話題にしたわけです。そして、竹久夢二は黒板に絵を描いて「絵画論」を語ったということです。

ところが、ある日、水戸の聾啞（ろうあ）学校に頼まれて行きました。エロシェンコがエスペラントで話す、秋田雨雀が通訳をするという段取りだったのだけれど、聾啞学校だから通じないわけです。何をしても通じない。今のように手話も普及していなかったのだと思います。そのとき竹久夢二は、エロシェンコや秋田雨雀の経歴も含めて、もう瞬く間にそれを絵で表すのだそうです。それが非常に生徒たちに受けて、理解をかなり深めたと。だから、竹久夢二という人は、彼自身もどこかに書いていますが、「自分は詩を絵で描くんだ」ということを書いてます。ほんとは詩人になりたかった。彼はものすごく詩心を持っていますから、詩人になりたかったんだけれど、言葉で表現するには自分はもう一歩何かが欠けていると思ったんです。だけど、絵は描けると彼は思ったらしいです。そういうことが秋田雨雀の日記の中とか、竹久夢二の『見せられない日記』の後半部分で竹久夢二と関係のあった人たちがいろんな思い出話を載せている中にも出ています。その中で秋田雨雀が、「あのとき竹久夢二がこういうふうにしてくれた」というようなことを書き残してくれていますから、今私たちが分かるわけです。

竹久夢二とエロシェンコの関係はこれだけで終わったのではありません。エロシェンコは、タイとかビルマの民衆の生活を知りたいということで、1916年7月に日本を出国します。その前に新宿の中村屋でエロシェンコの送別会が開かれます。中村屋というのは、当時文化人をバックアップするスポンサー的存在で有名だったのですが、竹久夢二がそれに出るわけですけれど、そのときのことを、彼が日記風に書き残しているものが『雑草』という本の中に出てきます。その中で、エロシェンコが最後に語った言葉が竹久夢二の手で書き残されているのですが、その語った言葉の中に、「日本の若者たちは人類という言葉を盛んに使う。人類がどうだこうだといろいろ言うけれど、人類という言葉は私にとっては竹久さんであり、秋田さんであって、何か観念的なものではない」ということをはっきり言うわけです。それは、竹久夢二のどこかにおそらく残ったのだろうと思います。だから、彼は書き残しているんだろうと思います。

また、竹久夢二と人間的な交流がかなりあっただろうということを垣間見させてくれる1つの手紙があります。エロシェンコが東京駅から日本をたつわけですが、その見送りにも竹久夢二は行っています。そして、東京駅をたって横浜からタイのバンコックに向かっていくわけですが、そのバンコックに向かっていく船の上から、エロシェンコが東京の盲学校に行っているときにエスペラントを教えた1人の青年—鳥居篤治郎といいますが、後に日本の盲人教育に大変貢献した人です—盲人のエスペラント協会を作っていくのにも大変貢献をした人ですが、この人にあてて手紙を書いています。みすず書房から出ています『エロシェンコ作品集』の第2巻にはその手紙が取り上げられています。その中の1通にこういう文章があります。「愛する友よ私はあなたに電報を打った。あなたに神戸まで来てもらいたかったのです。私はもう一度あなたと一緒になりたかった。それなのにあなたは…」と、来てくれなかったということを言いたいわけです。「私はあなたが夢二さんと一緒に遊びに行ってしまったことをよく知っています」（『ワシリイ・エロシェンコ作品集2　日本追放記』）。まだ文章が続くのですが、こういう文章からしても、鳥居篤治郎を挟んで、夢二とかなり交流があったことが分かると思います。

エロシェンコは2年近くそうやって、東アジア、タイとかビルマ、インドと行くわけです。そして、向こうの盲人教育のあり方などを見てきますが、インドは当時イギリスの植民地支配下に置かれていたわけですけれど、ロシア革命などが起こったこともあって、エロシェンコは何をするか分からないと思われたのか、インドから追放されるわけです。そのときにロシアに帰りたいと彼自身は申し出たらしいのですけれど、元来た道を帰りなさいということで日本に帰されるわけです。それでもう1回彼は日本に戻ってきます。

そして、また1年半くらい日本にいますが、そのころは日本で初めてメーデーが開かれたりと、後に大正デモクラシーといわれる変化の時期にあたります。そういう中で2回のメーデーにエロシェンコは参加します。あのころはメーデーに出ただけで弾圧を受けましたから、その翌日に摘発された人たちの名前がずらっと報道される。その中にエロシェンコの名前も出ています。そういう時代を彼が日本にいて、そして日本から彼はやがて追放されるわけです。追放されて、ロシア経由で中国に行くわけですが、だいぶたってから竹久夢二が、自分の自伝小説を東京の都新聞に頼まれて昭和の初め4月ごろから連載し始めます。その小説の最初のころに、主人公がエロシェンコに間違えられる場面が出てきます。メーデーのときに主人公が子どもを連れてその近くを通ったときに、「お前はメーデーに出ていたエアローぺだろう」と。エロシェンコという名前は使っていません。ヨーロッパの古い神話に登場するエアローぺ（ヨーロッパという地域名称の由来になっている）という名前で「お前はエアローぺだろう」と警察から尋問を受ける場面です。「私はロシア人ではありません。日本人です」「お前は確かに日本人だな。おかしいな」というような形で展開されるわけですけれど、そのときに、「エロシェンコが『私にとって人類というのは竹久さんだとか秋田さんだとか、そういうことですよ』と言っていたな」ということをまたそこで書くのです。これはかなり彼の印象に残っていたのだろうと思います。そういう形で岡山の文化人の一人の竹久夢二に大変大きな影響を与えています。

岡山の後楽園のすぐ近くにある竹久夢二の美術館に行きますと、彼がエロシェンコと会う前の写真だろうと思いますけど、マンドリンを持って写っている写真があります。かなり目立つところにありますが、あれはバラライカでロシア民謡を歌ったりしていたエロシェンコの像とすごく結び付きます。竹久夢二はさすらいの人というか、漂泊詩人のイメージが一方でありますが、エロシェンコといろいろなところで重なり合うものがあったのではないかと思います。

岡山にゆかりのある人たちとのかかわり

それから、世界エスペラント協会の会長を務めてくださったり、世界大会を日本に誘致するなど大変に貢献された、岡山のエスペランティストで八木日出雄という方がおられます。岡山大学の学長をされた方ですからご存知の方も多いと思いますが、この八木日出雄が青年時代、三高の学生だったころの1919年（大正8年）12月に、エロシェンコは京都、大阪の方を旅していて六高の学生たちと会合を持っています。初めて八木日出雄はエロシェンコと話をして、自分が今まで半ば独習的にやってきたエスペラントが通じたということに感激をしています。そしてエロシェンコが三高生たちを前にして講演会を開くことになったときの通訳を彼がやっています。そのときには秋田雨雀は付いて来ていなかったのですが、秋田雨雀が次の年に京都に来ることがあって、エスペラントの例会をしたことが雨雀の日記に出てくるのですが、そのときに「三高の生徒が5人出席していた。八木という人がなかなか上手で熱心だ。立ってあいさつしたので僕もあいさつした」とあります。ですから、八木日出雄は京都で三高の学生時代に、エロシェンコとも、そしてエロシェンコを通じて知った秋田雨雀とも会う機会を持っていて、岡山にやって来た。そして、そういう人たちの様々な情報を彼は受けただろうと思います。

それから、伊東三郎という人ですが、彼は本名が磯崎巖といって、2日前にテレビのニュースを見ていますとローカルニュースで県立博物館の今の展示会、特別展のニュースが流れていました。磯崎眠亀の花むしろの「錦莞莚」を展示しているということでした。この伊東三郎という人は、磯崎眠亀の孫にあたります。磯崎眠亀が最初に事業を起こしたのは岡山、今の倉敷市茶屋町だと思いますけど、伊東三郎が育ったときは岡山の方に来ていましたから伊東三郎は岡山市で育っています。この伊東三郎は、後に日本のエスペラント文学の開拓者となります。彼は詩人でもあって農民運動家であり、非常に多くのキャラクターを持った人ですが、エスペラントを使ってのオリジナルな詩が書けて、世界的に認められた日本の第一人者です。そういう意味で、伊東三郎という人がよく名前を挙げられるわけですが、この伊東三郎も東京に進学して青山に入学した初めのころだったと思いますけど、エスペラント会を作ったりしてエロシェンコに講演依頼をして、友達と行ったりしています。そして、このエロシェンコのことについて、伊東三郎はいろいろなことを書いています。亡くなった後に有名な文学者の埴谷雄高らの編集で、彼の残した作品を、遺稿と追憶という形でいろいろな人が思い出を語る作品『高くたかく遠くの方へ』が出されました。今でもよく名前が挙げられますが『エスペラント学事始』という本がその遺稿集の中に収録されています。この中で伊東三郎がエロシェンコについてこう語っています。「エロセンコ」と書いていますが、「盲人エスペランチスト、エロセンコのことである。日本のエスペラント運動には、その最初のころから時々イタリー人、ハンガリー人、ロシア人、アメリカ人などが訪ねて来ている。だがエロセンコぐらい影響を与えた人物は少ない。彼は点字盤1丁を携えて漂然とエスペラントの同志としての中村博士を訪ねて来た。それ以来、日本の青年の生活の中に伍していろいろと、思想上、芸術上の影響を与えている」。ちょっと途中を飛ばしますが「ともかくエロセンコがいたということは、日本の若いエスペランチストたちに日常エスペラントを平気で会話に使う傾向を始めさせた。このことも否定することのできぬ彼の功績だ。彼は革命後ロシアの学校で適当な部署で仕事をしている」。こういう形でエロシェンコのことを語っていますが、伊東三郎という人が自分がエスペラントで文章を書く、詩を書くということをやりだすときの大きな先行モデル的なものとして、エロシェンコがいただろうなということは想像できます。

この本は「高くたかく遠くの方へ」という題が付いているのですが、この題の通りの詩がエスペラントで書かれていて、彼が日本語で訳を付けています。これは岡山で育って、ちょっと郊外に行くと田んぼも多くてヒバリがよく飛んでいた彼の子ども時代のいろんな追想とも重なるかもしれませんが、この詩の題がこの遺稿集のタイトル「高くたかく遠くの方へ」になっています。「高くたかく遠くの方へ。鳥は一心に飛んでゆく。果てしらぬ方へさえずりながらヒバリは飛んでいく。むさぼるように待っているよ。大地の巣の中にヒヨコたちが、もうはやくかえってこい。空を通ってかいがいしく可愛いものたちに持ってこい。はてなき方より生きているなにかをむさぼるような口ぐちにさけぶ、むさぼるような口ぐちに叫ぶ。よろこびにふるえるひよこたちが！」。これはエスペラントの原文の方がもっといいのですが、あえて彼が訳を付けたものを読みました。これが残された友人たちによって編集され、題を付けるときに「高くたかく遠くの方へ」というタイトルが選ばれたわけです。

それから、今度はがらっと変わるのですが犬養毅の息子の犬養健。作家として世に出て、それからやがて政界に入った方です。エロシェンコが突然追放された1921年当時、彼は新宿の中村屋の一室に部屋を借りて住んでいたのですが、前日の夕方、警察が何人かで出頭を命じるという形でエロシェンコのところに来ました。そのときは中村屋の主人とか周りの人たちが止めたり、エロシェンコも何で連れて行かれるのか分からないということで非常に拒むわけですが、その夜中に土足でまた部屋に入ってこられ、彼は連れて行かれるわけです。そして舞鶴経由でウラジオストクへ追放されました。そのときに、犬養健が中心になって、当時の新聞に出ていることですけれど、寄付金を500円募ってエロシェンコに贈ったということが残されています。犬養健は直接エロシェンコとは面識がなかったかもしれませんが、当時のエロシェンコの行動に理解を示していたのだろうと思います。当時500円を即座にそうやってエロシェンコがまだいるうちに、すぐに贈るという行動を起こした人です。

それから最後に、児童文学者の岡一太のことを挙げておきます。岡一太という人はエロシェンコと直接の面識はなかったかもしれないけれど、エロシェンコのことを先輩たちからいろいろな形で聞かされてきたのだと思います。ですから、「岡山文庫」の中の1冊に『岡山のエスペラント』というのが昭和58年ごろに出たと思いますが、この中で、八木日出雄がエロシェンコの通訳をしたことも含めて、エロシェンコの肖像画も入れながら、かなり力を入れて書いています。これは彼自身がエロシェンコのことを共感を持ちながら理解していた、そして、童話を書いたりしていたエロシェンコに大変関心を持っていたからだと思います。彼自身も児童文学の道を進みましたから。そういう意味で大変関係の深い人であっただろうと思います。

こういう人たちが、今の岡山でのエスペラントの活動において、その底流となる大きなものを作ってくれているといえるのではないかと思います。そして、その人たちの多くがエロシェンコともかかわっていたということがいえるでしょう。

エロシェンコの中国での活躍

エロシェンコは日本から追放されますが、当時はロシア革命直後で、シベリア側の地域とヨーロッパ側のロシア側というのがまだ問題がある時期でしたから、モスクワとかヨーロッパ側のロシアに戻れない。それで彼は大連などを経由して上海のエスペランティストを頼って行きます。上海の胡愈之の紹介だと思いますが、北京の魯迅、周作人兄弟らの積極的な援助で、北京大学でエスペラントの教師をするポストを得るわけです。北京に行ってから、彼はその当時『ひよこの悲劇』とか、今でも残っている『落葉物語』とか有名な作品を書き残します。エロシェンコが持っていた才能は、魯迅にもかなりの印象を与えたようです。魯迅は、『魯迅選集』（岩波書店）第5巻に収められている「雑憶」の中で、「エロシェンコ君が日本から追放されるまでは、私はその姓名をまったく知らなかった。放逐されてはじめて彼の作品を読み出したのである。その圧迫屈辱を受けて放逐された事情は、『読売新聞』に載った江口渙氏の文章で知った」ということを書いていますが、彼は日本に留学した経験がありますから、日本語はよく読めたし話せたので、日本の新聞でエロシェンコが追放されたことを知りました。そして、彼が上海に来ていることも知って、北京に招いたわけです。

エロシェンコが北京にいるときに、1度モスクワといいますかロシアの方に半年ほど帰国します。そのときに、エロシェンコの思い出の一つみたいな形で魯迅が『あひるの喜劇』というのを書いています。これは、あるときエロシェンコが「北京というところは本当にさみしいところだ。夏になるがカエルさえも鳴かない」と嘆いたのに対して、「いやいや、カエルぐらいはいるよ」と魯迅が言ったときに、たまたまそれを聞いて町を歩いているとオタマジャクシを売っていたものですから、その日エロシェンコがオタマジャクシを買ってきた。彼はカエルに育てようと思ったのです。それで中庭にあった池にそれを放します。ところが、その翌日たまたまアヒルのヒヨコを売りにくる行商人がいて、それをまたエロシェンコが大変かわいく思って買う。エロシェンコは人間はだれでも自分の力で食べていかなければいけないんだと、働かざる者食うべからずという思想の持ち主だったから、何かを飼う、ブタを飼うとか、鳥を飼うとか、畑を耕すとかを盛んに薦めていたということもあったのですが、アヒルのヒヨコを僕が飼おうということで彼が買います。ところが、買ってきて彼がちょっと家を出ているときに、そのヒヨコはすたすた中庭を歩いていって「あ、池がある」ということで池の中に入る。潜ったりして楽しんでいた。夕方になってエロシェンコが帰ってきたときにオタマジャクシを見ようとして行ったら、その家にいた子どもたちが「オタマジャクシはもういませんよ」と言う。アヒルが好きだから食べてしまっているわけです。エロシェンコは両方育てたかったのだけれど。それを魯

> エロシェンコ君が日本から追放されるまでは、私はその姓名を全然知らなかった。放逐されてはじめて彼の作品をよみ出したのである。その圧迫屈辱を受けて放逐された事情は、『読売新聞』に載った江口渙*氏の文章で知った。そこでそれを訳出し、また彼の童話を訳し、また彼の戯曲『桃色の雲』を訳した。だが私の当時の気持は、虐げられるものの苦痛の叫びを広く一般に伝え、我国の人々の心の中に強権者に対する憎悪と憤怒とを燃え上らせようというにすぎなかった。「芸術の殿堂」とやらの中から手をさし伸べて、海外の珍しい草や花を抜いて来て、中華の芸苑に移植しようといった考えは、毛頭なかったのである。

資料2　『魯迅選集』第5巻（岩波書店）の「雑憶」より

迅がよく覚えていて、エロシェンコが去った後に思い出の1コマとして『あひるの喜劇』として書いたのです。これは彼の選集の中にも残っていますから、中国の人はかなりよく読んで知っています。

そして、弟の周作人は、エロシェンコが北京を去って帰国した23年4月17日や、その前にエロシェンコが一時帰国したときのことも含めて、エロシェンコのことを『愛羅先珂君』(エロシェンコ君)という漢字をあてて書き残しています。これは周作人の『澤瀉集(たくせきしゅう)』の中に入っています。これは手に入るものです。ただ、日本語訳されていないから訳を付けてもらわないといけません。私どもの、コミュニケーション学科に中国から来ている班偉教授が同僚でいるものですから、訳を付けてもらったところ、エロシェンコという人はそういう不当な流れで追放などを受けるような人ではないということが、書かれています。

こういうふうに、エロシェンコという人は、大正時代の日本に大変大きな、そして岡山でその後活躍したエスペラントにかかわった人たちに、強い印象を残した人だと。そして、同時に岡山でかかわったエスペランティストだけでなく、秋田雨雀をはじめエロシェンコとかかわった人たちは東京はもちろん関西にもたくさんいるわけですけれど、そういう人たち、文学者、芸術家に高く評価されたということが、中国でも知れわたり、魯迅たちの注目を引いたのだろうと思います。

エロシェンコの消息が戦後しばらく分からなかったのですが、エロシェンコの研究書を出されている日本の優れた研究者、エスペランティストで高杉一郎という方が『夜明け前の歌』というのを書いて出されています。その前に『盲目の詩人エロシェンコ』というのを昭和31年に出すのですが、その3~4年前にエロシェンコは亡くなっていたのを知らないままでこれは書いています。エロシェンコがどうしているのかを知りたいのだけれど分からない。消息を知っている人がいないかということで書いています。1982年に『夜明け前の歌』が出ますが、このときには既にはっきりと消息が分かっていましたから、彼はロシアのエロシェンコの墓まで訪ねて、そこの写真もこれに載せています。この本の終わりの方で、エロシェンコが亡くなったということが分かったと。中国の作家が報道したことで分かるわけですけど、その次の年に新宿の中村屋で「エロシェンコをしのぶ会」を開くのですが、そのときの写真が、関西エスペラント連盟が出している高杉さんの『ひとすじのみどりの小径』という本の中に、写真入りで報告されています。この「しのぶ会」の写真には伊東三郎もいます。彼もこの会に出席していたということが、これから分かるかと思います。

文化活動として次世代に受け継ぐために

今日の話の中でちょっと触れましたが、2年後に日本にエスペラント協会ができて１００周年を迎えます。ですから、組織的なエスペラント運動がスタートしてちょうど１００年目を迎えるということで、今１００周年記念行事とか、いろいろな計画が日本のエスペラント学会を中心に計画されています。その中の一つとして2年後に岡山で日本大会を開くということを岡山エスペラント会会長の原田先生が招へいを提案されて、2年後に開かれるということになっております。岡山市民の皆さん、2年後の日本エスペラント大会にご関心のおありの方はご出席いただけると大変ありがたいと思います。そして、まだ決まっていませんが、その1年後に世界大会を日本へ誘致したいということも計画として進んでいますから、それも実現できるかも分かりません。

そういうことで、ガントレットが種をまいた岡山の地で１００周年目のそういう日本大会が開催されるというのは、これは大変な巡り合わせといいますか、大きな伏流水を残してくださった先人たちのいろいろな思いとかがあると思います。現在、日本は非常に閉塞（へいそく）感に満ちあふれていて、先が見えない、経済的にも様々な問題を抱えている。子どもの問題も想像を超えるようなことが起こっています。そういう中で、エスペラントというのは気の長い仕事・活動なのですけれど、やはり人間の解放を願ってずっとバトンタッチされてきた文化活動の一つであろうと思います。こういうエスペラントのような文化活動、そしてそれに理解を示してきた岡山という文化土壌、これはそれなりに評価していいのではないだろうか。そして、それをまた次の世代に受け継いでいくに十分値するものではないかなという気がします。

現在、子どもたちが夢が持てなくなってきている。学校が何となく怖いとか、想像を超えるようなことが起きて不安を感じている。一見非常に豊かになっているのだけれど、何か閉じられた世界に子どもたちがいる、何か解放感が与えられない状態にいるというのは考えないといけない問題だろうと思います。直接エスペラントとは結び付かないかもわからないけれど、同じような解放を願う文化活動の一つとして非常にかかわりがあるだろうと思います。

今まで、現代の我々よりも、金にならないエスペラントという文化活動を支えてきてくださったかつての人たちの思いとか、努力というものは大変なものだったのだろうということを考えますと、この文化活動を次の世代へしっかりとバトンタッチすることが大事だと思います。あれだけのプロの人たち、オリンピックの選手たちでも時にバトンを落とすことがありますから、若者たちには上手に渡していかないといけないのではないかと思います。私もあまり熱心な運動家でもないし、エスペラントとそこそこ付き合ってきた人間ですけれど、これからできる範囲で付き合っていきたいと思っております。

付記

2007年にエスペラント世界大会が横浜市で開催されることが、今年度の世界大会で正式に決定された。

アメリカ・イラク・日本

――「文明の衝突？」――

山陽学園大学教授
名古忠行

大きなテーマを掲げさせていただいています。「アメリカ・イラク・日本―文明の衝突？―」とクエスチョンマークを付けていますが、衝突だと断定はしておりません。衝突かという意味のクエスチョンマークです。現在進行形のイラク戦争といいますか、イラクのトピックスを取り上げようと思っております。ただマスコミと違うところは、マスコミには情報機関、巨大組織の情報収集機関がありまして、私個人の手ではとてもかなわない。マスコミは各地に特派員を派遣して、日々刻々とニュースを皆さんに提供しております。

最近のイラクは危なくなって、マスコミ各社は引き上げてしまいました。だけど、大丈夫です。フリージャーナリストという、まさに命懸けのジャーナリストがおりまして、命をなげうってニュースを獲得する、マスコミ各社はそれを買い取って載せるわけです。外国の特派員とか通信社の連中は、イラクを駆け回って情報を収集したり、写真を撮ったりして各国の情報機関に売るわけです。そういうことで、情報に関してはとてもかないません。だから、マスコミに対抗しようとは思いません。私ができることは、この問題の文明論的背景、文明史的背景、これをお話しできるんじゃないかと思いました。マスコミがあまり報道しない、報道する暇がないということを、時間をかけてじっくりとお話ししたいと思います。

「文明」と「文化」

まずは、比較文明論。文明をちょっと比較してみます。そんなに難しいことじゃない、面白いことです。我々の日常生活そのものでありますから、大変面白い分野でございます。そしてまた、大切なことでもあります。文明とか文化を相対化してみるということです。相対化というのは、「あれもある、これもある」と、いろんなものを比較検討する。1つの文明、1つの文化だけにとらわれて、「これが絶対に正しいんだ、これがいい」ってことで凝り固まってしまうと鎖国状態です。そうすると、世界ではやっていけない、間違いの元になります。最近はやりの言葉で言いますと「グローバルな世界観を持つ」こと、地球的な広い世界観を持つことができてはじめて、島国から抜け出すことができるのです。

毎年日本から1千万以上の人が海外へ旅行に出掛けます。ものすごい数です。だけど、たいていの人は、私が海外で見ている限り、記念写真パチパチと撮って、土産を買って帰ろうと、こんな感じです。もう駆け足旅行も激しいのです。

だから、今回はじっくりといろんな文明、文化を考えるいいチャンスじゃないかと思いました。というのは、我々はどうも島国に閉じこもりがちです。世界からみても日本は極東に位置するわけです。極東というとファー・イースト（Far East）、東の果てなんです。世界の中心からは東の果てに位置するわけで、昔から忘れられがちな存在なんです。日本といえば中国の一部かというぐらいにしか思われていなかったわけです。我々もずっと鎖国をしてきましたし、開国してからも百数十年しかたってない、まだそういう状態です。そのおかげかどうか、英語、イングリッシュは今や国際語になっていますが、我々日本人はイングリッシュが苦手です。四苦八苦して習っても、なかなか通じない。これはいいことなのか、悪いことなのか。ある面ではいいことなんです。なぜならば、日本が植民地にならなかったからなんです。植民地にならなくて独立を守ることができたから。ほかのアジアの国々はみんな植民地になっている、タイを除いて。だから、フィリピンのおじさんやおばさんなんかも英語は日常語です。シンガポールもそうです。日本は独立を守ったということが、英語が通じなくなった1つのプラスの効果であり、マイナスの効果でもあるのです。

困るのは一国の首相といわれる人が英語ができない。国際舞台でも英語が通じない。首脳同士の会談で、みんながペラペラ英語でやり合っているでしょ。2、3カ国語が飛び交っている。ところが、日本の首相だけ突っ立っている、通訳なしには話ができない。

それで、最近は、「幼稚園や小学校から英語を」みたいに言われていますが、これはもうクエスチョンマークですね。日本人はとうてい、これはもう宿命的に英語はへたくそ。でもへたくそでもいいんです。誠実に接する、誠実に対応すればいい。日本に来た外国の観光客が、道を聞こうと思って女の子に"Excuse me."と声を掛けた。誠実に対応して「何ですか？」と日本語で答えればいい。ところが、日本の女の子は「うそー、うそー！」と言って逃げて行ってしまうんです。「私、うそはついてませーん」って外国の観光客が言うんです。

これは日本人だけの問題ではなくて、言葉は文化そのもの。文化の違い、文明の違いによっていろんな悲劇があるんです。文化とか文明はいろいろな擦れ違いがありまして、グローバル化したといっても、今日様々なコミュニケーションのギャップがございます。なかなか「地球は一つ」と簡単にはいきません。

そこで、今は盛んに、文明とか文化とかいうのをごっちゃに使っておりますが、いったい「文明」と「文化」というのは同じなのか、違うのか。単なる言葉の違いなのか。文明というと、皆さんは何を考えられますか。一般に考えられるのは、物質文明、機械文明という言葉が使われていますが、それに対して精神文化といわれています。つまり「文明」というのは物質的なもので、それに対して「文化」というのは精神的なもの。これは非常に分けやすい、分かりやすい分け方です。

ところが、これは困ったことに使われるのです。日本の場合、皆さんご存じのように、戦争中にファシスト連中が、欧米の物質文明に対して、日本の精神文化は優れているんだということを言ったのです。欧米の物質文明を下にみる。我々は精神文化だ、日本文化は優れているんだと。

文明にも精神的なものはあるんです。例えば、宗教なんかもそうでしょう、精神的なものです。文化だって物質的なものもある。お食事、日本食、あれは日本の文化でしょう。着物、これも日本文化です。どちらも物質的なものもあれば、精神的なものもあります。だから、物質あるいは精神という分け方はちょっと合わないなあと思います。どちらも本質的には同じなんです。

文明は英語で言いますと、シビライゼーション（civilization）、シビリゼーションともいいますが、「教養を高める」という意味になります。自分自身の教養を高める、だから精神的なものを含んでいるわけです。あるいは、世の中を開けたものにする。「文明開化」などというでしょう。精神的なものも物質的なものも含んでいる。

それから、カルチャー（culture）、文化です。これは、動詞ではカルティベイト（cultivate）、耕すという意味です。畑を一生懸命耕す。もともと物質的なものです。耕して豊かな作物を収穫する。そこからきて、心を耕すということが教養を高めると同じ意味なんです。同じ意味だけども、違いはどこにあるのか。これは私の考えですが、スケールの違いがある。例えば、私たちに身近な東洋、仏教文明圏、仏教は広く広がっている。日本も、スリランカも、ビルマも、モンゴルも東洋仏教国。中国は社会主義国ですからちょっと省きますが。東洋仏教圏、広い範囲です。その中で日本文化がある。日本文明なんていわないで、日本文化という。こういうふうに分けることができるんじゃないかなと思います。

ちなみに、東洋仏教文明圏にどれだけの人数がいるかというと、参考までに、東洋仏教文明圏には3億5千万人、中国を入れたらもう10数億プラスしないといけない。中国の中にも仏教徒はいるでしょうけども。儒教圏としなかったのはなぜか。タイとかビルマとかを儒教圏というのはちょっと無理です。仏教圏のほうが広いということで、一応仏教圏にしたわけです。現代日本でも儒教よりは仏教の方が広く信仰されているのです。

イスラム文明圏はどれだけいるかというと、これは多くて、約10億6千万人。ただアラブだけじゃないんです。インドネシアとかその周辺、フィリピンにもちょっといる。マレーシアとか、パキスタンとか、アフリカ諸国にも。アメリカにも実はイスラム教徒が随分増えてきました。ヨーロッパにも増えてきました。

それから、キリスト教文明圏、これは一番多くて18億7千万人という数です。

S・ハンティントンの文明論

さて、次にいよいよS・ハンティントンの文明論に移りたいと思います。サミュエル・ハンティントンという人はハーバード大学の政治学の教授で、現役で頑張っておられます。彼が1993年に「文明の衝突」という論文を、『フォーリン・アフェアーズ』という外交雑誌に掲載したのです。

『フォーリン・アフェアーズ』というのは、アメリカの非常に権威のある外交雑誌でありまして、これに載ると世界の一流論客として認められるという、大変ステータスの高い雑誌で、実際大きな反響を呼ぶ論文がよく出るんです。

ハンティントンも1993年の『フォーリン・アフェアーズ』に、「ザ・クラッシュ・オブ・シビライゼーションズ」を載せまして、これが大変な反響を呼びました。なぜそんな反響を呼んだかといいますと、冷戦後、世界はどうなるかということが、人々の注目の的だったんです。東西冷戦が終わった、さあ90年代はどうなるかと。新しい秩序が作られるのだろうか。そのとき最初に注目を集めたのは、フランシス・フクヤマという、日系3世の人だと思うんですが、この人が「歴史の終わり」という論文を発表したんです。歴史が終わる。なぜ歴史が終わるのかといいますと、ソ連圏が倒れて崩壊してしまって、自由民主主義が勝利した、これで歴史は終わったと。これからは世界中、すべて自由民主主義の世の中になるという結論。言い換えれば、アメリカの支配がこれから始まると。アメリカの全世界的な支配、自由民主主義の支配が始まる、こういう楽観的な論文が出たんですが、このフクヤマの論文にもかかわらず、90年代は、民族紛争、地域紛争があちこちで出てきたんです。これは歴史の終わりどころじゃないなと、一発にこの論文は歴史の波間に消えていってしまいました。

それじゃ、どのように考えられるか。そこで、ハンティントンが出したのが、これからはいろんな文明の衝突になるであろうと。こういう予言に近い、あるいは現実を踏まえた分析理論で、現実社会はどのように説明できるか。アカウンタービリティという言葉がありますが、どのように説明できるかというのが学者の務めなんです。きれいにすぱっと説明できればいいんですけど。ハンティントンはシビライゼーションズ(civilizations)と複数にしておりますように、なんと9つの文明をあげたんです。まずは西洋文明、それから、ラテンアメリカ、アフリカ、イスラム、中国、ヒンズーつまりインド。まだまだある。東方正教会、正教会というのは、ギリシャオーソドックス、ギリシャ正教とロシア正教、キリスト教の一派です。それから、アジアでは仏教。それから、日本。この9文明をあげたんです。

この9文明がお互いに衝突し合って、地域紛争や民族紛争が起こる、これが現実だと。世界はこれからも、クラッシュ、クラッシュになる。特にイスラムと中国、これが提携すると危ない。危ないというのは誰にとって危ないのかというと、西洋にとって危ないし、ハンティントンの母国であるアメリカにとって危ない。つまり常に頭にあるのはアメリカにとってどうかということを、戦略、戦術上考える。西洋文明にとって、イスラムと中国が結び付いて西洋に歯向かってきたときに、これで危機が訪れるということになる。それで、前に9・11のテロ攻撃があったでしょう。ニューヨークのど真ん中をテロ攻撃。イスラムに中国からの技術が流れているに違いない、イスラムは核兵器を持つかもしれない、大量破壊兵器を。さあそこでアメリカとしては腰を上げて、世界の警察官ですから、許しておくことはできないと、イラク戦争が始まりました。大量破壊兵器が「ある」と確信を持って…。アメリカにとっての、あるいは世界の平和にとっての正義の戦争、これは聖戦であるとアメリカは宣言したわけです。それでとうとうイラク戦争が勃発したのです。

ハンティントンは手をたたいて、やったやったと、「私の言った通りだろ」と言ったかもしれませんが、ハンティントンのこの理論について私が言いたいことは、一体彼は何を基準に文明を分けたのかということです。これをみると地域別に分けている。西洋、ラテンアメリカ、アフリカ、中国、日本というように。それから、次には宗教別に分けている。ヒンズーとか仏教、東方正教会とか、宗教別に分けている。次には国別に分けていて、中国とか日本とか…。こういうふうに文明圏の分け方がごっちゃになっている。これは理論としては困る。理論的一貫性というのが欠けております。

しかも、一番問題になるのがこの日本です。何で「日本文明」なのでしょう。実はハンティントンさんの頭の中には最初日本は入ってなかったんです。仏教圏の一つぐらいだろうと考えておりました。それでよせばいいのに、ハンティントンさんを先生としている日本人の留学生がおりまして、「ハンティントン先生、これは困る。中国と一緒にしてもらっては困る」あるいは、「ほかのアジアの諸国と一緒にしてもらっては困る。

日本をちゃんと文明圏として入れてください」とお願いしたんです。それならそうしようかということで、日本を入れたんです。ハンティントンは日本のことを知らない。だから、ハンティントンさんの文明の分け方については私はクエスチョンマークにしたいですね。

しかし、ハンティントンさんの重要な指摘は変わりません。この冷戦後、各国、各民族は自らのアイデンティティーを求めました。何にそれを求めるか。もう右往左往。今までは東側か西側で良かった。東西両陣営、コミュニズムというイデオロギー、ここにアイデンティティーを求められる。あるいは、自由主義—リベラリズムにアイデンティティーを認めれば良かった。しかし、その冷戦構造は崩壊したわけですから、何をアイデンティティーにするか。これが各国内においても、あるいは、民族間においても問題になってくる。国内においてもそうです。日本国内、政党は何にアイデンティティーをおくか困っているでしょう。お互いにアイデンティティーがない、消えちゃったわけですから。かつての自民党対社会党という、そういう対抗図式がなくなってしまった。だから、もう似たり寄ったりで、何が何だかさっぱり分からない。それで政党を選べと言われたって困るんです。そういう状況が生まれているということです。

3大文明圏

さて、こんなにたくさん文明をあげたのでは分かりにくいです。そこで、もうちょっと整理してみましょう。3つの文明圏、これだけじゃないんですけども、主な文明圏として、西洋キリスト教文明、中東だけじゃないんですけども、中東イスラム教文明、東洋仏教文明。これは、はっきりと宗教をもって分けております。キリスト教、イスラム教、それから、仏教。世界の3大宗教ということです。ほかに儒教とかあるかもしれませんが、一応この3大宗教に分けて考えてみましょう。

キリスト教文明圏

キリスト教文明圏というのは、いったいどんな文明圏でしょうか。我々が一番よく知っているのは、このキリスト教文明圏でしょうか。明治以来、ひたすら

「脱亜入欧」。若い人はあんまり知らないでしょうが、ひたすら一生懸命、脱亜―遅れたアジアを抜け出て、西洋に入ろう、西洋の仲間入りをしようと必死になってこの100年間走ってきたんです。それで近代化を遂げる。アジアの中で唯一近代工業国家として、先進国としてG7のメンバーにも入っている。私たちの生活様式もすっかり洋式になりました。洋式っていうのは西洋式。畳の上に座れなんてもうできません。痛くてたまんない。我々の生活様式も随分西洋化されました。

まず、このキリスト教文明圏ですが、特徴を一言で言えば近代社会なんです。この近代社会はどうやって生まれたか。世界で最も早く生まれた。それ以前は日本と同じ封建社会があったわけで、身分制度がガッチリして人々を押さえつけていた。個人じゃないんです。身分が問題なんです。あるいは家が問題なんです。結婚するときも、家と家との関係、身分と身分との関係です。身分を越えてはいけない。人間じゃなくて身分とか家制度とかがやっぱりガッチリと人間をとらえている。日本でもずっと続いている。イエとかムラという考え方はそれほど根強いものです。

それで封建社会の日本と違うところは、西洋キリスト教では神の支配です。神が支配している。ということは教会が支配する。神の代理人としての教会、ローマ法王をはじめとするカトリック組織、ピラミッド組織がビッシリと人間を支配する。人間が生まれたら教会で登録するんです。役所に行くんじゃなくて教会に行って登録して洗礼を受けて、社会に迎えられるわけです。死んだら教会へ行く。生死のすべてが神の支配、教会の支配に置かれていた。ここに人間はなかったのです。人間は罪深いもの、原罪でしょう。アダムとイブ以来、罪深いもの。だから人間というのは、できるだけ隠して隠して表に出ないように、ひそやかに敬けんに暮らすもの。敬けんに、信仰深く神にお祈りをする、これが求められたんですね。これじゃ人間はたまったものじゃない。人間性というものが死んでしまうというので、有名なルネッサンス、人間解放がおこりました。

簡単に歴史を振り返ってみますと、イタリアにルネッサンスがおこり、ヨーロッパ中に広がりました。これが古代ギリシャ、ローマの人間解放を復活させる。それからその次は宗教改革。宗教改革によってその意図していたことと反対のことが生まれたんです。宗教改革は、カトリックは乱れている、信仰をもっと厳格にしようとしてルターやカルヴァンが始めたんです。しかし、その教えは、人間が神のみを信仰すればよいというわけで教会を外してしまえという考えを打ち出したんです。そうすると、人と神の関係になる。人は個人が重要であるということになってきたわけで、神を信仰する個人、これが問題になってくる。

ルネッサンスや宗教改革の影響を受けた『ハムレット』、シェークスピアの作品ですが、"To be,or not to be.That is the question."—生きるべきか死ぬべきか、それが問題だ、というせりふがある。そこには身分とか階級とか村とか家とか、そんなものは一切考えない。ただ、人として人間として、生きるべきか死ぬべきか、これが問題とされている。ということで、プロテスタンティズムはアングロサクソンの世界に広がっていったわけです。その精神が資本主義の精神と共通するところや響き合うところがあったわけです。だからアングロサクソンの世界では資本主義がどんどん発展していきまして、産業革命がおこったわけです。イギリスで最初に、18世紀から19世紀にかけて産業革命がおこり、イギリスは世界の工場となってどんどん生産原料を世界中から輸入して、特に綿をインドやアメリカからどんどん輸入して、綿製品にして輸出していく。世界市場を支配する。そして、イギリスのパックスブリタニカ（大英帝国による世界の平和）が19世紀に誕生したわけです。こうして、人間が解放された、個人が解放されたということになったんですが、西洋世界は、近代化の飛躍的な発展を迎えたということになります。

人間解放、ヒューマニズム、人権、デモクラシー、いいことばかりです。しかし物事には盾の両面がありまして、いいことばかりじゃないです。人間はだんだんごう慢になってきました。神の支配を外れた人間は、だんだんごう慢になっていくんです。人間万能主義、何でもできるんだっていうことで、人間にできないことは何もない。それを助けてくれたのは科学です。科学万能主義。19世紀は科学万能主義でした。そうしたらついに月まで、あるいは火星や土星まで、人間の手が触れるようになったわけです。そして、この資本主義経済が発展してきまして、西洋社会は何よりも生産性を追求しまして、いかに効率を上げるか、ということで効率性を追求した。生産性、能率、効率。ひたすらこれらを追求する。コストをできるだけ引き下げて、生産性をできるだけ上げる。そして利潤追求にひた走る。

こうして、先進工業国家が、まずイギリスをはじめに、次は南北戦争を終えたアメリカ合衆国に、次はドイツにフランスにと、次々と西ヨーロッパ、西欧を中心に発展していきまして、ものすごい生産力を築き上げたわけです。蒸気機関もものすごいエネルギーです。日本人が蒸気で動く鉄の船を見てびっくりしたんです。それほどの差が開いちゃったわけです。そのうち、この生産力が西洋ではいっぱいになる。そこでこれがあふれだす。市場を求めて海外にあふれだしていくわけです。そしてアジア、アフリカ、ラテンアメリカ、アラブ諸国をすべて市場に、あるいは植民地にしていく。こういう西欧の支配が始まるわけでありまして、西洋キリスト教文明が近代化の名の下にどんどん世界に広がっていったわけです。

長い鎖国の夢を破られた日本、黒船によって破られた日本は、びっくり仰天し、さあ大変だと、岩倉使節団、政府をあげての使節団がアメリカやヨーロッパを見て回るんです。どこへ行ってもびっくり仰天。これは大急ぎで日本も近代化しなきゃいかん。そうしないととても太刀打ちできない。西洋の植民地になってしまう。実は危うくイギリスの植民地になりかける寸前だったんです。あるいはフランスの植民地にもなりかける寸前までいったんです。それが明治維新によって日本は辛うじて独立を保った。したがって、自力でというか、自分の力でなんとか近代化、脱亜入欧を始めていったわけです。

いい面ばかりじゃないということで、例えば反面があって、この解放された人間の力、ものすごい力です。ついに巨大な生産力を生み出しましたが、それはやがて自然を破壊し環境を破壊し、自分の住むこの周囲すらも破壊するようになった。やがてはこの地球全体を破壊するような核兵器まで、科学の名の下に生み出したわけです。だからプラスの面とマイナスの面をみていかなければならない。この西洋キリスト教文明の征服欲は科学の下に自然を支配し破壊し、環境を破壊して地球環境すら危なくしています。これを阻止しようとして京都議定書が結ばれたにもかかわらず、今だに批准されていないんです。地球環境はますます危なくなるばかり。しかも人間そのものを疎外して商品化していく。なんでもかんでも商品にしていくというのが、この資本主義の論理なんです。

中東イスラム教文明圏

　では中東イスラム教文明圏はどうかということですが、これはもう神絶対主義です。イスラム教徒がよく言う言葉ですが、インシャラー。何言ってもインシャラー。「じゃ明日会いましょうね」「インシャラー」、「じゃ、契約しましたからよろしく」「インシャラー」。何だ、これ。イン・シャア・アラー。「アラーの心のままに」という意味です。だからもう雲をつかむような話。イスラムの社会では、神次第になっちゃう。仕事を途中にしても、1日5回は神を崇拝するんです。その戒律はもう絶対であるということで、ムハマンド（イスラム教開祖）の残したコーラン、これに厳密に従っていけることが良きイスラム教徒という、そういう文明圏であります。

　これはキリスト教と同じ「性悪説」です。人間というのは悪いものだ、信用ならん。だから神が人間を見張ってやって、神に従わせなければいけない。唯一絶対の神を崇拝する。他方、この近代化っていうのはやっぱりけしからん、世俗化を伴う。世俗化ということは、宗教も神も忘れさせてしまう。しかも女性は肌もあらわにして飛び歩いている。宗教と生活、宗教と政治が分離する、そういう世俗化は食い止めなくちゃいけない。近代化は絶対それを伴っているから、食い止めなくちゃいけない。こういうのがイスラム文明圏です。

　そして、神の教えを広めるためには戦いです。これはジハードといいます。聖戦です。これによってアラビア各国、イラン、ペルシャ、トルコ、トルコを越えてバルカン半島まで、それからヨーロッパのスペインまでイスラム圏が広がっていくわけです。神のために戦えということで、戦闘的な宗教であります。人間性とか人権とか、そういうものをあまり重んじないというか、ほとんど考慮しない、神がすべてのそういう非常に厳しい宗教です。砂漠という厳しい環境に生まれた宗教…。実は、キリスト教も一神教なんです。ユダヤ教も一神教なんです。だけど、先ほども言いましたように、西洋ではルネッサンスや宗教改革、産業革命がありまして、近代化というか世俗化が進んで、宗教とは別に生活、あるいは教育、それから政治・経済が営まれるようになったので、今や教会に行く人はほんのわずかの数パーセントしかいない。そこまで世俗化が進んできているわけです。

こちらはもう神100パーセントで、神が人間生活のすべてを支配する。イスラムで有名なのは女性の地位、立場です。一夫多妻制です。1人の男性が4、5人の妻を持つことを認められているということなんですが、これは女性にとってはどうでしょうか。女性は非常に不遇の状況に置かれている。しかも顔全面、体全体を黒いベールで包まなくちゃいけない。厳密に言ったら顔も隠さなくちゃいけない、目も隠さなくちゃいけない。目を隠したらどうして歩けるか、転んじゃうじゃないかというと、ちゃんとうまくできているんです。目のところは網になっていまして、辛うじて見えるんです。一番いい例がイランです。イランではパーレビ国王が、上から近代化を推し進めようとした。ところがひっくり返ったんです。イスラム教の指導者ホメイニさんが、1979年に革命をおこしたわけです。イスラム革命。そして、パーレビ国王を追放しまして、今までの近代化を全部否定し、イスラム教の支配を実現します。実際に、イスラム教の宗教者が支配するのです。イラクの隣のイランは、そういう状態になったのです。

女性は、今までは近代的な服装をして、スカートを翻してさっそうと歩いていたのですが、真っ黒のベールで身を包まなければならなくなった。僕は美的感覚から言ってもいいとは思わないんですけれど、どうですか。しかし、イスラム教では神が命じた「肌をあらわにしてはいけない」という戒律を守らねばならない。これは男のエゴイズムだと私は思うのですが、どうでしょうか。

その厳しいイスラム教文明圏のど真ん中で、アメリカは戦争を始めたんですね。アメリカというゾウさんは大食漢でありまして、ものすごいものを毎日毎日食わなければやっていけない、巨象なんです。ものすごいエネルギー、資源、これを毎日毎日食ってやっている。アメリカをご覧になられた方、大きな乗用車がバーッと走っていますが、もうガソリンの垂れ流しというか、もう食べ放題。ものすごい量がいるんです。それで、国内に油田があるじゃないかと思われるでしょう。テキサスなんかにあるんです。なんで使わないの？　これは大事だからしまっておくんだっていうのです。将来のために、使わないで置いておくんです。だからよそのが欲しいんです。そのためにたくさんの石油が埋蔵できるように地下の層を掘って、そこに流し込んでいる。石油層を造っているんです。そのどん欲なゾウさんが、のっしのっしと歩きだして、イラクというピザをペロッと食べちゃう。本当に2カ月ぐらいで食べちゃったんです。それで勝利宣言です。ブッシュ大統領が「勝利しました」と。

ところが、このピザがくせ者だった。ピザじゃなかった。ゾウさんはもうそれから口の中が痛い痛い。何かが刺さって痛い。骨が刺さって痛い。七転八倒。えらいことになって、犠牲者もどんどん出る。毎月何十人という犠牲者が出る。実は、これはピザじゃなかった。舌ビラメ。舌ビラメをペロッと食べちゃったもんだから、骨が刺さってもうしょうがない。えらいもん食べちゃったと、こういうわけです。こんなもん早く手放そうと決心した。で、主権を移譲して引き上げたい。だけども引き上げられない。こんなに犠牲を払って獲得したものをむざむざと手放すことができますか。ものすごい税金を使っているんですから、アメリカ国民は承知できますか。だから、せっかく得た獲物を、舌ビラメであろうと何だろうと、ガッチリと獲得しておかなければならない。そこで主権移譲はなされて政府は発足したけれど、その後ろにはずらーっとアメリカ顧問団が並んでいるんです。石油省は立派に建っている。石油省だけは全然被害を受けていない。

その次の目標は、おそらくイランなんでしょう。イランにはいらんというほど石油がある。これを何とかものにしたいということになるんでしょう。サウジアラビアは同じ独裁国家じゃないですか。これはどうなんですか。サウド家が独裁している。しかしこれは親米です。アメリカにおとなしい。それからパキスタン。核兵器持っているじゃないですか。これどうしたんですか。アメリカは攻撃一つしない。パキスタンも親米。アメリカにはおとなしい。肝心のイスラエルは、中東紛争の元凶。イスラエルはどうした。核兵器を何発も持っている。アメリカは黙っている。アメリカの政財界を押さえているのはユダヤ資本です。だから核兵器を持っていてもアメリカは黙っている。まったくアメリカのやり方は矛盾しているようです。この世界は国内と同じようにはいかないんです。国際政治は正義では動かないんです。パワーポリティクス（power politics）です。力の政治で動いているのが現実なんです。世界政府なんてないのです。国連といっても強制力はないんです。これがいわばパワーポリティクスの世界。力があるものが勝つと。力は正義ということになっている。これが現実であります。

東洋仏教文明圏

さて、東洋仏教文明圏は、これはどういうところだろうといいますと、仏様。仏様といってもいろんな仏様があるんです。私も日本に暮らしていながら区別ができないくらいたくさんある。しかも人間は仏様になれるんです。みな仏様になれる。あるいは生きたまま仏様になれる。生き仏。ということで、非常に多神教です。一神教じゃなくて多神教の世界。何と日本には800万の神々がいるんです。八百万（やおろず）の神々。800万。数えた人がおられますか。何でも神にしちゃうんですから。森も林も川も山も石も、みんな神。すごいもんです。人間もまた神になれる。死んだら神になれる。大変なことです。しかもややこしいのは、神と仏様が一緒になっている。神仏習合。神社に行ったらお寺がある。お寺に行ったら神社がある。全部一緒くたです。お寺の中のお稲荷さんにパンパンお参りして、さあ本堂へ行きましょう。だからもう何でもこいです。

あんまり厳密な区別はしません。

なぜこういうことになるかというと、キリスト教もイスラム教も性悪説ですね。ところが、こちらは性善説です。人間は本来、良いものである、人間性というのは本来、良いものだと。だから死んだら仏様にも神様にもなるし、生きている間にもなれる。こういうわけです。非常に結構な教えです。だから、お互いに和合しましょう。神仏習合にしてもそうだし、最近はキリスト教も含めちゃおうと。皆さんご存じでしょう。ホテルに行けば教会が建っているんです。立派な教会が建っていますね。あれ、何教会かな？　あ、十字架がある。キリスト教か。カトリックだろうかな、プロテスタントなのかなって。どっちなのかなって、私などはとまどってしまいます。

あるとき、私は卒業生の結婚式に招かれて行ったんです。ホテルの中に教会がある。ホテルの外にじゃないです。ホテルの中の1室が教会になっておりまして、ベルトコンベヤーに乗って花嫁さんが運ばれてくるんです。花婿さんも運ばれてくる。それで、神父さんらしくない人が、「新郎は新婦を永久に愛しますか？」「愛します」ってね。「新婦は新郎を永久に愛しますか？」「愛します」。教会自体が偽物で、信者も偽物でしょう。神父も偽物で、偽物ばっかりじゃないですか。それで「愛します」なんて言ってる。成田空港に行ってご覧なさい、もう離婚だ。成田離婚。しかし、日本人の胃袋はよっぽど何でも飲み込むのでしょうか、キリスト教でも飲み込んじゃえっていうわけで、若い人はもう男の子も女の子も皆、十字架を下げているんです。よく見れば十字架なんです。日本人てクリスチャンが多いんだなとか思うわけです。女の子の胸を見てご覧なさい。そうすると十字架が輝いておりますから。「あれ、君はいつからクリスチャンになったの？」「えっ？」。聞かれた相手はびっくりするんです。「これ、キリスト教の信者のしるし？」なんてびっくりするんです。

そういうことで、まことにこの何でも飲み込んじゃう東洋仏教圏。特にこの日本は、西の果てから発展してきたものが、どんどんシルクロードを通って日本にたどり着いてくる。ですから、いろんな文明がたどり着く。そして日本独特の文化をつくり上げた。雑種文化だという人もいる。そうだと思います。純血な文化というのはうそだと思います。雑種文化だからこそ強いというか、雑草は根強いわけで…。また日本の演歌というのは、皆さん、そのテーマになっているのは「あきらめ」というのが多いです。「や〜ると思えば〜あきらめた〜」。もう簡単にあきらめちゃう。それから、やたらに「あなたあなた、あなたあなたあなた、あ〜なた〜」と呼び掛けが多いです。あきらめとか甘えとか、別れたんだからいい加減さっぱりしなさいと思います。しょっちゅう甘えてるんです。日本は特に小さな島国ですから、お互いにもたれ合って甘え合ってやってきたんです。そのうちはそれで良かったんです。

ところが、近代化の波がドッと押し寄せてきた。これが第1の開国でしょう。明治維新。第2の開国は敗戦。日本は焼け野原になって、アメリカ軍をはじめ占領軍がやって来た。大開国したわけですよ。第3の波がグローバリゼーション。これは発源地はいずれもアメリカです。グローバリゼーション―自由化。農家もうかうかできないんです。競争にさらされる。自由競争です。自由市場、自由競争…、強いものが勝ち、弱いものは負ける。強いものが弱いものを食べる、弱肉強食、優勝劣敗。この市場原理の発信源は、一番強いアメリカ。この原理は強いのが勝つんですから。もうロシアも東欧も席巻して、さらに中国ですら席巻した。中国はもう改革開放で市場経済になったんです。いつまで中国共産党がもつか。今度は北朝鮮。北朝鮮だけぽつんとしている。もうもちきれないということで焦っているわけです。そういうことで、東洋仏教圏も、この甘えとかお互いにもたれ合いではやっていけないという、そういう近代化の波がとうとうと押し寄せている、ということなんです。

イラク戦争の意味

最後に、イラク戦争の意味は、これまで既にお話ししたことでもう尽きているかと思いますが、この近代文明、がぶがぶ飲みの使い捨ての文明、人間万能、科学万能の文明、工業文明。そういう文明がイスラム世界にも押し寄せてきまして、イスラムの原理主義とある日ぶつかったんです。そして、いまだに解決してないんです。まだまだ延々と続くでしょう。簡単にブッシュさんは「もう勝った、勝った」なんて言ったけど、あんなものは大間違いでありまして、そう簡単には片が付かない。

イスラム教世界も2通りに分かれまして、1つは原理主義で、原理主義勢力がテロを盛んにおこしているわけです。イランとかイラクとか、あるいはパレスチナあたり、あるいはエジプト、サウジアラビアも原理主義。シーア派に原理主義勢力が多いんですけれども、スンニ派は比較的おとなしい。そういう原理主義を貫こうとして西洋の近代化に「反近代」を掲げて対抗しようとして聖戦（ジハード）を仕掛けている一方で、他方には世俗主義といいますか、あるいは近代主義でモダニズム、西洋の近代化を積極的に受け入れてわが国も近代化をしよう、日本を見ろと、日本がモデル、近代国家として立派にやっていこうと、こういう方針の国家もイスラムにはあります。

その代表的な例がトルコです。トルコは政教分離。政治と宗教を分離して、そして国を近代国家に生まれ変わらせてEUに加盟しようとしております。EUに加盟できたら、これはもう立派な先進国として認められる。経済産業も発展させていける。トルコはこういう生き方をしている。エジプトもこれに近いわけで、だからムバラクさんは原理主義者にたびたび命を狙われているんです。エジプトも危ないんです。これからは、イスラム世界は2つに分かれて、引き裂かれたイスラム圏ということで、安定にはまだ程遠いかと思います。

日本の歩む道

日本はどうなのか。日本のことにちょっと触れておきたいと思います。日本の今後にはどういう道があるのか。これは皆さん一人一人がお考えになると思いますが、私が参考までにお話ししたいと思います。日本の道、かつて歩いてきた道があります。これが日本の歴史です。そのかつて歩いてきた道には失敗の道があります。失敗の歴史。だからかつての失敗の苦い経験、痛い経験を繰り返さないこと。簡単には歴史を忘れないということ。これが大切じゃないでしょうか。もう1度同じ失敗の道を歩むというのは、これが大国への道です。経済大国になった、今度は政治大国だ、今度は軍事大国だと、大国大国といっておごり高ぶっていればどうなるか。かつての道が教えてくれているのです。それ以上は私は言いません。

私は、それよりもっといい生き方があるのではないかと思います。まず日本人はおごり高ぶるんじゃなくて、もっと謙虚になる必要があるんです。だからといって、一神教に変えようというわけじゃないんです。大切な「自然」というものがあるじゃないかと思うのです。大切な大切な美しい日本の自然というものが。自然に対してもっと謙虚になる必要があるんじゃないか、そうすれば、おのずと道が開かれる。緑の国。環境を大切にして、自然を大切にする。自然に対して謙虚である。そういう緑の国。小さくてもいいじゃないですか、大国でなくても。威張り散らす必要はない。スウェーデンをご覧なさい。フィンランドをご覧なさい。あるいはノルウェーをご覧なさい。小さくても自然を大切に、自然との共生といいますか、それを図ってゆったりとした緑豊かな国造りをやっておりますし、日本もそれをやっていくことが十分可能と考えられる。考え方、価値観を変えればです。今まで通りの価値観であれば、がっぱがっぱと食べて、エネルギーはどんどん使い捨て放題。こういうやり方をまねしていたら、これはもう大国になるしかないです。それを獲得するために力が必要になる。そういう道を歩んだら、かつて歩んだ道になる。そうじゃなくて、日本は平和60年、平和憲法のもとで60年、こんなに平和で安定した国になったという平和モデルを持っているわけですから、世界にこのノウハウを輸出していけば、随分平和貢献、世界に対する国際貢献になるんじゃないかと思います。

世界の現状をいいますと、南北問題というのがありまして、北の先進国の人口は20パーセント。南の人口、80パーセント。こんなに人口に開きがあるんです。ところが、北の20パーセントの我々は、何と地球のエネルギーの80パーセントを消費している。エネルギーとか資源を。それで南の人々は残された20パーセントで暮らしている。イラクの子どもたち、主婦たち、パンを焼くのに石油産出国なのにエネルギーがないんです。だから仕方がないから、木を切って薪を集めて火を燃やしてパンを焼くんです。他のアジア、アフリカの国々もそうです。だから緑がどんどんなくなっていく。砂漠がどんどん広がっていってるんです。地球全体を宇宙からみると、どんどん赤茶けたものになっていっている。そして、地球全体を覆うのは、フロンガスでしょう。この北の先進国が大量消費をする文明でやっているのですから、ものすごいガスを放出していることになる。これが現状なんです。

この南北問題を何とかしないと地球環境自体がおかしくなるし、これからの発展も、80パーセントの人が20パーセントじゃやっていけないということになりますから、その場合に、日本の平和モデルを南の人に参考にしてもらって、あるいは、ただＯＤＡでお金を出すだけではなくてそういうノウハウ、目に見えない平和的に発展するノウハウを、第三世界の人々に提供するということが大切じゃないかなと、私はそう思っております。

日本の町並み・岡山の町並み

山陽学園短期大学教授
渋谷俊彦

今日は「日本の町並み・岡山の町並み」というお話をさせていただきます。できるだけ楽しい話、かつ聞いてちょっと得したかなという話にしたいと思っております。

私は6年ほど建築技師をしていました。この短大に来まして、キャリアデザイン学科の教員として住宅のことを毎日教えております。実は山陽短大に来る前に岡山市役所におりまして、2個の大きなビルの企画にかかわりました。1つは桃太郎プラザというビルです。ワシントンホテルが入っているところで、駅前にたくさんの小さな建物があったのですが、それらを1つのビルにいたしました。もう1つが岡山シンフォニービルです。

こちらの短大にまいりましてからは、倉敷市の重要伝統的建造物群保存地区という、一般に美観地区といわれるところですが、そこの委員をさせていただいています。今日は、町づくり、それと町を守っていくのにどこまでやるかという話が結論に出てまいりますので、そのあたりまでお付き合いいただければと思っております。

夫婦で歩く歴史的町並み

まずは、なぜ今町並みなのか、ということですね。それについて、「夫婦で歩く歴史的町並み」のベスト10というのが、7月10日の日経新聞に出ていました。その記事によると、第1位は高山（岐阜県高山市）、2位は鎌倉（神奈川県鎌倉市）、同率2位京都・祇園（京都市）、4位は竹富島（沖縄県竹富町）、5位は金沢（金沢市）、6位は角館（秋田県角館町）、7位は白川郷（岐阜県白川村）、8位は函館・元町（北海道函館市）、同率8位妻籠（つまご）・馬籠（まごめ）（長野県南木曽町、山口村）、10位は尾道（広島県尾道市）、同率10位萩（山口県萩市）、という順で並んでおります。かつての観光地としてじゃなくて、夫婦連れでゆっくりその町を散策する、もっといえば、その町に暮らしてみたいなと思うという…。今までの観光バスでどっと行くツアーの楽しみから一歩進んで、こういった歴史的な町並みをじっくり味わうということが日本でも注目されてきたということだと思います。

町並みの記事から

ではもう少し、この町並みの最近のことについて確認してみようと思います。最近の新聞記事からの情報ですが、まず、今年の1月に、「茅ぶき技術を継承へ、旧野本家で職人養成、金沢市が新年度から新『江戸村』移築」、こういうのがあります。伝統的な町並みを守るのに、技術が切れてきております。大工さんはまだ何とかいけます。左官さんが危ないんです。次に屋根ふき職人ということで、屋根をどうやってふくかという話が全国的に問題になっております。私も、屋根ふき職人さんの講習会の講師を頼まれました。職人さんが全国から岡山に集まってきて研修を受けられました。どんな職人かといいますと、ヒノキの皮をむく職人です。木への登り方からトレーニングして、ヒノキの皮をぱりぱりとむくというものです。それを神社の屋根にふく材料にまでする。だから正確に言うと、屋根ふき職人さんではなくて、屋根材製造職人さんですね。木の皮をむく人、それをきれいにする人。次にそれを竹のくぎで1本ずつ、お宮さんの屋根に打っていく屋根ふき職人さん。こういうところから始めないと駄目な時代になっています。茅ふきについては既に岡山県、ひいては西日本の茅が駄目になってきているそうで問題です。酸性雨で茅が駄目になってきたのです。後楽園の延養亭（えんようてい）の屋根をふかれた職人さんからお話を伺ったところ、青森あたりで調達されています。

次は、「文化、交流、体験拠点へ、醤油蔵を再生、岡山・勝山」とあります。これは「しょうゆ蔵」を直して使おうという話ですね。岡山の町並みで今人気が急上昇しているのが勝山です。

さて、次に続いて「勝山町（岡山）優秀観光地づくり賞受賞」。今年の3月23日の山陽新聞に出ています。勝山は西日本を代表する町並みになってきました。これは、これから私が取材してきたお話もご紹介しますが、ぜひ行っていただければ納得していただけるかと思います。

次に、温泉津（ゆのつ）の話です。こちらは、日本の町並みの中で飛び抜けまして、世界遺産を目指しています。石見銀山（大森銀山）の資材の搬入港です。山陰の港町ですけれど、温泉津と石見銀山とがセットになって世界遺産を目指しています。その温泉津が国の重要伝統的建造物群保存地区（重伝建）に申請します。まず、うまくいくと思います。大森銀山が重伝建になっていますから、これで鉱山町と港町が両方とも重伝建になっていくということです。

次に、民家の保存です。町並みというより単品になりますが、重要な民家を核にして、町並みが並んでいるのが、重要伝統的建造物群のイメージです。倉敷でいいますと大原家、それから井上家という、2つの国の重要文化財を目玉にして、それに周囲の町並みがつながっていきます。大橋家がないじゃないかとおっしゃるかもしれませんが、つらいことに、町並みから切れてしまっています。

次に、「旧大国家住宅（岡山県和気町）国重文に」。実は、この大国家というのは、簡単な修理が行われて公開になりますが、岡山を代表する全国的にも例の少ない住宅です。何しろ土間の中で軽四トラックがくるっと回れるぐらいの家です。そこそこの裕福な、庄屋さんクラスの家を2棟並べて、その上に直角にもう1軒乗っけているような大きさです。

私自身、剣豪小説が好きなのですが、岡山が生みました柴田錬三郎さんの家も、保存活用されますと値打ちです。この家はそんなに古いものではありません。備前の明治の後半から戦前ぐらいまでにかけて造られました、典型的な農家です。塀があって門がありますから、ちょっと裕福な家です。我々の目からみますとまだ見なれた家なんですが、残しておかないと、いずれ大事なものになってくると思います。今、当たり前だと思っているものでも、少しでも残せるチャンスがあるものは残しておかないと、もう50年すると残すのが難しくなる。いいチャンスじゃないかなと思います。

これは去年の話ですが、「ＪＲ四国新会社が歴史的建築を再生、第一弾は宇和島で」。ＪＲ四国がやはりこういうビジネスに手を入れてきました。つまり、四国でも、町並みを目当てにＪＲへ乗られる方が増えてきた。となれば、それをパワーアップすれば、もっとＪＲ四国に乗ってくれるんじゃないかとの考えでしょう。

それからこちら、「倉敷市購入の東大橋家住宅、整備素案まとまる、情報館やスタジオに」。先日、建物の中を見せていただきました。東大橋というのは、大原家の前から見て、路地を隔てて左側の家です。門が立派です。ずっと閉まっていますから、入ったことのある人が少ないお宅です。とうとう昨年、倉敷市が買いました。高過ぎるという話もあったみたいですけれど、「ともかく今買わないと」、ということで倉敷市が買いました。計画の原案ができて、さあこれからどうするかという話になっております。

それから「吉永で『草葺きフォーラム』かやぶき民家見直そう」。これは私の友人たちが加わっているもので、吉永町の八塔寺でこの茅ぶきをやっていこうという記事です。

昨年11月の記事「第11回『くらしきまちや賞』井上昌さんら受賞者3人決まる―倉敷市」。「くらしきまちや賞」とは、倉敷の町家に賞を出すんじゃなくて、倉敷の町並みを一生懸命守ったり、倉敷の町をいい意味で繁盛させている人たちに賞を出すという賞でして、井上昌さんが受賞されました。井上さんはどういう方かと申しますと、倉敷川沿いの柳のあるところの角に考古館があります。その考古館から鶴形山の麓の方向にちょっと入ったところにある井上家のご当主です。倉敷の歴史に詳しい方はご承知の通り、古禄（ころく）・新禄（しんろく）というのがあります。古くからの門閥町人を古禄といい、その後江戸時代後半に出てきた新しい有力商人が新禄。井上家はこの古禄にあたります。

大原家が興隆する前の門閥町人でありました井上家。倉敷で一、二を誇る家系。この古禄の屋敷は、井上さんがお留守をされていまして、傷んでいたのです。決心をされまして、ご自分でもお金を出され、市役所もお金を出して緊急修理ができて、今、日曜日だけオープンしております。国の重要文化財になりました。大橋家・大原家と並ぶ倉敷の美観地区全建築の中では3つ目の目玉になりました。しかも大原家よりずっと古いですから、他の2つと並べるとどう違うのかがよく分かる建物です。簡単に申しますと、大原家には土の扉が2階に付いていません。倉敷窓という木の枠がある窓が並んでいます。一方、井上家には重たい土塗の扉が閉まるようになっています。古い時代の倉敷の町家はわら屋根が多かったので、それだけ火災の危険が高かった。だから、井上家は防火性が高かった。時代が下がると大半が瓦屋根になったので大橋家、大原家は、窓に防火戸を付ける必要はなくなりました。

不思議なEメール

1年半ほど前、私の手元に不思議なEメールがやって来ました。見ず知らずの方からで、原稿を書いてほしいのですがと、どうも私の名前を伝えたのが、私の友人らしい。これは私にとっては捨てがたいチャンスでした。もともと新聞とかテレビというのは大好きなんですよね。出たがる、書かれたがる、最後には書きたがる。実は先年、中国新聞にコラムを書かせてもらいました。倉敷ケーブルテレビでは10カ月ほどニュースのコラムもやらせてもらったことがあります。今度は、雑誌の記事を書いてくれと。喜んでお受けしました。それが、『日本の町並みⅡ　中国・四国・九州』です。この岡山県の部分を書かせていただくことになりました。江田修司さんとおっしゃる、建築の編集者が、この企画を平凡社に持ち込まれました。監修をされたのが、西村幸夫先生です。東大の教授で、都市計画面から町並みをどうしていくかというので、全国的に活躍されています。景観法をつくるとか、観光立国とか、そういうことから美しい町にしよう、海外からお客さんに来ていただく町にしよう、それがこれからの日本の都市計画だと。超高層ビルを建てたり、工業化した住宅を一律に建てるんじゃ、もう限界だということだろうと思うんです。もう1つこの本、何が値打ちがあるかというと、三沢博昭さんというカメラマン。この方が全国の重要伝統的建造物群の写真を撮られていた。それを編集者の江田さんは重々承知で、これで雑誌を作ろうという話でした。

さて、第Ⅱ巻。この表紙に載っている写真、この町はどこでしょうか。実はこれは吹屋の写真です。中国・四国・九州の町並みの中で、表紙を飾ったのが吹屋です。これは確かに吹屋の最高のアングルです。1枚出すんならここという。本片山家の前、郷土館とかふるさと館の前から坂を下る方向に向いております。驚きました。嬉しくもありました。

町家とは、町並みとは

では、なぜ今、町並みなのか。観光、文化財、町並みの魅力。このあたりをお話しします。文化財保護というと、ちょっと固い感じがするのですが、やはり、正確に残すには文化財保護です。倉敷でいいますと、アイビースクエアとかいろんな町家がお土産物屋になっています。しかし、正確に残しているのは大橋家・大原家・井上家です。倉敷の屋敷、倉敷の有力商人の住宅の本物を見たいと思ったら、大橋家・井上家です。全国からあれだけお客さんがみえておりますけれど、倉敷の屋敷を見て帰る人は、30人に1人いるかいないかだろうと思います。大橋家を見学して出てきたある男性が、「これで500円というのは安い」としみじみと言いながら、靴を履かれていたのを思い浮かべます。楽しみも含めて、文化財保護という厳しさがあって初めて、苦みが利いた本物になってまいります。

ならば町並みというのは何なのかという話になってきます。一言で申しましたら、通りに正面を向けるというのが町家です。そして、町家の集合したものが町並みです。一方、農家は南に正面を向けます。南に作業庭を作ってもみを干す、豆を干す。これが農家です。

それに対して、町家というのは、ともかく通りに向かって建物を向けます。建物をなぜそちらに向けるのかというと、商いをする、物を売る。そのためには通行人に見てもらうということですね。次に、町家が建て込んできますと、だんだん分家したりして、庶民の住宅は間口が狭くなってきます。隣との間がもったいなくなってくるから、壁がやっと二重、屋根はもうくっつけてしまうぐらいになってきます。ともかく、商品を1つでも置きたい、間口は1寸でもいいから無駄に使いたくない、ということになる。こうして町並みができていきます。

日本の町並み

山陰の町並みの特色は寒さに強い石見瓦、赤っぽい瓦です。吹屋まで石見瓦がきています。広島は結構分水嶺が南でして、西条（東広島市）のすぐ北くらいまでが日本海側の流れになってますから、南まで赤い瓦がきているかなと思います。

それから、四国の太平洋側の町並み。土佐高知の雨は下から上に降るといわれております。壁にぶつかって下から上に吹き上げていくんですね。土佐しっくいといます。こちらのしっくいとはまったく違うしっくいを使います。外壁に横に棚のように瓦を差し込んで雨から壁を守ります。

瀬戸内の町並みというのは、なぜか本瓦葺きが多いです。分厚く感じる瓦、これが瀬戸内の特徴です。実証はできないんですが、何となく奈良県の今井町、あのあたりの意匠とつながっております。奈良は南都といいますね。京都、大阪の軽快な町並みではなくて、大和の国からずっと瀬戸内を西へ共通性がある感じがいたします。

九州、沖縄は中央あたりまでは、瀬戸内、山陰あたりと一緒ですが、南部になってくるとだいぶ違ってくる。鹿児島県の入来院（いりきいん）とか知覧あたりになると瀬戸内とは違うなと思います。

京都の町並み、大阪の町並みというのは、桟瓦で非常にシャープな洗練された町並みになっております。それに対して奈良はちょっと岡山、倉敷あたりと近い形です。重たい感じです。

東海道というのはまだ京都の影響を受けながら、少し木曽路とも通ずる要素が出てきます。やはり東国なのかなと感じます。

中山道の町並み、これはこのシリーズにもあるんですけど、馬籠（まごめ）・妻籠（つまご）は木部がたくさん表面に出ている。それから屋根がぐっと下がってきて、2階が通りに突き出しています。

江戸についていいますと、川越が江戸時代の町家だと思われておりますが、ご注意ください。あれは明治の町並みです。いかにも川越らしい、ぼってりと非常に大きな鬼瓦の屋根形態というのは、明治の趣味でして、江戸時代の趣味と誤解なさらないようにしていただければと思います。

倉敷の町並みの特色

それでは、岡山県内の町並みをざっと説明します。まずは倉敷。

倉敷の町並みについては「倉敷格子」、「倉敷窓」とよくいわれます。倉敷格子は別名「親付切子格子（おやつききりこごうし）」といいます。太い親が1本、短い子が3本という形でほぼ統一されています。他の岡山県内の町家の格子を見ますと、同じ町並みの中でもてんでんばらばらなんです。親が2本あって子が4本とか、親が1本あって子が4本とか。

それに対して倉敷は、古いものもよくそろっています。後から作っている新品はそれにそろえています。ほかの格子はあまり見ないんです。さすが倉敷格子と言うしかないかなと。実は倉敷格子は、京都へ行くと「糸屋格子（いとやごうし）」といいます。糸屋さんの格子です。親の太い格子は上まで通っています。それに対して子の格子を途中で切っているわけですね。立って目の高さよりちょっと上くらいで切っております。倉敷の美観地区に行かれて、旅館鶴形の喫茶コーナーに入られたらよく分かります。旅館鶴形は、改造してなければ国重要文化財になっていたといわれるもので、宮さまもお泊まりになるところですが、あの格子は古いものです。目の前を通っている通行人からは中でお茶を飲んでいるところは見えません。格子の間が狭すぎて。ところが、頭から上は子格子がないもので、親格子だけで、すき間が3倍くらいにぽんと空きます。高いところから光がすーっと入って、プライバシーをカバーしながら明るさも守っています。何十年もかけて職人さんがあの縦横の比を決めていったのでしょう。これしかないという寸法です。

なぜ京都で糸屋さんが使うかといいますと、色を見るわけですね。糸をずっと並べて見る。明るくなきゃいけない。そういうことから糸屋さんは格子の上を切り詰めて、高い方向からすーっと日差しが入るように作られています。

窓は、角柄窓（つのがらまど）。この角柄窓というのも、茶室などにもありましてそう珍しい窓ではないんですけれど、角（つの）が出ているということで角柄窓でしょう。2階にこれをバンバンと付けていくのが倉敷でして、他の町ではめったに見ません。実はこれは本当のことをいいますと、防火的には木の枠がむき出しになっているので良くはないわけです。なぜむき出しになっているのかというと、元々は井上家（写真1）のように、この上に土の防火戸が閉まるようになっていた。そのふたを取り外してしまった。今は、そのふたの下が見えているのです。ただし、やはり長年の大工さんの腕ですから、見事な比率をもっております。格子は3本か5本です。4本はありません。

倉敷美観地区の考古館からアイビースクエアの方に

向かうところに、外村家がありま す。民芸館を造られた外村吉之介さんのお宅です。実はここの写真が有名になって、倉敷の町並みが全国区になったんですが、一つ申し上げておきますと、この外村家は倉敷の町並みの中では上下逆転、特異例です。普通2階に付く倉敷窓が1階に付いております。格子が2階に上がっております。ですからこれは外村さんが直されたのか、その前に直されたのか…。倉敷の町家としては、ちょっと特異例になります。

写真1　井上家住宅

表裏逆転

また、倉敷の町並みについて一言お伝えしておきたいのは、現在は町が表裏逆転しているということです。どういうことかといいますと、町並みの北側に鶴形山があります。本当の倉敷というのは、鶴形山のふもとを東西にずっと通っているこの本町の通りが、倉敷のメーンストリートです（写真2）。じゃあ、観光客が歩いているところは何なのかというと、あれは裏です。つまり、柳が植わっているところは裏側です。表は鶴形山のふもとの本町なのです。なぜなのか。実は、倉敷川というのは運

写真2　本町

河で、あそこに船が来て、米俵を積んで出ていくわけですね。天城（あまき）のあたりで海の船に積み替えたということのようです。天城、八浜のあたりまで倉敷川を下っていって、大阪へ米を出す場合、海の船に積み替えました。つまり、倉敷の、今観光客がいっぱい来ているところは裏です。その証拠に古禄であります井上家というのは、この本町筋といわれているところにあります。ぜひ、倉敷にいらっしゃるときには、主役は本町筋ということでもう1度見直していただけば町の歴史と骨格がよくわかると思います。

東町

東へ進むと、元の職人町です。いまだに畳屋さんがあります。ブリキの金魚を売っている店があります。さらに進んだ東町が楠戸さんのお宅の前です。この楠戸家周辺が、今一番倉敷でいい場所ではないかと思います（写真3）。「はしまや」といいまして、羽島から出て来られて染め物をやられて、それから呉服になって繁盛されました。楠戸家の2階の窓。実は、楠戸家の窓は他の町家と違います。楠戸家自体が違います。どう違うのかといいますと、楠戸家は倉敷風の町家ではありません。京から職人を呼んで、明治に造られております。

明治大正ものの女性向けのドラマがありますよね。女性主人公で、大店のお嬢さんで、というようなドラマが即ロケーションできます。まったく変わってない。土間には古い写真が掛かっています。どんな方の写真が掛かっているかといいますと、ロックフェラー3世、ボーボワールさん、サルトルさん。大奥様にお話を伺いましたら、「私はこの家のおかげでこんなにたくさんの人とお会いすることができました」と言って、現在

写真3　東町にある楠戸家は屋号を「はしまや」といい、倉敷を代表する明治期の町家であり、現在も伝統的な呉服店の雰囲気を守っている

もピカピカに磨き上げられております。サツキが咲く時には中庭のサツキが新聞に出ます。

いつもは母屋にはちょっと入れませんけど、路地から奥へ入って土蔵を改造したサロンの方へお回りいただければ、倉敷ってこんなに良かったのかと思われると思います。今まで表通りしか通られてなかったら、ああこれが倉敷だったんだ、今まで来てたのは単に観光地に来てただけなんだな、まだこんなところが残っていたんだなと思われると思います。

備中高梁の町並み

高梁の町並みは何で有名かと高梁の人に聞きますと、フーテンの寅さんが2度来た町だということだそうです。西村幸夫先生が高梁の町の相談役をされておりまして、西村先生のおっしゃるには、高梁は城下町のすべてが残っている数少ない町なんだと。城下町のすべてとは何かというと、まず城。第2に武家屋敷、第3に町人町、第4に寺町、そして第5に川。これは堀も含むと思いますけど、水ですね。5拍子そろってるということで、高梁は稀有（けう）な町なんだそうです。

一つの特徴となる武家屋敷。今、1軒オープンしております。実は、もう1軒オープンします。武家屋敷というのは立派ではありません。わびしいと言っては失礼ですけど、商人の屋敷を見てると、侍屋敷というのは柱が細いな、梁も細いな、何かやせてるなという感じです。立派なのは門ぐらいです。ただ、2軒目もちょっとした寺院の庫裏ぐらいの雰囲気を持ってまして、今公開されているのと並ぶと武家屋敷町になります。

さて、こちらが商人町（写真4）です。「うだつ」という言葉がありますが、軒へ出るうだつと、屋根の上に突き出してその上に瓦屋根を乗せる本うだつがあります。そもそも何かといいますと、隣から火事が来たときにこれで防ぎます。隣りが燃えてても、これで止まります。反対から燃えて来ても、これで止まります。それから、屋根の上に突き出すというのは、屋根に穴があいて火が噴き出してもなんとかそこで止める。隣の板ぶきから火が出てもうちだけは何とか免れるという防火壁で、これがうだつです。

高梁の町を見ていただくと、新しい建物の先がボコッと出ています。大学ができまして、学生マンションができてポコッと出るという、これが高梁の町並みの今何とかしなくてはいけない点です。

このあたりも町並みが切れている。家をつぶして駐車場にしているんです。そこで町並みを守る対策として高塀を作って格子戸を入れて、ガラガラッと開けて自動車を入れて、ガラガラッと閉める方法が考えられています。町並みを守ろうという人たちが、こういう方法をとりながら、何とか町並みを続けていっております。

写真４　城下町時代からにぎわった高梁の商人町

備中松山城を守る

私に武家屋敷の相談を持ちかけてくれた高梁教育委員会の森宏之さんがつい先日亡くなられてしまい、残念でなりません。この山の上に日本一高い山城が乗っています。備中松山城です。これの修復の陣頭指揮をしてきた教育委員会の学芸員さんでした。

どういうことをされたかといいますと、備中松山城は、扇子の上にお城が乗ってると思ってください。岩山です。これが扇子が開くように縦に割れていってるんです。割れてバラバラ落ちている。その上にお城が乗っているわけです。ずるずると石垣が落ちる。おまけに単に石崩れではなくて、この岩が割れて落ちるという感じです。これはまた、松山城へいらっしゃったとき、お城へ上がる正面、天守閣の右手の岩山を見てください。彼が必死になって保存計画を作り、岩に穴を開けてボルトを入れてねじ込んで、ねじで締め上げてセメントの接着剤も入れて止める工事をしたわけです。たくさんの人の英知を集めてあのお城を守ったのです。

これで、やれやれというところで倒れて、亡くなってしまいました。どの町にも何か、命を懸けてるような方がいらっしゃいます。ちなみに森さんは大阪生まれで、大学だけ岡山なんです。親族代表の方は、「もう岡山に取りつかれたんだろう」と…。「岡山へ行くんだ、岡山へ住むんだ、岡山で働くんだ」と言って、大阪へとどまれと言うのを振り切って岡山へ来て、ということを言われてました。私ももう2週間早く高梁に出張していれば彼にもう1度会えていた。それが悔しくてつらいんです。つい私情を挟んでしまいましたけど、町並みってそんなもんだと思います。すごい良い友だちがいて、行ったらもう歓待してくれて、ということです。

吹屋の町並み

吹屋に入ります。本の表紙を飾りました吹屋です。吹屋というのはベンガラでこれだけの町ができました。ベンガラ、赤い顔料ですね。これが本片山家です（写真5）。ここが本家で、今、公開されているのもその分家の片山家です。今度この本片山家がついに公開になります。吹屋の大目玉になるはずです。

写真５　吹屋の本片山家

少し、建築の話をします。倉敷の町並みは、屋根瓦が「本瓦葺き」です。お寺の瓦、これが本瓦です。一般的な瓦が「桟瓦」です。重さが2倍以上違います。「お値段は？」と倉敷の教育委員会に聞いたら、「3倍違います」と言われました。倉敷市の教育委員会は美観地区・伝建地区内で屋根瓦をふき替えたいとか新築したいと言うと、まずは「ぜひ本瓦で」と言います。

建て主はちょっとたらっと冷や汗が出る。本瓦1枚で屋根瓦が3枚ふけるわけですから。性能的には桟瓦のほうが軽くて良いのです。京都、大阪の町家は桟瓦です。なぜか瀬戸内は本瓦が主体です。

吹屋は何かといいますと桟瓦で、しかも石州瓦、石見瓦でも、どちらでも結構です。石見のことを石州といいますから、これは同じものです。赤っぽい瓦です。ちょっとつるつるしております。ぴかぴかとしているのは、最近の新型過ぎる石見瓦です。吹屋では修理するためにわざわざ半つや消しの瓦を使っているようです。ここの瓦は実にあめ色で1枚ずつ色が違います。それだけ古い時代は不十分な窯で焼いていた。

さて、その石見瓦なんですけど、実は冬に雨が降ったり、もしくは雪が降って凍るところはいぶし瓦が使えません。上にガラス質の上薬を塗った瓦でないと、雨水を吸い込んで中で凍ると膨張して表面がバリバリと飛んでしまいます。瀬戸内は普通のいぶし瓦です。

この写真にある出入口が「妻入り」です（写真6）。通りに面して三角形の屋根を見せるのを妻入りといいます。吹屋は妻入りが主体です。「妻入り」に対して「平入り」があります。倉敷、高梁は平入りです。

吹屋は鉱山町です。私程度の勉強レベルではなかなか吹屋の原稿は書けません。ローハ（ベンガラの主原料）って何なのかとか、それはどこでどう採れて—という話になってきますから。先日、最後までベンガラを作られていた田村家のご当主に吹屋を案内いただきましたけれども、既に現ご当主でも、もうベンガラ作りの具体的なイメージは小さいころのことなので完全にはよみがえってないそうです。

吹屋は、本当に人が居るのかと思うほど静かな町です。田村さんのご説明ですと、何が今一番吹屋で自慢か

写真6　吹屋の妻入りの町屋

というと、映画だそうです。それだけ映像にはなるところです。高梁もそうですけど、高梁以上に凍結保存されているようなところです。

津山の町並み

次は津山です。これは造り酒屋さんで、「諸白（もろはく）」というお酒を造っています（写真7）。ここに並んでいます格子戸が、1枚ずつ格子の形が違います。多分、その都度修理したり増やしていってるんだと思います。一個一個が実に微妙に違うし、前の職人さんと同じ手なのか、それとも前の職人さんがやったのに対するライバル意識なのか、渋い。しかも遠目に見ると一緒なんです。近づいて見ると違うんです。その違い方が1つじゃなくて、3つくらい違うんです。格子の間隔が違うとか、切り方が違うとか。この子格子は宙に浮いているんです。親の格子の間に、子の格子を下をすかせて入れる。宙づりにするんですね。マッチ棒が通るくらい開けています。もう工芸品の世界です。中は、土間くらいまでは入れさせていただけます。この先に、梶村家というのがあります。これは大正・昭和、戦前の立派なお屋敷です。

写真7　勝間田町で操業を続けている、堂々たる間口の苅田（かんだ）酒造。格子に意匠が凝らされ、見る人を飽きさせない（写真は森里一雄氏提供）

勝山の町並み

さて、次は勝山（写真8）です。白黒写真のコピーが東京の江田さんの編集局から届きました。赤鉛筆で一筆「勝山はのれんで有名みたいですけど取材してください」と書いてある。

急行に乗って津山へ、そして姫新線に乗りかえて勝山へ。古くからの店がありましたので、飛び込みました。「こののれんを作っている方に取材しろと言われて来たんだけど」と言って写真を見せたらていねいに教えてくれました。染色作家は造り酒屋のお嬢さんで、東京の美大へ行って染色をされていた。この度、実家へ帰ってきて、実家で染め物を始められたのだそうです。一方、新しい町長が町からいくらか補助金を付けるからのれんをやらないかという話になって、のれんが作られだしました。その女性作家が凝っていて、注文を受けたらその家に行って話を聞いて、家の家紋から何から好みを全部聞いて、1枚ずつ染めています（写真9）。私が一番忘れられないのれんは、青地に、鳩がオリーブの葉をくわえているたばこのピースの図が白く染め抜いてあるのれんです。「何でここでたばこのピースなの？」とふっと店を見たら、たばこ屋さんでした。

写真8　中橋下手の高瀬舟の舟場跡。切妻の大きい屋根は元醤油蔵

続いて、おかみさんにお聞きしたところ、リーダーはやはり辻さんだというわけですね。御前酒の辻さん。若いころはご苦労もされたそうですが、今はお酒もいいし、町並みにも力を入れてくれるので、町長と一緒に実にいいという話をされておりました。

辻本店の蔵には鏝絵（こてえ）という、こてで描く絵が入っております。壁は、なまこ壁といいます。この白いのがなまこで、黒いのが張り瓦です。

写真9　造り酒屋の建物を転用した染色工房。勝山の町を彩るのれんは、ここで染められている

よろず屋さんの前を通って、「ああ、いいのれんですね」とおかみさんにお話をしましたところ、「役場の裏で先三浦の遺跡が出たみたいだけど見たかな？」と教えてくれました。電車の時間が気になってたんですが走って役場の裏まで行きました。岡山は前池田、後池田といいますね。鳥取と入れ替わった光政が後池田になります。これに対して、勝山では先三浦と後三浦。宇喜多秀家のお母さんのお福さんの前の夫が三浦のお殿様で、先三浦。江戸時代にやってきたのが後三浦と、勝山ではいわれております。

あと、もう1つ。私が3時間ほどこの街にいただけでこれだけ話の種を持って帰れるくらい、この勝山というのは面白い町なのです。辻本店に行きましてお酒を買ったんです。「子どもが10歳だから土産に酒だけではだめだからまんじゅうか何かないですか」と聞きましたら、「その先に酒まんじゅう屋さんがあります」と言われました。酒まんじゅう屋さんに行きました。のそっと入って、「酒まんじゅうありますか」と言ったら、「ごめん、もう1個もない」と。そうですかと残念がったら、「まんじゅうはないんだけど、これでも」と、酒まんじゅうの原料を1杯飲ませていただきました。「これがうちで使っている『美作』という辻本店のお酒じゃ。この酒だけで練る。1滴も水は入れてない」と、こうです。代々、職人の心が定着しているというか、身に着いている。自分の商品に自信がある、そういっても嫌みじゃない。やはり、また行きたくなる町です。

町並みを守るために

最後に町並みの景観を守るということについて1つ例を挙げておきます。倉敷では町並みを守るために、市長以下有罪になろうとも、美観地区に好ましくない商業建築は建てさせないというのが倉敷市役所の方針です。それはとてもつらい道を歩むことになるんだけど、そう簡単には判はつかないというのが倉敷です。市民もこれを支援しています。日本の国の掟よりも町の掟の方を優先する。非常に中世的な都市ですけれど、このくらいの根性がないと、あの市街地の中心であれだけの町を守れないのだなと感じます。

日本の食を考える

―学校給食を中心に―

山陽学園短期大学助教授
向井潤子

栄養士の仕事

私は食物栄養学科の教員なのですが、食物栄養学科は栄養士を養成する学科でもあります。栄養士といいますのは、病院、老人ホーム、学校、保育所、あるいは会社や工場の食堂で、それぞれにふさわしい食事を提供するのが主な仕事になります。それと併せて栄養指導もしていきます。栄養指導とは、例えば、糖尿病の患者さままでしたら、こういうふうな病気で、こういう食生活あるいは生活習慣が原因で糖尿病になる。それを改善するためにはこういう食生活を心掛けてくださいということを分かりやすくお話をして、それを実際の食生活で実行していただくというような役割を持っています。ただ単に知識を与えるだけではなく、相手に理解してもらい、その理解していただいた内容を実生活の中で実行していただく。そして、その実行する行動が習慣化されて、症状が改善する、あるいはそれ以上悪くならない、進行を防ぐということのお手伝いをする、援助をしていくことが栄養士の仕事だと考えています。

生活習慣病の低年齢化

今、日本人が抱えている大きな問題というのが「生活習慣病」といわれるもので、昭和31年に、わが国独特の用語として「成人病」という言葉が使われるようになりました。それまでは結核とか伝染病などの感染症で亡くなる人が多かったのですが、昭和30年代に入ってから、がん、脳卒中、あるいは心疾患といわれるような病気が増えてきたのが背景になっています。「成人病」というのは「脳卒中、がん、心臓病などの、40歳前後から死亡率が高くなり、しかも全死因の中で上位を占める、そして40歳から60歳ぐらいの働き盛りに多い病気」として、厚生省から打ち出された言葉です。加齢に伴って病気にかかる割合が高くなるという意味で「成人病」といわれ、私たち国民にもその呼び名が定着していたのですが、「成人病」は年を重ねるからなるのではなくて、生活習慣が深く関係していることが明らかになって、これを改善することによって病気を防ごうということで、１９９６年、平成8年に「生活習慣病」という名前に改まりました。「成人病」という名前ができてから40年後に「生活習慣病」というふうに名前が改まったということです。

この生活習慣病は、生活習慣が引き起こす病気ですから、当然生活習慣歴の長い人がかかる、大人がかかる病気だということは一般的なのですが、問題なのは生活歴の短い子どもにもみられるようになっているということです。今日は、日本の食の問題点をいろいろお話しさせていただこうと思うのですが、特に子どもが抱えている問題点について、話を進めさせていただきます。

生活歴が短い子どもにもみられるようになった、この生活習慣病の原因というのは、やはりアンバランスな食生活、不規則な生活習慣、それと運動不足やストレスによる精神的な不健康などがあると思われます。結局、大人の生活習慣病が増え続けているわけですから、大人の生活習慣が改まっていないわけです。その大人によって育てられている子どもが同様の病気になるのは当たり前だと思うのです。ですので、大人の問題イコール子どもの問題であるといえるかと思います。これから非常に長い時間を生きる子どもたちの病気の予防について、深く考えていく必要があるのではないでしょうか。

人は何のために食事をするのか

まず、人は何のために食事をするのかについて考えてみます。当然、生きていくために私たちはエネルギーを必要としますので、そのエネルギーを摂取するために食事をします。どういうことにエネルギーが使われるかといいますと、脳が全体の25%ものエネルギーを使う。スタイルのいい人を例えて八頭身といいますが、脳は体全体の中で8分の1ですのに、エネルギーに関しては全エネルギーの4分の1を使うということで、脳は非常にエネルギーを使う器官だということがいえると思います。あとは体温を維持するのに200～300キロカロリー。呼吸、消化、吸収、循環、排泄に約200キロカロリー。それと運動、成長、思考などは、その段階によって500～2500キロカロリーのエネルギーを消費します。

そこでこの運動なのですが、皆さまも健康のために歩かれたりジョギングをされたりということをなさっているのと思うのですけれど、この活動の強さというのはそれぞれの動作によって違います。それで、眠っているときの動作強度を1と考えます。1を基準に比べてみると、ぞうきん掛けをすると4・5倍の動作強度になる。ウオーキングでも4・5倍。やはりぞうきん掛けと同じぐらいの強さになります。結局眠っているときの4・5倍のエネルギーを必要とすると考えていただいたらいいかと思います。その人の運動量と活動量の強さによってエネルギーが変わってきますので、標準で1600~2000キロカロリー必要になってくるということです。当然体が大きければエネルギーをたくさん必要としますし、小柄であれば同じように動いたとしても、大きい人に比べればエネルギーは少なくてすむでしょう。

私たちは、口から食べた物によってエネルギーを作り出しているのですが、食べた物と消費するエネルギー、このバランスが良ければ一定の体重を保っているのですが、口から入るエネルギーと消費するエネルギーを比べてみて、消費するエネルギーの方が少なかった、要するに食べた量の方が多かったということであれば、余分なエネルギーが脂肪に変わって体内に蓄積されます。それが一定以上に増えた状態を「肥満」といいます。肥満は健康に良くない、あるいは生活習慣病を引き起こす要因になるといわれていますけれども、やはり一定以上の脂肪を体にため込むのは健康上良くありません。その脂肪も皮下にたまるのか、あるいは内臓の周りにたまるのかによっても、ずいぶん病状の表れ方も違います。内臓にたまる脂肪を内臓脂肪というのですが、それはいろいろな生活習慣病を引き起こす要因になるといわれています。

次に、体の構成材料について考えてみます。私たちの体は約60%が水分、それと10数%が脂肪、骨と歯を除いたほとんどがたんぱく質からできています。10数%の脂肪というのは、男性と女性とで体脂肪の量が違うためです。水分が約60%というのは男性の場合で、脂肪は16%ぐらいといわれています。それに比べて女性は水分が50%ぐらいです。約半分。脂肪は男性の約2倍、30%ぐらいあるといわれています。これは性差です。女性は、母性といいますか、次の世代の胎児を育てる、出産、育児という女性に特有の機能がかかわってきます。ですので、赤ちゃんができたときには、当然腹部の脂肪で胎児を守っています。たんぱく質は、男性が17%、女性が14%となっています。一見、私たちは、昨日と今日、今日と明日、ほとんど見た目は変わりませんけど、絶えずたんぱく質が分解し合成されていっています。口から入ったたんぱく質はアミノ酸にまで分解します。そのバラバラにしたアミノ酸をもう1度自分の体の中でたんぱく質に作り換えるのです。それが爪であったり髪の毛であったり筋肉であったり血液であったりというふうに、いったん、最小単位のアミノ酸にまで分解して、またそれを組み換える働きを繰り返しています。それがうまく保たれて、今私たちの体があるということです。アミノ酸は20種類あるのですが、そのうち合成できない必須アミノ酸が9種類あります。この必須アミノ酸を摂取するためにも、たんぱく質は欠かせない栄養素になります。

私たちは、生きていくため、体を保つために食べるだけではなくて「食事の癒し効果」、楽しみのために食べるということがあります。それと「家族の原点」。食事をすることによって、いろいろな躾(しつけ)、文化、社会的なルール、こういうものを親から子へ伝えていく、教えていくものであるということです。「親と子どもは食卓でふれあう」、これが非常に大切な働きであると思います。ところが、今、この親子が食卓でふれあうという機能が、家庭によっては失われつつあるのではないか。これが今大きな問題になっているところであります。

食には先人の知恵や工夫が積み重なっています。各家庭で培われた食文化というのがあり、それが食卓を通して、親から子へ、子から孫へと伝わっていくのが食事の大切なところですが、それがだんだん無くなっていっているということは、悲しいことだと思っています。そして、食べることの意味合いというのは、単に生きるためだけではなくて、楽しみとか親と子のつながり、ふれあいの場であり、非常に大切な働きをしているといえます。

毎日の食事

では、実際にどういうものをどういうふうに食べたらいいのでしょうか。一般的に1日30種類以上の食品を摂取することが望ましいといわれているのですが、これは私の気持ちですが、25種類ぐらいでもいいのではと考えています。あえて30種類を絶対摂らないといけないという考え方でなくてもいいと思っています。炭水化物、脂質、たんぱく質、ビタミン類、それとミネラル・食物繊維。こういう栄養素をまんべんなく摂取することが望ましいということです。さらに、それぞれの類に属する食品も、毎食ごとに摂ることが望ましいと栄養指導ではいわれていますが、これも毎食ごとに整えるというのは非常に難しいと思いますので、1日トータルでまんべんなく摂ればいいのではないかと考えています。

先ほど、脳というのは私たちの摂取するエネルギーの約4分の1を使う臓器というふうに言いましたけれども、脳で消費されるエネルギーの素材はブドウ糖です。ブドウ糖だけが脳の細胞に使われるのです。炭水化物が消化されて、最終的にはブドウ糖になって脳内に運び込まれて、活発に脳が働くということです。私たちの体の構成割合を、女性であれば水分が50％ぐらい、たんぱく質が14％、脂肪が30％とお話ししましたけれど、この炭水化物はほとんど体の中にため込まれていないのです。割合でいきますと、炭水化物はわずか0・5％しか体の中にないと考えられています。グリコーゲンという形で肝臓や筋肉に貯蔵しているのですが、体重が50キロの女性であれば、250グラムぐらいの炭水化物しか体内に貯蔵していないということです。夜眠って朝起きるまでに、体内にあったブドウ糖はほとんど消化してしまって、ゼロに近いと考えられています。ですから、朝食を食べなければ脳にブドウ糖がいかなくて、朝からぼーっとしてしまう、頭が働かないというふうになるといわれています。最近、小学生、中学生、高校生も含めて、朝食を食べない子どもが増えているのですが、そういう子どもは学校に行ったとしても、頭が働かなくて午前中はぼーっとした状態でいるといわれています。ですので、朝食は非常に大切なものということがここでもいえます。

脳の働きに関しましては、脂質も大切な要素です。ドコサヘキサエン酸（ＤＨＡ）という不飽和脂肪酸が必須といわれていますが、2～3年前に魚を食べると頭が良くなるという歌がはやりました。今でもスーパーに行きましたら、魚売場でその音楽が流れていると思います。実際にＤＨＡというのは、学習能力や記憶能力に関係する機能を持っているのですが、魚を食べれば頭が良くなるかというとそうではないんです。もちろんこれを食べることは大切ですし、ラットを使った動物実験では、このＤＨＡをたくさんあげると脳の働きが良くなることが明らかにされていますが、人間では証明されていません。食に関する情報というのはいろいろあるのですが、それが果たして動物実験のレベルであるのか、あるいは人間で明らかに証明されているのかということも、私たち消費者としては、情報を正しく理解する必要があると思います。ですけれども、このＤＨＡというのは大切なものになります。子どもたちの魚離れが取りざたされていますが、やはり肉だけではなく、魚類、特に赤身あるいは青身の魚というのが大切です。

また、食物繊維の働きにも注目してみます。食物繊維は「人間の消化酵素では加水分解されない食物中の難消化性成分の総称」といわれています。消化酵素では分解できないものは、大きく水溶性のものと、不溶性のものがあります。水溶性のものとしては果物の皮に含まれるペクチン、昆布や海草の粘り成分であるアルギン酸ナトリウム、あるいはグルコマンナン、こういうものが代表的なものとされています。食物繊維の効用がいろいろいわれていますけれども、コレステロールの排出を促進する、要するに食物繊維がコレステロールを吸着して便とともに外に出すと考えていただいたら結構です。血糖値を低下させ、糖尿病を予防する。これも、消化吸収を遅らせる働きがありますので、インシュリンの分泌を緩やかにして、糖尿病を予防する効果もあるということです。あと有害物質や食品添加物などの毒性を制御する。これもコレステロールと同じで、食物繊維がそういう物質を吸着して体外に排泄する役割があるのです。あとは、便秘の解消ということで、便が腸内にたまりますと様々な有害物質を発生します。それが宿便という形で長い間腸内にたまり有害物質が腸壁を刺激したり、あるいは腸壁の細胞を侵食したりするということで、大腸がんの発生を引き起こすといわれています。食物繊維には便秘を解消する、宿便の停滞を予防する効果がありますから、大腸がん発生の抑制に働くと考えられています。

私たち自身の食べ方にも問題はありますが、いくら健康に良いように食べ方を考えて、いろいろな食品をまんべんなく適量摂るように心掛けていたとしても、食品そのものが持つ問題点もあるといわれています。例えば除草剤、農薬。これは残留農薬として残るのですが、それを知らず知らずのうちに食べているということです。あるいは、遺伝子組み換えの食品を食べているとか、食品添加物を知らず知らずのうちにたくさん食べているというふうに、食品そのものが持っている問題があります。抗酸化食品というのは、私たちが生きていく中で、環境から受ける影響を予防してくれる、抑制してくれる働きの食品をいいます。特に、私たちは、酸素を摂取して生きているのですが、その酸素が体内に入って、活性酸素というものに変わる。これが私たちの細胞膜にある脂質に働きかけて、過酸化脂質というものを作ってしまうのです。その過酸化脂質が細胞そのものを老化させます。そういう、私たちに悪いことをする酸素があるのですが、それを防ぐ物質が抗酸化物質といわれるものです。抗酸化物質には、カロチン、トコフェノール、アスコルビン酸（ビタミンC）、フラボノイド、イソフラボンなどがあります。これらは活性酸素を取り込んで、人体に悪影響を与える前に、物質そのものが活性酸素に酸化されることによって、活性酸素の働きを防ぐということです。具体的には、カロチンは緑黄色野菜に多く含まれ、ビタミンCは果実類、野菜類に含まれています。イソフラボンは大豆製品に多く含まれているものです。

このような毎日の食事における必要な栄養素、あるいは抗酸化物質、そして食物繊維、魚に含まれる不飽和脂肪酸、こういうものをまんべんなく摂取するには、やはり日本食が良いということです。ちょうど年代でいいますと、昭和45年から昭和50年ぐらいの日本食がいいと文献には書かれています。そのころの食事はどうであったかといいますと、米を主食として、魚介類を中心に、大豆製品あるいは肉とか卵、それと野菜類、海草類、こういうものをまんべんなく摂取する形でした。主食、主菜、副菜、これらを取りそろえているものと考えられています。この日本食あるいは日本型の食生活が非常にいいということで、アメリカなどでも取り上げられています。日本食がブームになったことも皆さまの記憶の中にあるのではないかと思います。

子どもの抱えている問題

では、今の子どもたちが実際にどういう状況に陥っているか、どのような食生活を送っているか。最初にお話ししましたように、子どもの問題イコール大人の問題と考えていただけたらいいかと思います。ここでは子どものことを中心に話をします。

私たちの周りには多くの食品があふれ、非常に豊かな食生活を享受しています。その一方で、栄養素のバランス、あるいは食事のあり方などに多くの問題がみられ、文部省保健体育審議会答申（平成9年9月）では、「偏った栄養摂取、肥満症等の生活習慣病の増加及び若年化など、食に起因する新たな健康課題が増加している」ということが指摘されました。生活習慣病というのは、生活習慣が、その発症や進行に関与する疾患です。裏を返せば、生活習慣を改善することによって、発症や進行が予防できるのです。

生活習慣病も子どもたちにみられる問題の一つですが、「肥満傾向」も深刻です。これは、学校医から肥満傾向と判断された者の割合が増加しているというものです。図1によると、昭和54年、平成元年、平成11年というふうに、年を経るごとに肥満の割合が増えているということが読み取れます。しかし、肥満が少しず

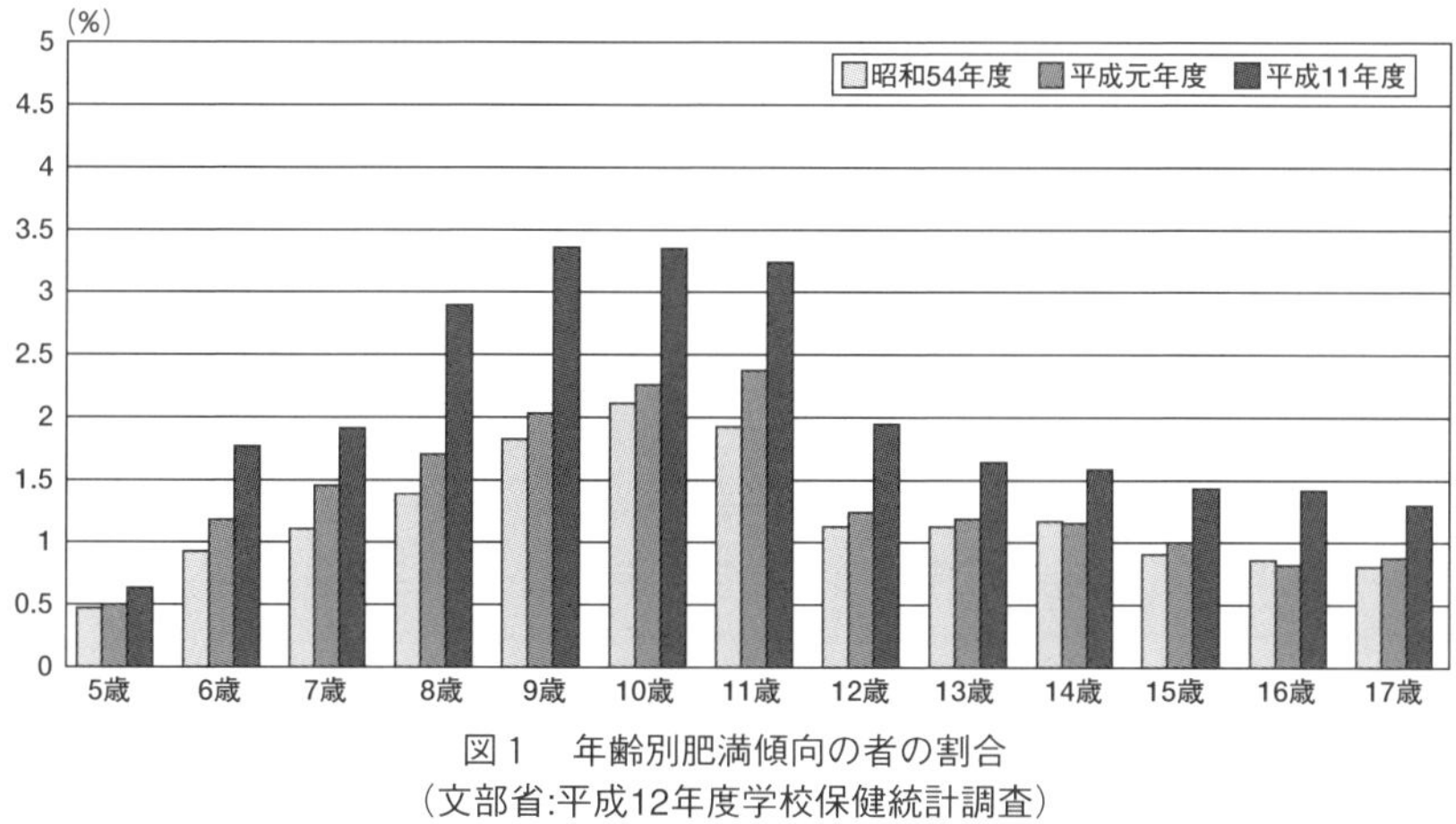

図1　年齢別肥満傾向の者の割合
（文部省:平成12年度学校保健統計調査）

つ増える一方で、「やせ」の子どもも増えていることも事実なのです。子どもたちの栄養摂取量が年々減少していて、栄養不足の子どもたちも増えているということです。ですから、摂り過ぎの子もいるけれど、足りない子もいるということで、両極端、これを「二極化」とも表現しています。肥満というのは食べるばかりではなくて、運動不足も大きく影響しています。けれども、肥満だけではなく、食べる量が少ない「やせ」の子も増えているということも問題です。

次に、血液中のコレステロールの値が高い子どもが増えています。ここでは1デシリットル中200ミリグラム以上を、高いというふうに基準を引いて調べていますが、問題は「高脂血症」です。これは血液中の脂質、コレステロール以外に中性脂肪も良くないのですが、そういう血液中の脂質が増える病気をいいます。動脈硬化症の引き金になる恐れがあって、非常に増えつつある病気でもあるのです。この高脂血症の判定基準なのですが、コレステロールの値でいえば、大人の場合は、220ミリグラム以上を高脂血症の診断基準としています。ですので子どもの場合は、それよりも低い値を設定して、結果を出しています。それが図2の「血清総コレステロール値の高い者の割合」に示されています。これも、平成4年、6年、8年と年を経るごとに、増えている学年もありますし、でこぼこし

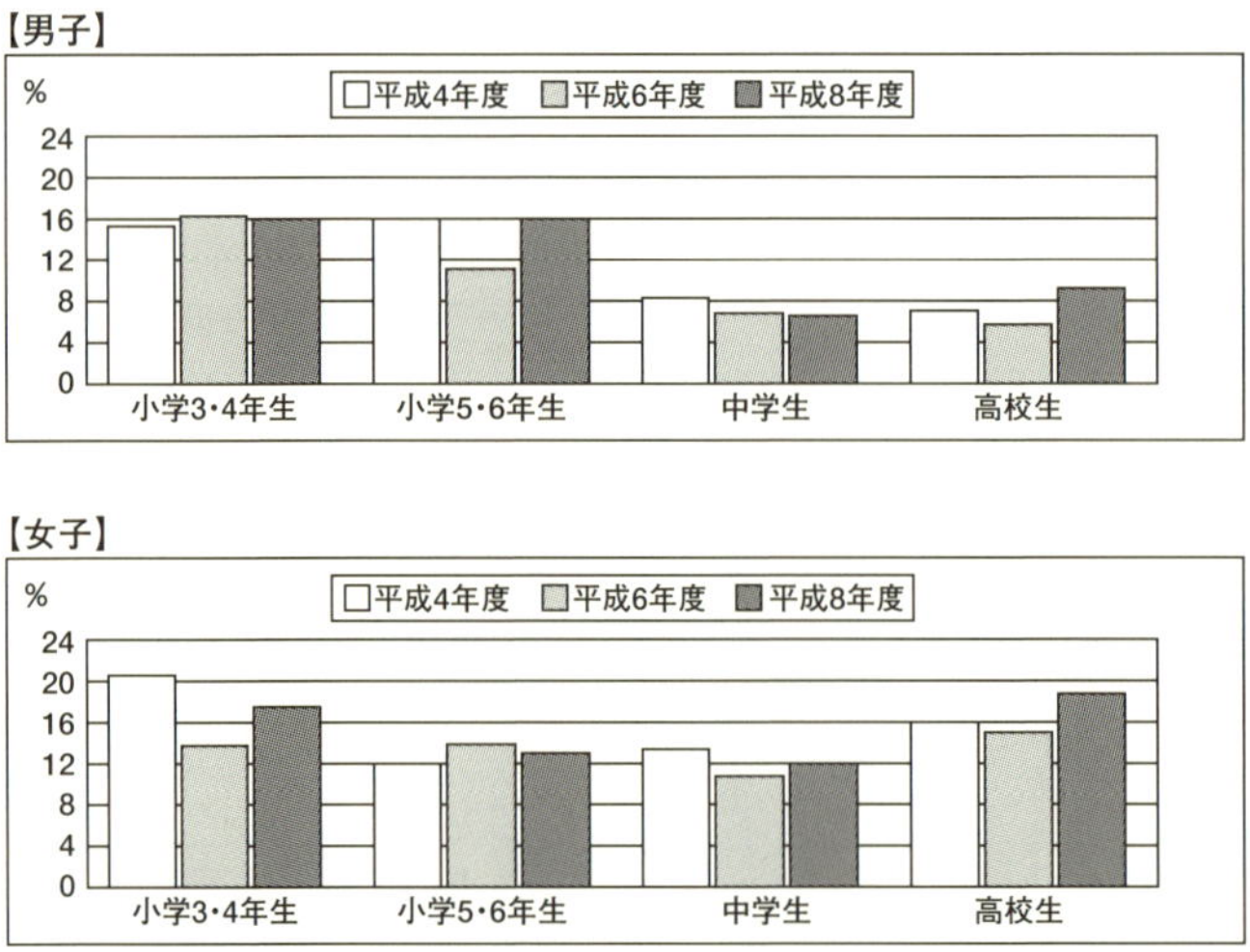

図2　血清総コレステロール値の高い（200㎎／dℓ以上）者の割合（日本学校保健会:平成８年度児童生徒の健康状態サーベイランス事業報告書。平成10年３月発行）

ている学年もありますけれども、やはり多いです。男子の場合は小学校５・６年生で16％の子どもに、コレステロール値の高い子どもがいるということです。これはやはり問題だと思います。結局これは生活習慣病予備軍といわれるもので、将来生活習慣病を引き起こすのではないかと考えられるものです。食品の摂り方との関係をみますと、油脂類をよく食べる子どもほどコレステロール値が高い傾向がみられたということです。

続いて、高血圧の割合が増加しています。これは図３「高血圧の者の割合」で示しています。これも年を経るごとに増えている学年と、でこぼこしているのもありますが、だいたい増えつつあります。高血圧の基準をいくらで引いているかですが、「収縮期血圧」というのが一般にいわれている最高血圧というもので、それが男子は、小学生１３５ミリメートル水銀（mmHg）以上、中学生１４０以上、高校生１４５以上。女子は小・中学生１３５以上、高校生１４０以上と設定されています。

子どもの抱えている身体上、健康上の問題として、

こうしてみてきますと、血液中のコレステロールの値、血圧の高い者の割合が増えている。肥満傾向の者が増えている。それと合わせて、栄養不足の子も少しずつ増えているというのが現状です。

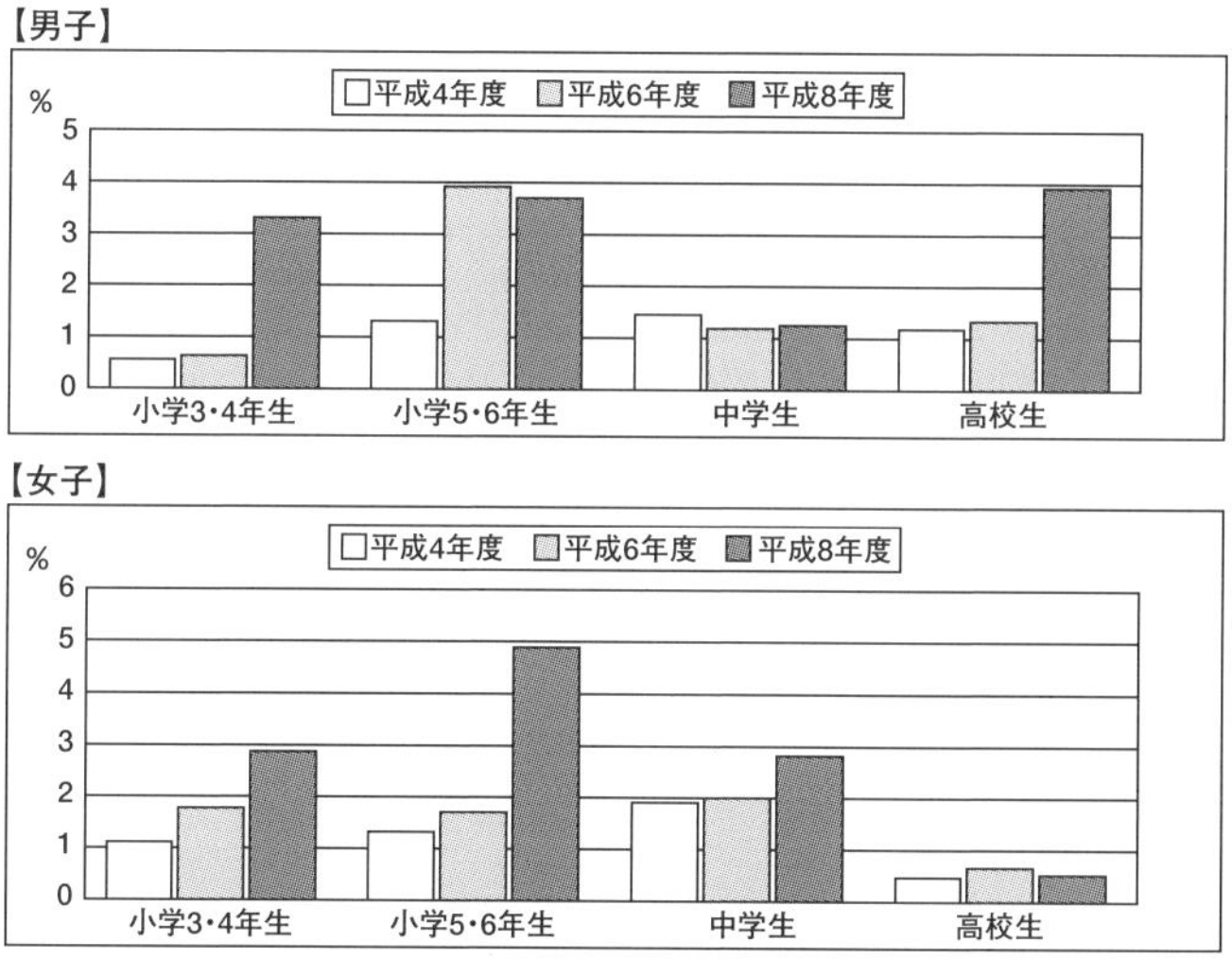

図３　高血圧の者の割合
（日本学校保健会:平成８年度児童生徒の健康状態サーベイランス事業報告書。平成10年３月発行）

子どもたちは誰と何をどのように食べているか

　次に、子どもたちの食事の食べ方にどういう問題がみられるかという話に移ります。これについて女子栄養大学の足立己幸教授が、3回調査を行っておられます。その結果からみますと、子どもだけの食事「ひとり食べ」が増加しているということです。これは図4に挙げていますように、朝食と夕食についてです。1回目に調査した1982年の結果と、3回目の1999年の結果を比較するような形で書いています。朝食も夕食も、家族全員で食べる割合が減っています。子どもだけ、あるいは1人だけという割合も、それに反比例して増えているということです。特に朝食については、子どもだけ、あるいは1人で食べるという割合が増えています。

　なぜ「ひとり食べ」が増加しているのか。これは、父親の事情、要するに仕事の関係で、どうしても子どもとの生活時間にズレがある。子ども自身も塾通いなどをして、結局家族の生活時間にズレが生じているためということです。別の「子どもの生活時間」という調査によりますと、小学生の94%が習い事をしている。そして平均で2種類以上の習い事をしていて、1週間での平均時間は5時間32分ということです。それは致し方ない事情かもしれませんが、父親や母親はいるけれども、それぞれ何かをしていて子どもと向き合っていないという原因もあるようです。父親がテレビを見

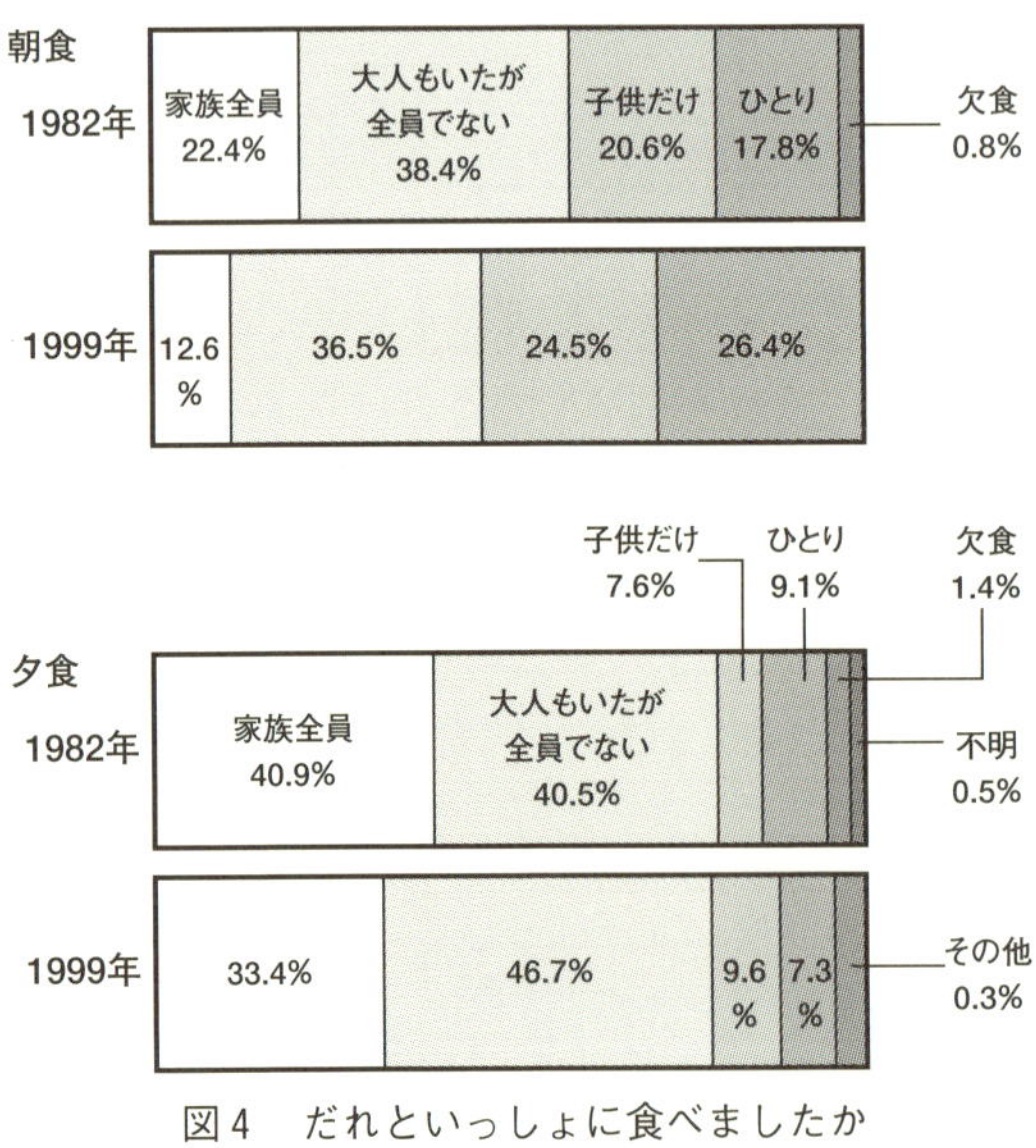

図4　だれといっしょに食べましたか
（家族との共食状況）
「知っていますか子どもたちの食卓」より

ていたり、新聞を見ていたり、あるいは、母親が働いている場合でしたら、子どもが1人で食べている間に、洗い物をしたり、洗濯物を片付けたりということで、結局それぞれ何かをしていて、子どもに向き合っていないという現状があるようです。それと、図5に挙げていますが、「だれと食べているときが一番楽しいですか？」という質問に関して、5番目に「ひとりで」と書いている子どもがいるわけです。朝食の場合は約16％、夕食の場合は8％の割合で、1人で食べるのが楽しいと答えている子どもがいます。ですから、それが「ひとり食べ」の増加につながっているということです。なぜ1人で食べたいのかという理由ですが、1人の方が気が楽だからとか、親と一緒だと、言葉が「うざったい」というのですか、そういう表現を使って理由を書いているようです。食堂とか居間の食卓で食べるのはまだいいのですが、もっとひどいのになりますと、自分の部屋で食べるという「個室型」も増えてきているようです。結局、親とのコミュニケーションも避けている現状もうかがえるということです。

「一番楽しいと思っている食事は何ですか」という質問に対しては、1位は夕食。やっぱり家族全員がそろう夕食が一番楽しいということですが、一方で、一番楽しい食事を「給食」といっている子どもも多くいるわけです。3分の1、約4割の子どもたちが、一番楽しいのが学校給食だと答えています。食事の場はコミュニケーションの場です。親は食事のときを通して、子どもたちがその日1日どんなことがあったのかとか、どんなことで悩んでいるのかというような、子どもたちの行い、あるいは状況を知る

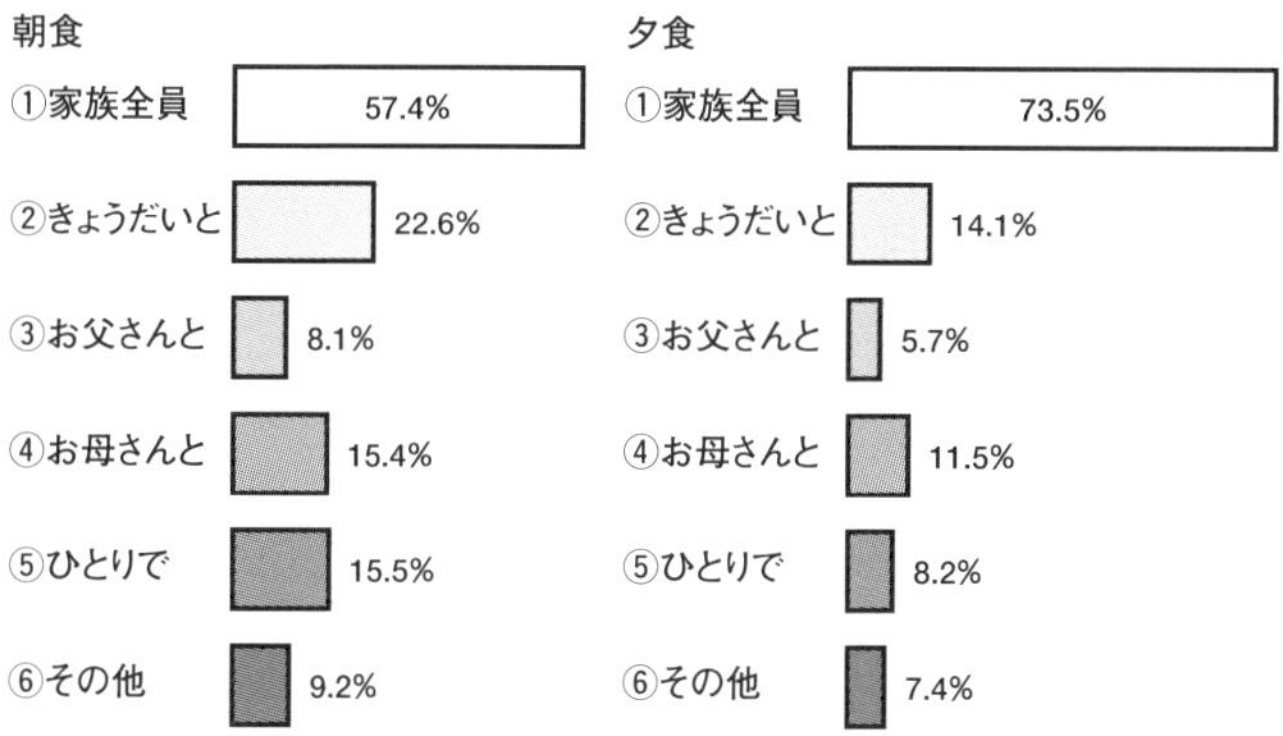

図5　だれと食べているときが一番楽しいですか（複数回答）
「知っていますか子どもたちの食卓」より

ことができる、子どもたちは、親から文化とか社会の基本のルールを知るという場です。ですが、1人で食べたり、あるいは子どもだけで食べたりということでは、食事自身が持つそういう機能がまったく働いていないということになります。今回取り上げたこの学校給食ですが、その学校給食というのが、結局大勢で共に食べるスタイルです。少し大げさですが、食が持つそういう機能を守る最後の砦（とりで）なのではないかと思います。そして、食教育の場として機能する必要性が求められていると思います。

「ひとり食べ」の話で次に問題なのが、朝食を食べない欠食児童が増えていることです。これも足立先生の調査によりますと、朝食を毎日食べる割合は77・6%ということで、約8割。約2割の人は食べなかったりということになります。朝食を食べない理由は、「時間がない」「お腹が空いていない」「気分がすぐれない」。悲しいのが、「食事が準備されていない」ということです。食べていない子どもの15%が、食事が準備されていないから食べられないと答えています。それ以外の理由の背景にあるのは、どうしても夜遅くまで起きていて、結局、親の生活習慣がそのまま子どもたちの生活習慣になっている。親は子どもが寝なくても注意をしないということがうかがえます。また、寝る前までスナック菓子を食べている。それで、便秘気味ですっきり排便していないので、お腹が空いていないという状況を引き起こしているのです。それと、眠る前までスナック菓子などを食べていますから、睡眠中にそれを消化しているわけです。消化活動をして胃腸が疲れているので、それが体調不良につながっているということで、問題が起きています。

子どもの訴えている自覚症状

子どもたちの食べ方の問題をいろいろみてきましたけど、では、子どもたちはどういう自覚症状を訴えているのでしょうか。これも先ほどの、足立先生の第3回の調査結果から出しました、表1が自覚症状になります。

「よくある」と「時々ある」というのを合わせて、一番右に合計として挙げていますが、一番多いのは「いらいらする」が46・7%。約半数が答えています。

上から順番に、「頭が痛くなりやすい」「だるくなりやすい」「夜よく眠れない」などの問題があります。思春期心身医学を専門にされている森先生が、この結果を解釈されていますが、それによりますと、子どもたちが回答した症状のうち、うつ病的傾向の指標になるものが、「胃の調子がおかしい」「下痢しやすい」「便秘しやすい」「元気が出ない」「頭が痛くなりやすい」「夜よく眠れない」「心臓がどきどきしやすい」などであると指摘しています。さらにこれらの症状がある場合、子どもたちが生きがいを持てない状況にあると判断できるといわれています。「子どもの生きがいは、親の愛情を感じることから生まれる」ということです。その愛情を感じる場の一つが食卓です。「愛のない食卓では、満腹することはあっても、心の充足、満足感を得ることはできないのではないでしょうか」と足立先生は言っておられます。やはり、食べるものに一手間かけるというのは、愛があってのことだと思います。こういうことが調査結果からみえてきます。

次に注目したいのが、食卓から食の持っている重要な機能が消えつつあるということです。食べることが持っている働きが消えつつある、家族団らんがなくな

症状	よくある	時々ある	合計
いらいらする	16.9%	29.8%	46.7%
頭が痛くなりやすい	10.4	24.0	34.4
だるくなりやすい	8.7	25.7	34.4
夜よく眠れない	13.7	24.5	38.2
風邪を引きやすい	6.4	23.6	30.3
心配事がある	11.3	23.9	35.2
元気が出ない	3.9	23.5	27.4
食事がおいしく食べられない	1.9	22.8	24.7
足が重い感じがする	5.6	16.9	22.5
手足にしびれを感じる	5.0	14.1	19.1
心臓がドキドキしやすい	5.3	13.9	19.2
胃の調子がおかしい	1.9	14.8	16.7
めまいがしやすい	4.0	12.0	16.0
下痢しやすい	3.2	12.8	16.0
便秘しやすい	2.9	9.7	12.6
足が腫れぼったい	1.9	5.2	7.1

表１　食生活が原因と思われる子どもたちの自覚症状
「知っていますか子どもたちの食卓」より

ってきているということです。結局、家族が共に食べないわけですから、家族団らんができていないのです。

実際に子どもたちの食事の中身ですけれども、その中身が貧弱になってきています。食べ物の種類、調理の幅がどんどん狭くなってきているということが調査結果でみえてきます。1人で食べる「孤食」、子どもだけで食べる「子食」、食べる量が少ない「小食」、それと固まる、かたくなな「固食」です。これは親が食べるように食事を用意していても、それを食べないでインスタントラーメンばかり食べるというような、もう固定化してしまっている食事、これを「固食」といいます。それと「粉食」。小麦粉を加工しためん類とか、パスタとか、そういう粉のものを好んで食べるというものです。こういうのは、どうしてもメニューが単調になり、食事内容が貧弱になります。結局メニューが単調で食事内容が貧弱になると、いろいろな食品を摂取できませんので、それぞれの食品が含んでいる栄養素を摂取することができない。したがって栄養不足につながる。それが病気を引き起こしやすくなると考えられます。

「孤食」とは別に、親が子どもの好きな料理だけを食卓に並べる場合もあります。子どもの好きなメニューには、カレーライス、ハンバーグ、空揚げ、焼肉、焼きそば、スパゲティーがあり、これらは「粉食」になりますが、こういうものが上位を占めます。極端な家庭ではこれが日替わりで出てくるということです。また、これらのメニューは、肉が中心ということで、野菜は付け合わせか、あるいはサラダで少し摂る程度で、昔ながらの日本型の食生活でよく登場する、おひたしとか、野菜の煮物類、こういうものが出されるケースはほとんどありません。魚介類、海藻類も出ることがまれです。卵が先か、鶏が先かということがありますが、親がこういう、魚介類、海藻類、あるいはおひたし、野菜の煮物などを、食卓に出さないから子どもが食べないのか、それとも、出しても子どもが食べないから、ついつい子どもの好きな物ばかりを出すようになったのか。それぞれの家庭によって違うと思いますけれども、こういう現状があるということです。今は核家族の家庭が多いのですが、3世帯同居、おじいちゃんおばあちゃんがおられて、さらに一緒に食事をされていると、やはり世代の年齢の幅が広い分、食事もそれに合わせて用意されます。おじいちゃんの好きな物、あるいは子どもの好きな物というふうに、その年齢に合わせて用意されますから、摂取する食品の種類とか調理の幅が非常に広くなります。やはり核家族化というのも、こういう食べ物の種類とか調理の幅がどんどん狭くなってくる原因の一つと考えられます。

前に、日本型の食生活、伝統的な食生活は素晴らしいということを言いましたけれども、それは、主食、主菜、副菜がそろっているからです。主食は穀類、エネルギーのもとになるものが摂れますし、主菜は魚とか肉、卵、大豆製品、これでたんぱく質が摂れます。副菜は野菜類とか、海藻、イモ類で、ビタミンとか、ミネラル、あるいは食物繊維が摂取できるということで、この3つがそろえば、ほぼ栄養的にはバランスがとれるのではないかと考えられています。ところが、これが崩れてきているというのが、やはり先ほどの調査結果で明らかになっています。朝食で、主食、主菜、副菜が食べられていたのは、第1回の調査、今から23年前の1981年には、約半数の家庭でこういうものがそろっていましたが、約20年後の1999年では、わずか9%、10人に1人しかそろっていないということです。夕食でも、24%の家庭しかこの3つがそろっていません。しかも、主食、主菜だけの夕食というのが半数近くあったということですので、いかに良いといわれている日本型の食生活が崩れてきているかということが、この結果からいえます。あとは「主食+主食+お茶やジュース」。これは関西でよくみられるのですが、ご飯とお好み焼きとか、ラーメンとご飯とか、そういう形態のものがあったり、あるいはスープだけという極端な例もあったそうです。

先ほど、朝食を欠食する割合が非常に増えてきていると言いましたが、朝食を食べている子どもたちの中身をみると、菓子パンやドーナツ、それにジュースや牛乳、あるいは菓子類で済ませる子どもたちもいるということです。こういう子たちがすべてではないでしょうけれど、増えてきているということです。これが結局、食品の充足率に影響を及ぼしています。図6に、どういう食品をどういう割合で食べているかという棒グラフがあります。100%が目標とするパーセントで、それと実際に摂取している割合を比較しますと、真ん中に獣鳥肉類というのがありますが、明らかに肉類の摂り過ぎということがうかがえます。あと、右の方に緑黄色野菜、その他の野菜。緑黄色野菜に至っては60%ぐらいの充足率ということで、ビタミンAやカルシウム類が不足しているということがうかがえます。野菜類も少ないですし、海藻類も少ない。豆類も少ないですし、エネルギー源である穀類も少ないということで、こういう偏りがみられます。

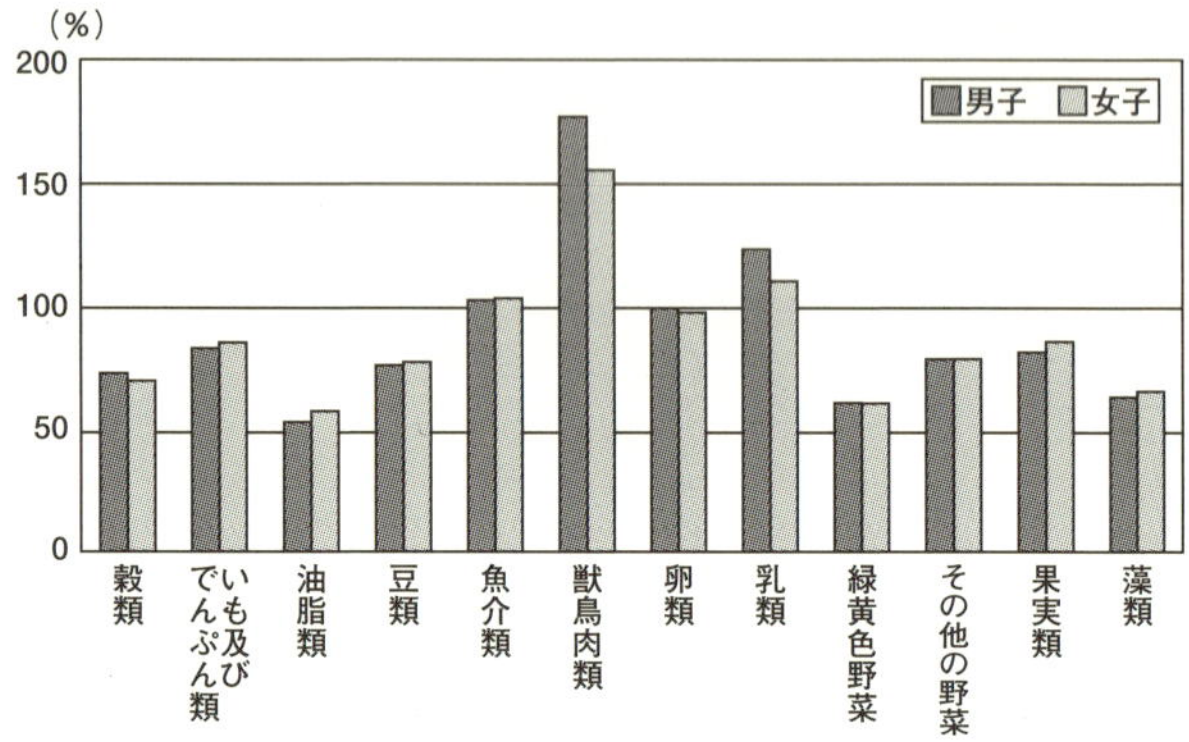

図6　児童の食品充足率
(日本体育・学校健康センター:平成9年度児童生徒の食事状況調査報告書。平成10年11月発行)

栄養不足、特に微量栄養素、ビタミンやミネラルが不足し、全体のバランスが悪くなって、偏りが生じています。これが結局体調不良を訴える子どもを多くしていると思います。

学校給食の役割

では、子どもたちの栄養摂取について、学校給食はどのような役割を担っているのでしょうか。学校給食ではどれだけ栄養量を摂るかが決まっていて、子どもの栄養所要量の33~50%に設定されています。栄養所要量というのは、子どもだけではなく皆さまも含めて、厚生労働省から1日にこれだけのエネルギーを摂ることが望ましい、あるいはカルシウムはこれぐらいというふうに、各年齢ごとに示されているものです。それを基に学校給食も献立を作成していますが、1日当たりで示されていますから、そのうちどれだけを給食で摂るかということが決められています。1日3回食事をするわけですから、単純に計算すれば示されている所要量の33%を摂ればいいわけです。ですので、1日当たりの33%を給食で摂りましょうと決められている栄養素もありますし、カルシウム、ビタミンB1、ビタミンB2のように非常に摂取しにくい栄養素は、1日のうちの半分を給食で摂りましょうと設定されている栄養素もあります。

　給食のある日とない日とではどういうふうに違うかといいますと、図7のように円で描いています。円の外周が100％で、1日でそれだけ摂ることが望ましいということです。給食では、先ほど言ったように栄養素の種類によってどれだけ摂りましょうというパーセントに違いがありますが、給食があった日については、男子であれば、ビタミンB2は1日に摂ることが望ましい量の50％は摂取できています。ビタミンCも給食の場合は、ちょうど小さな円のところに線が書かれていますが、1日に摂ることが望ましいとされている半分、50％はほぼ摂れています。それに比べて、くもの巣のような中の線が給食のない日ですが、家庭で食べたときにはこれぐらいしか満たされていません。カルシウムでしたら、給食の場合は50％摂れているのですが、給食がなかったら1日に摂るべき量の20％ぐらいしか摂れていないということで、給食がある方が栄養量を充足しています。ということで、成長期にある子どもにとって、この給食の果たす役割は非常に大きいといえると思います。食事が用意されていない、あるいは摂取量が少なくて栄養不足の子どもが多いという現状を踏まえてみると、学校給食が子どもたちの栄養補給に重要な役割を果た

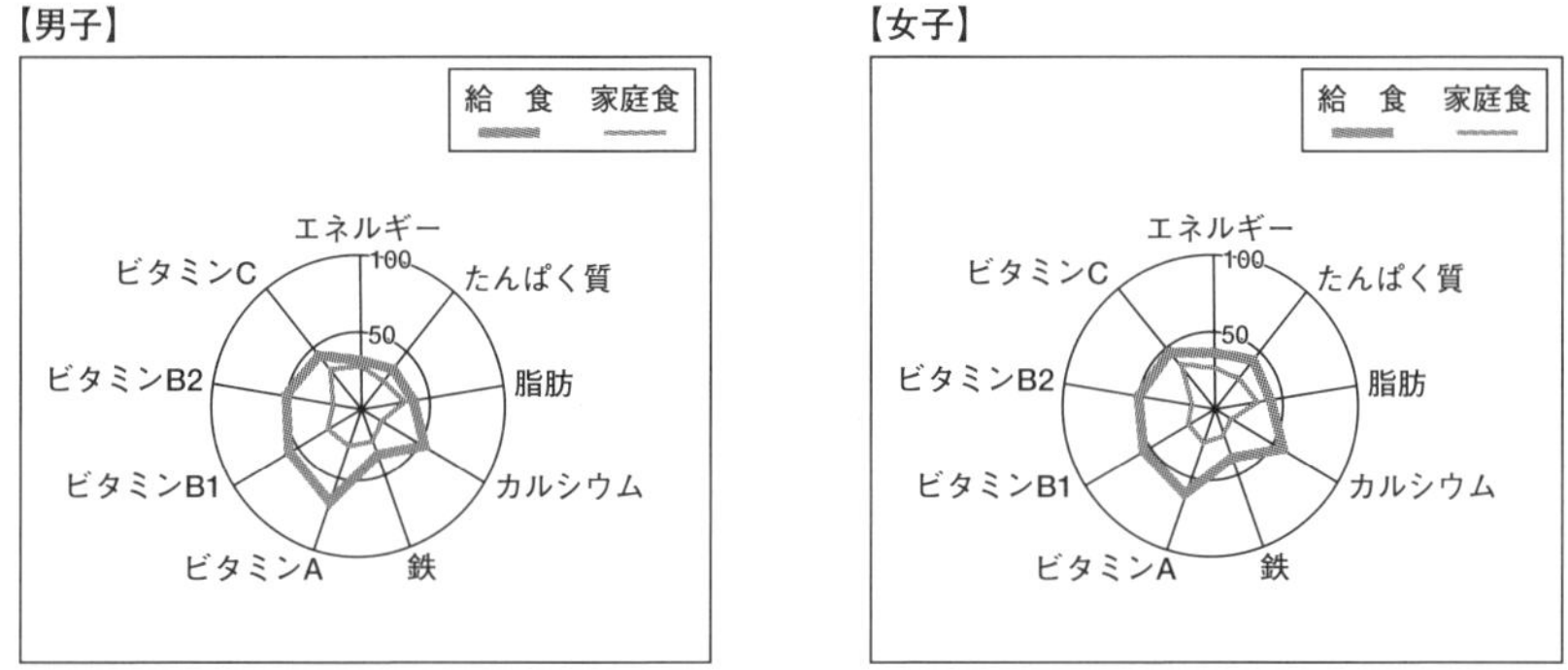

図7　学校給食と家庭食（昼食）の栄養充足率の比較
（日本体育・学校健康センター:平成９年度児童生徒の食事状況調査報告書。平成10年11月発行）

しているといえるのです。

食に関する指導の目標

では学校給食は、学校においてどういう目標で教育されているのでしょうか。戦争が終わった昭和20年ごろは、非常に食糧難です。私は体験していないので分かりませんが、想像はつきます。その昭和20年から昭和30年のわずか10年の間に、疾病構造が、成人病というようないろいろな食生活上、あるいは食習慣上の問題が引き起こす病気に変わったわけです。わずか10年間で様変わりをしてしまったわけです。そして結局、それは大人の問題であったものが、子どもの問題にもなってきたということです。また、食事を通して子どもたちに教えるという、家庭が持つ食教育の機能が非常に衰えてきているという現状を踏まえて、学校ではいろいろと対策が練られて、今まで食教育がされてきました。平成9年に文部省が出したように、子どもたちには心の健康の問題、生活習慣の乱れ、生活習慣病など、健康に関するいろいろな課題が出ているということで、早い時期から健康教育の必要が指摘されていました。

それまでにも、「食に関する指導」という言葉こそ使われていませんでしたけれども、食教育はされていました。改めてここで非常に大きな問題となってきましたので、食生活全般にわたる「食に関する指導」という言葉が用いられることになりました。続いて平成10年に、学校の教育活動全体を通じて行うという形を取って、食に関する指導として、「体の健康」「心の育成」「社会性の涵養(かんよう)」「自己管理能力の育成」という4つの指針を挙げました。

特に、学校の食に関する指導で力を入れている、これを育成したいというのが「自己管理能力の育成」です。これは、核家族化や少子化の進行、父親の単身赴任や仕事中心のライフスタイルに伴う家庭での存在感の希薄化、子どもの生活習慣の育成に対する親の自覚の不足や自らの生活習慣を顧みない親の増加など、家庭の教育力が低下する傾向にあり、食生活をはじめとする基本的な生活習慣が身に着いていない子どもが増えている、ということです。要するに、家庭における食に関する教育力が非常に低下しているという現状があります。結局、子どもに自分の健康は自分で守るという能力を身に着けさせようというのが考えの基本です。子どもの食を用意するのは親ですが、今は親に期待できないという現状があるわけです。先ほど「二極化」と言いましたけれども、非常に食生活に気を使ってもらって、豊かな食生活を送っている子どもがいる半面、食事を用意されていない、お金だけを渡されて自分でコンビニでお弁当を買って食べるという子どもも増えているのが現状です。これにつきましては地域性の問題もありますが、日本全般の傾向として十分な食事を与えられていない子どもが増えつつあるということです。親に期待できないので、子ども自身にこういう自己管理能力を身に着けてもらうというのが、今の学校教育における食教育の考え方です。

結局、今問題になっているのが、医療費です。昭和30年に比べて平成11年は130倍の金額になっているそうです。人口はどれくらい増えているのかというと、昭和30年のデータをみますと、人口が9000万人くらいという記録があり、平成11年が1億2000万ぐらいだと思います。人口の伸びは約1・3倍なのですけれども、医療費の増加が130倍ということですから、非常に医療費にかかるお金が増えている。それが結局、国の財政を圧迫しているということですから、この生活習慣病にならないようにすれば医療費を削減できるということです。ですので、子どものうちに望ましい食習慣、生活習慣を身に着けることによって、将来引き起こされると考えられる生活習慣病を予防できるのではないかという考え方の下に、この自己管理能力というのが挙がっています。

ですが、私が疑問に思うのは、確かに給食は栄養のバランスがとれていて、みんな一緒に食事をして楽しむことができるのですが、給食の実施回数というのは年間180回ぐらいです。私たちが、1日3回食事をするとなれば、1年間で1095回、約1100回食事をするんです。そのうちの給食はわずか180回。それでどれだけのことを教えられるのか、身に着くのかというのを、疑問に思うのです。けれども放っておくわけにはいかない。子どもの現状を考えると、自己管理能力を養うように指導していかなければならないということです。

子どもに豊かな食生活を

今、調理済みの食品とかインスタント食品、総菜、いろいろな食品が販売されています。時間のないときなどは利用しますけど、1回や2回はおいしいと感じますが、私自身は、やはり自分で作ったものがおいしいと思うわけです。皆さんも経験されると思うのですが、旅行に行きましたら、全部食事も付きますし、何も自分でしなくてもいいですよね。ゆっくりのんびりと旅行してくるのですけれども、家に帰ったら、やっぱり家が一番落ち着くなという経験をされることがあるかと思います。外食を、おいしい物を食べるのもいいのですけれども、やはり自分で作ったもの、あるいは、お母さんが作ってくれたものというのが、おいしいと思うんです。それは小さいときからずっと慣れ親しんだ味というのでしょうか、それが体に染み付いているからだと思うのです。そういう経験がなかったら、いつもコンビニの弁当でもいいわけです。やはり食の経験というのは非常に大切ではないかと思いました。また私たちは、自然に好みが変わりますよね。若いころは肉類、調理方法でいくと、揚げ物とかいため物が好きだったのが、肉から魚へ、あるいはいため物からおひたしへ、煮物へというふうに自然に変わっていくのは、小さいときにいろんなものを豊かに食べているからだと思います。そういう食経験があるから、自然に食の好みも移行していくのだと思います。そういうふうな、長い年月がかかって培われた食歴が、将来の健康につながって、日本人全体をみますと、ずっと続いてきた日本型の食生活が現在の長寿を生み出したと思います。

平成17年度に栄養教諭が誕生します。これは既に国会を通っていますが、来年の4月から栄養教諭が養成されて、次の年には栄養教諭が誕生します。今までは、学校の栄養士が、学校栄養職員という名前で呼ばれていまして、給食の時間や学級活動、学校行事の中で、食に関する指導をしてきました。指導の方法としては、ほかの家庭科や生活科の先生とチームを組んで、栄養教育、指導をするチームティーチング（TT）という形で栄養教育を行う。もう1つは特別非常勤講師制度という形を取っていました。これが平成17年度から栄養教諭が誕生しますから、教諭としての資格が与えられて、子どもたちの栄養指導に当たることが決まりました。あと1つは小泉首相が中心になって進められました「食育基本法案」が国会に提出されました。「知育」「体育」「徳育」に続く「食育」ということで、学校における食教育を法的に支えようというものです。

けれども、私個人の考えでは、やはり食は家庭が基本だと思います。では、家庭がそういう能力をアップするにはどうしたらいいのか、どうしたら家庭の能力が昔のように戻っていくのかというと、これという方策は出せません。ないです。実際聞くところによりますと、今は、子どもの虐待という問題があって、あまり親に言えない現状でもあるようです。保護者の人にこうしなさい、ああしなさいと言いますと、これが親のストレスになってしまって、子どもへの虐待に進む可能性もあるということで、あまり親には言えない現状のようです。小学校だけではなくて、保育園でもこういう問題が広まりつつあります。岡山ではあまり聞きませんけれども、大阪の方で聞くところによりますと、パジャマのままで子どもを保育園に連れて行く。子どもが朝から元気がないので「どうしたの？」と聞いたら、朝ごはんを食べていない。お母さんに「朝ごはんを食べさせてくださいね」と言うと、「え、朝ごはん食べさせるんですか」というふうに言う親もおられるそうなんです。お母さん自身も朝食を食べない習慣が身に着いてしまっていて、子どもに食べさせる、それすらも頭に浮かばないという保護者の方もおられるようです。これは特別な例かもしれませんけれども、そういうふうに増えていっているということです。

参考資料

＊文部科学省編：『食に関する指導参考資料』、東山書房、2002
＊千葉三樹男：『キレる子供は食事で変わる』、柤出版社、2001
＊財団法人日本食肉消費総合センター：『望ましい成長期の食生活』、2004
＊石川寛子、江原絢子：『近現代の食文化』、弘学出版、2002
＊林淳三他：『栄養学総論』、建帛社、2002

あとがき

　このたび山陽学園大学・山陽学園短期大学社会サービスセンターの編集になる『日本の文化・岡山の文化』を発刊することになりました。

　本書を構成する諸講演は、当センターが主催者となって２００４年度に開いた共通テーマ「日本文化の再発見・再評価」における講義録、講演記録が基盤になっています。これらの講演内容について、講演者の加筆削除を殆どほどこさず、在りのままの姿で読者に伝えることを主眼においてまとめ上げました。

　いま、歴史は大きな転換期に入りつつあるといわれています。そのためか、各分野で転換期にともなうさまざまな新しい動きがおこっています。既成・既存の「概念」「常識」では現代の課題に応えることができなくなっていることが明らかになってきているのです。

　今回の「日本文化の再発見・再評価」に参加していただいた講師の先生方は、まさに日本文化の創造・解明と発展のために意欲的に取り組んでおられます。本書はそうした講師陣の新しい視点、意欲的な姿勢を読者にお伝えすることができるもの、と信じています。

　２００４年度の公開講座には、毎回平均60名の受講者の参加を得ました。その熱心な姿勢には心から敬意を表する次第です。本書が刊行できましたのも、皆様方の熱意の御蔭と感謝しつつ御礼を申し上げます。

　このたびの本書の発刊にあたりましては、本大学・短大協助会の多大な御支援をいただきました。特に、会長能登原昭夫先生からは温かい激励の数々を賜りました。謹んで厚く感謝を申し上げる次第です。

　最後になりましたが、予定より大幅に刊行が遅れ、執筆者の先生方に御迷惑をおかけすることになりましたことを深く御詫び申し上げます。また、本講座開催にあたり、格別の御力添えをいただきました天満屋アドセンターの大森茂行・大井麻有実両氏、福武れい子氏及び直島文化村関係者の方々、及び本書刊行の意義を深く理解していただき、細心の御努力をしていただきました吉備人出版の金沢健吾氏をはじめ編集部の方々に心より厚く御礼を申し上げます。

平成16年11月30日

社会サービスセンターを代表して
太　田　健　一
山陽学園大学教授

講師紹介

ホリ・ヒロシ
1958年、神奈川県に生まれる。人形作家・人形師、着物及び舞台・映画衣装デザイナー。著書は『人形師　ホリ・ヒロシ』（平凡社）、『ホリ・ヒロシ人形の世界』（講談社）、『ホリ・ヒロシ人形絵巻』（マリア書房）他。

佐藤　雅代
1960年、岡山県早島町に生まれる。山陽学園大学助教授。著書は「清少納言集」注釈および解説『和歌文学大系』20巻所収（明治書院）、「歌枕『井手』の成立と受容」『講座 平安文学論究』第17輯所収（風間書房）。

難波　俊成
1943年、岡山県岡山市に生まれる。関西高校教諭。著書は『日本浄土曼荼羅の研究』共編著（中央公論美術出版）、『次田大三郎日記』共編著（山陽新聞社）。

春成　秀爾
1942年、兵庫県神戸市に生まれる。国立歴史民俗博物館教授。著書は『弥生時代の実年代』共編著（学生社）、『考古学者はどう生きたか』（学生社）。

畑岡　　隆
1958年、宮城県仙台市に生まれる。山陽学園短期大学講師。著書は『児童福祉実践の基礎』共著（理想書林）、『児童擁護の原理と実践的活用』共著（保育出版社）。

藤田えり子
1951年、山梨県甲府市に生まれる。女性史研究家。著書は「女の新聞　復刻版を発行して」（『風』第４号所収）、「戦後五十年を学ぶ」（『風』第５号所収）。

濱田　栄夫
1944年、福岡県北九州市に生まれる。山陽学園大学教授。著書は『表象理論とヘルバルト』（玉川大学出版部）、『ヘルバルトの教育的教授論』翻訳（玉川大学出版部）。

名古　忠行
1942年、京都府に生まれる。山陽学園大学教授。著書は『イギリス社会民主主義の研究』（法律文化社）、『ウィリアム・モリス』（研究社）。

渋谷　俊彦
1953年、岡山県和気郡に生まれる。山陽学園短期大学教授。著書は『日本の町並み2　中国・四国・九州・沖縄』共著（平凡社）、「後楽園の景観保全による中心市街地の景観形成の推進－岡山市の景観施策と現状－」（日本建築学会大会都市計画部門研究協議会資料）。

向井　潤子
1953年、大阪府泉佐野市に生まれる。山陽学園短期大学助教授、著書は『アクティブ栄養教育・指導論』共著（医歯薬出版株式会社）、『アクティブ栄養教育・指導実習』共著（医歯薬出版株式会社）。

日本の文化・岡山の文化

—山陽学園大学・山陽学園短期大学　2004年公開講座—

2005年３月25日　初版第１刷発行

編　者　山陽学園大学・山陽学園短期大学社会サービスセンター
〒703-8501　岡山市平井1-14-1
電話086-272-6254　ファクス086-273-3226

発行者　山川隆之
発行所　吉備人（きびと）出版
〒700-0823　岡山市丸の内2丁目11-22
電話086-235-3456　ファクス086-234-3210
振替01250-9-14467
メールbooks@kibito.co.jp
ホームページhttp://www.kibito.co.jp
印刷所　サンコー印刷株式会社
製本所　日宝綜合製本株式会社

ISBN4-86069-086-9